Theo Waigel
Ehrlichkeit ist eine Währung

THEO WAIGEL

EHRLICHKEIT IST EINE WÄHRUNG

Erinnerungen

Econ

Econ ist ein Verlag der Ullstein Buchverlage GmbH

ISBN: 978-3-430-21009-6

© der deutschsprachigen Ausgabe
Ullstein Buchverlage GmbH, Berlin 2019
Alle Rechte vorbehalten
Gesetzt aus der Scala OT und Gill Sans MT
bei LVD GmbH, Berlin
Druck und Bindearbeiten: GGP Media GmbH, Pößneck
Printed in Germany

Inhalt

Prolog: Die Augenbraue

Neuneinhalb Jahre war ich als Bundesfinanzminister im Amt. Ich war der, »dem die Schnurrbärte fidel über den Augen hüpften«, wie der Journalist Jürgen Leinemann einmal schrieb. Jetzt, wo ich die achtzig erreiche, wird es Zeit zu fragen: Was war denn da noch?

Ich war ja nicht nur Politiker, sondern bin auch Familienmensch. Ich war ein Kriegskind Jahrgang 1939, geprägt vom frühen Verlust meines gefallenen Bruders und zugleich gehalten im Glauben meiner Kirche. Aus diesen Erfahrungen meiner Jugend und der stetigen Auseinandersetzung mit Theologie und Religion erwuchs mein Wertegerüst bis heute. Meine Partei, die Christlich-Soziale Union, ist für mich Ausdruck dieser Überzeugung. Und als Politiker in Bayern, Deutschland, Europa und der Welt war ich dankbar, darauf bauen zu können. Ich sehe es als einen Glücksfall, dass ich in meiner Amtszeit die entscheidenden Weichen für die Zukunft unseres Landes mitstellen durfte: Die deutsche Wiedervereinigung und die Europäische Währungsunion sind die großen Meilensteine meines politischen Lebens.

Als Finanzminister ist man nicht der erklärte Liebling der Nation. Wer populär sein will, sollte sich einen anderen Beruf suchen – das war immer mein Motto. Gegen blauäugige Kritik und haltlose Unterstellungen habe ich mich stets verwahrt, aber für eine passende Anekdote, eine gute Pointe oder eine scharfzüngige Bemerkung war ich jederzeit empfänglich. Daher rührt auch mein entspanntes Verhältnis zur Karikatur. Im Jahr 2009 zeigte das Kloster Roggenburg eine Ausstellung »Die Augenbraue« mit Zeichnungen von Dieter Hanitzsch, Horst Haitzinger und Ernst Maria Lang. Letzterer sagte zu mir: »Lieber Herr Waigel, Sie haben jedenfalls ein Gesicht.« Und meinte damit, für einen Karikaturisten gäbe ich ein dankbares Objekt her.

Vielleicht habe ich von der Wiedererkennbarkeit meiner Gesichtszüge sogar profitiert. Mein jüngster Sohn hat mich darauf gebracht. An einem Sonntagvormittag beim Frühstück, ich hatte Konstantin auf dem Schoß, schauten wir gemeinsam eine Sonntagszeitung an. Dabei fiel uns eine Karikatur ins Auge: Zu erkennen war ein Wald, hinter jedem Baum lauerte ein mit dicken Augenbrauen gezeichneter Räuber und wartete auf arglos vorbeiwandernde Steuerzahler. Bevor ich dem Kleinen das Bild erklären konnte, zeigte sein Finger schon auf die Räuber. Freudig krähte er: »Papa, Papa, Papa!« Auch als Räuber hatte mich mein Sohn sofort erkannt.

Jetzt im Alter wachsen die Schnurrbärte ungeordneter, ich lasse sie von niemandem verändern. Man sollte zu dem stehen, was man ist. Etliche gut gemeinte Versuche, den Wildwuchs zu zähmen, habe ich abwehren müssen. Wie sagte einmal der Philosoph Max Müller? »Sei so, wie nur du sein kannst, und lass andere so sein, wie nur sie sein können.«

Zu diesem Anspruch, ich selbst zu bleiben, zählt für mich die Ehrlichkeit. Deshalb habe ich sie als Haltung meinem Buch vorangestellt. Denn wenn man das achtzigste Lebensjahr vollendet, wird es Zeit, zurückzublicken – vor sich selbst und anderen Bilanz zu ziehen. Auch aus diesem Grund habe ich meine Erinnerungen geschrieben. Ich wollte persönlich erzählen, ohne Privates preiszugeben. Meine ehrliche Überzeugung sollte zum Ausdruck kommen, Verbiegen war noch nie meine Sache. Ob diese Biografie eine lesenswerte Lektüre darstellt, möge am Ende der Leser entscheiden.

Seeg im Allgäu, Februar 2019
Theo Waigel

BAYERN

Jahrgang 1939

Kindheit und Jugend

Wenige Monate vor einem fürchterlichen Weltkrieg begann mein Leben an einem Samstag – dem 22. April – im mittelschwäbischen Dorf Oberrohr. Schon kurz nach meiner Geburt wurde mein Vater mit 44 Jahren als Soldat eingezogen. Trotzdem wuchs ich zunächst unbesorgt und behütet auf. Maria, die aus einer früheren Beziehung meines Vaters stammte, war mir eine liebevolle ältere Schwester. Mein 13 Jahre älterer Bruder Gustl kümmerte sich in rührender Weise um mich. Ich erinnere mich noch, wie er mich mit in die Ursberger Klosterkirche nahm und hoch auf der Empore auf die Brüstung setzen wollte. Ich hatte Angst und wehrte mich heftig. Falls ich nach vorne überkippte, so glaubte ich, würde mich selbst mein großer Bruder nicht halten können. Als ich einmal unsere Katze mit dem Schwanz an den Gartenzaun angebunden hatte, wollte er mich bestrafen. Ich versuchte zu fliehen, doch vor dem Stadeltor erwischte er mich und versohlte mir kräftig den Hintern.

An Gustls Einberufung zum Wehrdienst 1943 und seinen Abschied hingegen kann ich mich nicht mehr bewusst erinnern. Umso deutlicher steht mir ein Oktobertag 1944 vor Augen: Der Bürgermeister von Oberrohr, Karl Thoma, kam ins Haus, um uns die grausame Nachricht mitzuteilen. Gustl war tot. Meine Mutter brach zusammen. Ich saß in einer Ecke der Küche auf einer Holzkiste, fast unbeteiligt, verstand nicht, was geschehen war. Eine klösterliche Krankenschwester aus Ursberg wurde gerufen, um die Mutter zu beruhigen. Tröstend nahm sie die Verzweifelte in die Arme und zeigte beschwichtigend auf mich, den kleinen Sohn. Doch dass ich meinen Eltern geblieben war, konnte deren Leid nicht lindern. Zum Gedenkgottesdienst in der Ursberger Klosterkirche kamen die Verwandten und meine Taufpatin, die meine Hand nahm. Noch war mir nicht so recht klar, welch tragische Lebenswende eingetreten war.

Tragisch auch für mich, obwohl ich das Geschehen als Kind kaum einordnen konnte. Bisweilen fand ich meine Mutter weinend am Fenster der Schlafkammer, sehnsüchtig in die Ferne schauend. Sie trauerte ihr ganzes Leben um ihren Sohn, den sie 1943 in Augsburg letztmals gesehen hatte. Er war im Juni zum Reichsarbeitsdienst eingezogen und danach gleich weiter an die Westfront geschickt worden. Am 30. September 1944 war er gefallen – einen »Heldentod«, vermerkte das militärische Abschiedsschreiben seines Vorgesetzten.

Manchmal hielt meine Mutter ein kleines Paket mit vergilbten Kuverts in ihren Händen, die von einer Seidenschnur zusammengehalten wurden. Es waren 61 Briefe, die Gustl zwischen dem 28. August 1943 und dem 24. September 1944 an meine Eltern geschrieben hatte. Als ich sie Jahrzehnte später öffnete und Gustls handschriftliche Zeilen Wort für Wort entzifferte, konnte ich erstmals ermessen, wie sehr das Leben und Sterben meines Bruders mich selbst geprägt hatten. Meist schloss Gustl seine Zeilen mit vielen Grüßen »an Euch alle, besonders an Theo«. Wenn ich seinen Briefen auf diesen ersten Seiten bewusst viel Raum einräume, dann aus dem Grund, weil mir die letzten Erinnerungen an meinen gefallenen Bruder so kostbar und teuer sind. Zudem geben sie der Nachwelt ein Zeugnis gegen Krieg und Nationalismus.

Aus der Anfangszeit existiert ein Feldpostbrief vom »Panzergrenadier Waigel«, auf dem Marsch verfasst und am 14. Dezember 1943 abgestempelt. Er sei mit 45 Mann in einem Waggon, und sie hätten eben die deutsche Grenze überschritten und befänden sich nun im Elsass. Man erkenne an den Dörfern, dass sie nicht mehr den Deutschen gehörten. Er hofft auf ein baldiges Wiedersehen und grüßt Maria und Theo.

Im nächsten Brief vom 15. Dezember vermeldet Gustl, sie seien nun in Frankreich. »Wo wir sind, dürfen wir nicht schreiben, das ist ja egal.« Natürlich gehe es hier in den nächsten acht Wochen schwer zu. Was andere ausgehalten hätten, werde er wohl auch aushalten. Er wünscht alles Gute zu Weihnachten und schreibt, er wäre am Heiligen Abend gerne daheim.

Am Heiligabend 1943 berichtet mein Bruder von der trostlosen Weihnachtsfeier an der Front, die nicht vergleichbar sei mit Weihnachten zu Hause. Er spricht die Hoffnung aus, dass Theo schon eine nette Bescherung bekommen habe. Er hätte gern etwas geschickt, aber die nächste Stadt, wo man etwas kaufen könne, sei 15 Kilometer entfernt. Wo er nun sei, könne man sich ja denken – mutmaßlich war es Marseille –, schreiben dürfe er es leider nicht. Von Augsburg sei er 2000 Kilometer entfernt an der spanischen Grenze. Wieder endet sein Brief mit Grüßen an mich und die Schwester.

Am 15. Januar zeigt er sich bestürzt über die Nachricht, dass unser Nachbar Andreas Lerchner gefallen sei. Er könne es gar nicht glauben.

Und im Februar 1944 wendet er sich dann direkt an mich:

Nun lieber Theo.
Wie geht es dir denn immer? Hoffentlich gut. Denkst auch noch
manchmal [an mich] oder hast du deinen bösen Bruder schon
vergessen. Es freut mich schon sehr, daß du für mich betest. Nach
dem Krieg komme ich schon wieder heim. Nun sei recht brav
und folge Vater und Mama immer recht schön.
Dein Bruder Gustl

Ich weiß nicht mehr, ob meine Eltern mir diesen Brief vorge-
lesen haben. Als ich ihn vor ein paar Jahren zum ersten Mal
bewusst in Händen hielt, zog sich mein Herz zusammen, und
die Tränen wollten nicht versiegen.

Im Brief vom 20. März beklagt sich Gustl, dass überhaupt
keine Post mehr ankomme. Sie befänden sich wieder in einer
Übung und seien 180 Kilometer von ihrem eigentlichen Stand-
ort entfernt. Er wisse aber nicht, wie das Städtchen heiße. In
der Nähe seien mehrere Züge in die Luft geflogen, und da
könne auch die für ihn bestimmte Post vernichtet worden sein,
die er so sehnlichst erwarte.

Einmal, am 25. März 1944, legt Gustl sogar ein kleines Foto
von sich in Uniform bei. Es zeigt ihn, den mir kaum bildlich
erinnerlichen Bruder, vor einem alten Gebäude neben einem
Baum. Auf einem weiteren Foto ist er mit einem Kameraden
zu sehen. Beide sehen aus wie Buben in Uniform. In seinem
nächsten Brief schwingt Hoffnung mit auf einen Fronturlaub,
denn »es wäre halt doch schön«, wenn er zu Hause sein könnte. Er erzählt weiter von einem Gottesdienst des Regiments-
pfarrers und erwähnt, dass er die Möglichkeit zum Beichten
gehabt habe. »Wenn sonst eine Kirche ist, dürfen wir nicht
hingehen, sonst würde ich schon öfters gehen.« Ich las aus
diesen Sätzen ein unermessliches Heimweh heraus. Mein Bruder vermisste den Trost, den ein religiöses Leben, wie er es als

Ministrant und aus unserem Elternhaus kannte, zu spenden vermochte.

Wenn »nur einmal der Krieg ein Ende nehmen würde«, hofft Gustl immer stärker. Besonders bewegend ist der Brief vom 7. Mai 1944, der wieder einmal direkt an mich geht:

Lieber Theo!
Will dir doch heute auch mal einige Zeilen senden. Wirst mir schon böse sein, weil ich dir so lang nicht geschrieben habe. Vielleicht komme ich bald heim zu dir, dann raufen wir wieder ein bischen, dann ist wieder alles vergessen. Nun lieber Theo, wie geht es dir immer? Hoffentlich gut. Ich werde dich halt fast nicht mehr kennen, wenn ich nach Hause komme. Nun sei immer recht brav und folge Mama und Papa immer schön und sei vielmals gegrüßt
von Gustl

Der Brief vom 17. Mai 1944 geht an die Mutter mit herzlichen Gratulationen zum Muttertag. Er könne sich nur wünschen, dass sie recht gesund bleibe und er noch lange eine gute Mutter habe. Wenn man ein Soldat sei, dann wisse man, was es wert sei, wenn man gute Eltern hat. »Ich möchte nur mal wieder für einige Tage nach Hause kommen«, aber es gebe dafür keine Aussicht, weil er wieder auf einen Lehrgang müsse. Wo dieser Lehrgang stattfinde, wisse er noch nicht. Er hoffe, dass die Mutter diesen einzigen Tag im Jahr auch gut verbringe.

Am 1. Juni 1944 schreibt er, er sei durch Zufall in ein Wirtshaus gekommen, und dort habe ihm die Frau gesagt, dass ihr Sohn in Thannhausen – in unmittelbarer Nachbarschaft von Oberrohr – bei den Fleischwerken Zimmermann als Metzger arbeite. Sie habe ihm sogar Bilder von Thannhausen gezeigt.

Er habe ihr angeboten, dass der Sohn nach Oberrohr kommen und meine Eltern besuchen könne. Dazu ist es auch gekommen, denn der Zwangsarbeiter übersandte Gustl einen Brief mit der Bitte um Weiterleitung an seine Eltern. Dieser menschliche Vorschlag meines Bruders hat mich angerührt.

Mein Vater hatte als Maurerpolier in Ursberg während des Krieges auch französische Arbeiter zu beaufsichtigen. Als der Krieg zu Ende und Oberrohr französisch besetzt war, kam einer von diesen Fremdarbeitern zu uns ins Haus und bat seine Landsleute, doch korrekt zu uns zu sein, weil auch mein Vater gut zu ihnen gewesen sei. Damit hatte er Erfolg, denn wir kamen mit den beiden französischen Soldaten, die einige Wochen in unserem Haus wohnten, sehr gut aus.

In den folgenden Wochen werden Gustls Klagen bitterer, die Stimmung düster. Er denkt nun manchmal in vielsagenden Punkten über den »Scheißkrieg« nach – obgleich er den Ausdruck selbst weder gebrauchen wollte noch durfte. Die Soldaten seien wie »die Ratten« untergebracht. Die SS sei der Wehrmacht voraus und habe »schon vorher die Stadt durchstöbert und es hat natürlich böse ausgeschaut«. Man kann nur ahnen, was dort vorgefallen ist. Ich wünsche mir für meinen Bruder, dass er mit diesen Einsätzen und den schrecklichen Verbrechen nichts zu tun hatte. In keinem einzigen seiner Briefe taucht das Wort Hitler auf, auch nicht als Abschiedsgruß. Es findet sich keine Verherrlichung oder Verteidigung des Krieges und kein Loblied auf militärischen Erfolg. Skepsis, Distanz und Schwermut sprechen aus den letzten Briefen.

Am 9. Juli 1944 schreibt er an die »lieben Eltern«: »Wir liegen zur Zeit in der Nähe von Montauban ... Zum Kirchengehen bin ich nicht wieder gekommen. Wenn ich schon nicht mehr heimkommen soll, dann wird uns auch Gott vielleicht so vergeben.«

Immer stärker wird Gustls Todesangst: Am 16. Juli fragt er bang, wie lange der Krieg wohl noch gehen könne und was die Eltern davon hielten. Nach seiner Unterschrift fügt er noch an: »Vertrauen wir auf Gott, dann wird alles gut gehen.«

Der nächste Brief datiert vom 28. Juli. Sie seien wieder auf Fahrt. Die »Banditen« würden ihnen diesmal ziemlich zu schaffen machen. Es sei fast jede Brücke gesprengt, und sie bekämen jedes Mal ganz schön Feuer. Er fragt sich, was das noch alles abgebe. Gestern sei er bei einer Familie einquartiert gewesen, und da sei es beinahe wie daheim gewesen. Als er wegging, weinten alle. »Ich ging wirklich sehr hart von ihnen weg. Es war ein Professor und er sprach deutsch.« Zum Schlafen kämen sie überhaupt nicht mehr. »Bei Tag, da fahren wir, und bei Nacht müssen wir Posten stehen«, schreibt er. »Man macht ja alles gern, wenn man wüßte, ob man überhaupt noch einmal heimkommt. Ich denke mir schon manchmal, wenn es mich nur gleich erwischen würde. Aber es lebt doch jeder gern. Nun will ich für heute schließen und seid recht herzlich gegrüßt von Eurem Gustl.«

Am 12. August stellt er die Frage: »Was sagt Ihr zur Kriegslage? Es wäre Zeit, daß bald eine Entscheidung käme. Hoffentlich geht es gut aus, sonst sehe ich schwarz.«

Noch in seinem vorletzten Brief berichtete er von kleineren Verletzungen – »ein paar Splitter«. »Einen im Gesicht, zwei im Rücken, einen im Fuß. Ist aber schon beinahe wieder gut, braucht Euch keine Sorgen machen.« Er schließt mit den Worten: »Nun auf ein baldiges Wiedersehen und seid vielmals gegrüßt von Gustl.« Zu diesem Wiedersehen ist es nie mehr gekommen, und die Trauer darüber hat mich mein ganzes Leben begleitet.

Am 24. September 1944 verfasst Gustl auf dünnem Papier, in schwacher Bleistiftschrift, auf seinem Motorrad sitzend, seinen letzten Brief. Er wurde sechs Tage später, an seinem Todestag, in Saarburg aufgegeben. Die idyllischen Worte des Poststempels trügen: »Tor zu den Vogesen«.

Westfront, 24. 9. 1944

Liebe Eltern!
Will euch wieder einige Zeilen schreiben. Wie es hier jetzt steht, wißt ihr ja selber. Sind jetzt nicht mehr an der Schweizer Grenze, sondern sind versetzt worden und sind schon beinahe in Deutschland. Es ist sehr schwer den Amerikaner aufzuhalten, denn er macht uns seinen schweren Waffen nix tun. Wenn unsere Artillerie einen Schuss abgibt, dann bekommen wir dafür mindestens 15–20. Hoffentlich nimmt dieser Krieg bald ein Ende. Nun wie geht es euch immer. Hoffe das Beste. Es wäre halt doch schön, wenn ich bei euch allen daheim wäre. Ich denke mir immer, lieber jetzt ein bischen mehr aushalten, als wenn bei euch daheim Krieg wäre und die ganzen Häuser würden zusammengeschossen. Nun müßt ihr schon entschuldigen wegen der schlechten Schrift, aber wenn du auf dem Motorrad schreiben mußt, geht es nicht viel besser.
Nun wünsche ich euch weiterhin alles Gute und laßt bald wieder hören, denn ich habe schon 5 Wochen keine Post mehr von Euch.
Auf Wiedersehen
Gustl

Immer wieder bringt Gustl sein Gottvertrauen und die Hoffnung auf die Gnade der Vergebung zum Ausdruck. Beides begleitete ihn bis zum 30. September 1944, seinem Todestag.

Und so kam der nächste Brief von Gustls Vorgesetztem. Auf drei handschriftlich eng beschriebenen Seiten schilderte er am 11. Oktober die Geschehnisse rund um Gustls Tod. »Er fand auf deutscher Erde ein Flammengrab.« Der Gefallene habe

»treu seinem Fahneneid für Führer, Volk und Vaterland das höchste Mannesopfer gebracht«, »zur Sicherung unseres heiligsten Gutes, der Freiheit unserer Heimat und unseres geliebten Volkes«. Sogar eine Skizze hatte der Oberleutnant zur Lage des Todesgeschehens bei Litzingen in Lothringen übersandt. Für uns als Hinterbliebene konnte dieser Brief kaum Trost sein.

Die Feldpostbriefe meines Bruders fand ich, als ich nach dem Tod meiner Mutter einen kleinen Koffer mit ihren wichtigsten Habseligkeiten öffnete. Und sie ließen mich verstehen, was ich schon immer gefühlt hatte: Mit Gustls Tod war die Welt plötzlich eine andere geworden. Die Eltern hatten sich verändert, waren traurig, bitter, verzweifelt. Lachen und Fröhlichkeit waren verschwunden. Als meine Schwester ein Jahr später heiratete und fortzog, war ich allein mit den um ihre Hoffnungen betrogenen Eltern.

Nachdem die Nachricht vom Tod meines Bruders in Oberrohr eingegangen war, wurde auf dem Friedhof unserer Gemeinde auch für August Waigel ein einfaches Birkenkreuz errichtet. Nach jedem Gottesdienst beteten wir vor diesem Kreuz. Am Volkstrauertag wurden die Namen der gefallenen Soldaten in der Kirche genannt, und bei der Erwähnung meines Bruders spürte ich jedes Mal einen Stich in der Brust.

Von Gustls wirklichem Grab sollte ich erst Jahrzehnte später erfahren. Es befindet sich auf dem deutschen Soldatenfriedhof Niederbronn im Elsass. Richard Wagner, dem damaligen Vizepräsidenten des Volksbunds Deutsche Kriegsgräberfürsorge, hatte ich Anfang der Neunzigerjahre vom Schicksal meines Bruders erzählt. Ohne mein Zutun stellte er Nachforschungen an. Er teilte mir 1993 mit, es sei endlich die Kennzeichnung des Grabs erfolgt. Nach der Umbettung aus dem Gemeindefriedhof von Lezey im Département Moselle sei er nun auf dem deutschen Soldatenfriedhof Niederbronn/Frankreich im Block 25, Reihe 9, Grab 178 begraben.

Von zwei ursprünglich in Lezey bestatteten und durch den Volksbund am 8. November 1961 auf den Soldatenfriedhof Niederbronn umgebetteten deutschen Toten gab es für einen die Feststellung: »Alter zum Zeitpunkt des Todes 17 bis 20 Jahre, Skelettreste stark verkohlt. In Anbetracht des Todes und des Erstbestattungsortes, der Altersfeststellung und der Übereinstimmung der Todesmeldung (›Volltreffer verbrannt‹) ist dieser am 8. November 1961 aus dem Gemeindefriedhof in Lezey umgebettete Tote zweifelsfrei der gesuchte Bruder von Dr. Waigel.« Diese Feststellung sei nicht eher gelungen, weil als Todesort Litzingen registriert war und eine Zuordnung dieses Orts zur Gemeinde Lezey weder der deutschen Dienststelle noch dem Volksbund möglich gewesen sei. Die Nachricht traf mich wie ein Blitzschlag. Ich war zutiefst erschüttert. So schnell wie möglich wollte ich nach Niederbronn, um am Grab meines Bruders seiner zu gedenken.

Am 28. Oktober 1993 flog ich von Bonn nach Straßburg und nahm an der Grundsteinlegung einer Jugendbegegnungsstätte in Niederbronn teil. Es war ein emotionaler Moment, als mich der Verwalter des Friedhofs und der künftige Leiter der Jugendbegegnungsstätte an den vielen Ruhestätten vorbei zum Grab meines Bruders führten. Dabei traf ich auch auf den französischen Minister für Veteranenangelegenheiten, Philippe Mestre.

Am 15. Oktober 1994, einen Tag vor der Bundestagswahl, fand dann die Einweihung dieser Jugendbegegnungsstätte in Niederbronn statt. Drei Omnibusse aus meiner näheren Heimat hatten sich schon sehr früh auf die Fahrt dorthin gemacht. Freunde, Weggefährten und Menschen, die am Schicksal der

Gefallenen Anteil nahmen, wollten diesen Friedhof und die Gräber besuchen, in denen viele Soldaten aus meiner schwäbischen Heimat ruhen. Wieder war der französische Minister für Veteranen Mestre nach Niederbronn gekommen und hielt eine einfühlsame Rede über die 15 000 hier begrabenen Soldaten. Seine Worte drückten Anteilnahme aus. Ich dankte ihm für die französische Großzügigkeit, an diesem schön gelegenen Ort den deutschen Soldaten eine würdige letzte Ruhestätte zu verschaffen. Als dann die französische Nationalhymne, die deutsche Nationalhymne und die Melodie »Vom guten Kameraden« ertönten, waren alle Teilnehmer erschüttert. Eine Klassenkameradin meines Bruders, Anneliese Kerler, Senatorin im Bayerischen Senat und eine liebenswerte Freundin, sprach an Gustls Grab Abschiedsworte für die Freunde und Gefährten aus Ursberg und seiner alten schwäbischen Heimat.

Der Leiter dieser Jugendbegegnungsstätte, Bernard Klein, führt bis heute junge Menschen über den Friedhof und erzählt ihnen vom Schicksal einiger junger Männer, die hier beerdigt sind. Bisweilen geleitet er die Jugendlichen auch ans Grab meines Bruders, auf dem oft einige Münzen liegen. Er erklärt ihnen, dass hier August Waigel liege, der Bruder von Theo Waigel. Vielleicht wüssten sie, dass dieser mit der Einführung des Euro, der gemeinsamen europäischen Währung, zu tun gehabt habe. Anschließend bittet er die jungen Menschen, ihm eine Münze zu zeigen. Und wenn sie ihre verschiedenen Münzen hervorholen, erklärt er ihnen: »Schaut euch beide Seiten an. Eine Seite ist national gestaltet und die andere europäisch. Als diese 15 000 hier sterben mussten, waren beide Seiten nur national. Heute zeigt jede Münze zwei Traditionen. Und so ist die gemeinsame Währung auch zu einem Friedensprojekt geworden.«

Unsere Familiengeschichte zeigt im Kleinen eine europäische Entwicklung, wie man sie noch vor hundert Jahren nicht für möglich gehalten hätte. Und diese Geschichte spiegelt sich nicht nur in den Münzen: Vor über 40 Jahren habe ich unseren Bauernhof in Oberrohr umgebaut. Als ich auf dem Speicher Bretter entfernte, kam das Bajonett meines Vaters aus dem Ersten Weltkrieg zum Vorschein. Als schauriges Kriegsinstrument gemahnt es an den Beginn eines dramatischen Jahrhunderts, dessen erste Hälfte das schlimmste Deutschland hervorgebracht hat und dessen letztes Jahrzehnt als eines der besten für Deutschland und Europa gelten kann. Das wiederentdeckte Bajonett ebenso wie der Füllfederhalter, mit dem ich den Vertrag von Maastricht am 7. Februar 1992 unterschrieb, symbolisieren für mich den überaus glücklichen Verlauf, den die Geschichte unseres Landes in dieser Zeit genommen hat.

Doch auf den Krieg folgte auch im schwäbischen Oberrohr eine schwere Zeit. Nach dem schrecklichen Schicksalsschlag suchte ich Trost bei Verwandten, Nachbarn und Freunden. Halt fand ich auch bei Heimatvertriebenen, die 1946 in unser Haus kamen. Adolf und Angelika Diwisch waren ein Oberlehrerehepaar aus dem Sudetenland. Wir konnten ihnen in unserem geräumigen Bauernhof zwei kleine Zimmer zur Verfügung stellen, die früher als Austrag gedient hatten. Die beiden besaßen nur wenig, doch eines hatten sie aus ihrer Heimat mitgebracht: *Grimms Märchen*. Immer wieder lasen sie mir daraus vor und schenkten mir das Buch bei ihrem Abschied 1950. Ich hüte es bis heute als kostbaren Besitz in meiner Bibliothek. Wenige Monate nachdem sie bei uns angekommen waren, konnten sie ihren Sohn Rudi, der als Soldat an der Front gewesen war, in die Arme schließen. Rudi wurde mir zu einem brüderlichen Freund. Auf eine gewisse Weise habe ich in ihm meinen toten Bruder wiedergefunden.

Unterdessen war ich in die Volksschule Ursberg gekommen. Dieses Ursberg, seine große Vergangenheit und seine
großartige Gegenwart, sind mir zur innigen Heimat geworden.
Über 900 Jahre geht die Geschichte des Ortes zurück. Schon
1119 entstand ein Augustinerchorherrenstift. Ende des 19. Jahrhunderts begründete der Priester Dominikus Ringeisen in der
Gemeinde ein großes Behindertenwerk im alten Klostergebäu-
de, da er die Not und das Leid der Behinderten in den Dörfern
nicht mehr ertragen konnte. Joseph Bernhart, ebenso ein
Ursberger, wurde zu einem der bedeutendsten Theologen und
Philosophen des 20. Jahrhunderts. Von all meinen Ehrungen
und Auszeichnungen sind mir denn auch die Ehrenbürger-
würde der Gemeinde Ursberg und die Auszeichnung als Ehrenspielführer der Fußballmannschaft des Dominikus-Ring-
eisen-Werks die wichtigsten und schönsten.

An meinen ersten Schultag im Jahr 1945 habe ich allerdings
keine Erinnerung. Doch von nun an trat ich, mit der Buben-
kleidung meines Bruders ausgestattet und dem Ranzen, der
noch aus Gustls Schulzeit stammte, auf dem Rücken, täglich
den Weg von Oberrohr nach Ursberg an. Es war eine dunkle,
traurige Zeit so kurz nach dem Kriegsende. Ich war wohl ein
eifriger Schüler, gehörte aber nicht gerade zu den braven Buben, und so waren »Tatzen« nicht ungewöhnlich.

Adolf Diwisch unterrichtete mich in dieser Zeit auch im
Geigenspiel. Ich muss allerdings gestehen, dass mir der Umgang mit dem Fußball wesentlich lieber war als mit der Vio-
line. Mit der etwas fadenscheinigen Ausrede, ich müsse nun
mehr für die Schule tun, beendete ich meinen Geigenunter-
richt schon nach wenigen Jahren. Obwohl mein Vater das Fußballspiel verachtete und mir wütend nachschaute, wenn ich
am frühen Abend mit Freunden auf den kleinen Fußballplatz
in Oberrohr entschwand, lag zu meiner großen Überraschung

1949 ein Fußball unter dem Weihnachtsbaum. Für einige Zeit war dieser Ball der einzig brauchbare in Oberrohr. Das verschaffte mir eine starke Stellung in unserem Dorf.

Nicht zuletzt Familie Diwisch verdanke ich es, dass mich mein Vater 1950 auf die damalige Oberschule nach Krumbach schickte. Meine Mutter war skeptisch, die Lehrer an der Volksschule in Ursberg hielten strikt dagegen, und der zuständige Pfarrer Superior Prim warnte vor den bedenklichen Folgen der täglichen Omnibusfahrt, die durchaus eine sittliche Gefahr für einen noch nicht gefestigten Menschen bedeuten konnte. Hingegen argumentierte der ehemalige Oberlehrer Diwisch, dass Bildung und Ausbildung das Einzige seien, was einem kein Machthaber wegnehmen könne – wie dankbar bin ich ihm noch heute für diese klaren Worte.

Die Oberschule in Krumbach eröffnete mir eine neue Welt. Der Weg dahin war allerdings auch manchmal steinig: In der ersten Stunde wurden alle gefragt, wo sie bisher zur Schule gegangen seien. Als ich antwortete »in Ursberg«, gab es spöttisches Gelächter. Ursberg war als Ort für Menschen mit Behinderung noch mit vielen Vorurteilen belastet. Damals habe ich mich geschämt und geärgert. Heute lacht – auch dank meines Engagements – niemand mehr, wenn ich sage, ich komme aus Ursberg.

In 13 Jahren Schulzeit in Ursberg und Krumbach aber wurde nicht ein einziges Mal der schmerzlichen Tatsache gedacht, dass 379 behinderte Menschen im Rahmen der T4-Aktion, der systematischen Ermordung von mehr als 70 000 Menschen mit körperlichen, geistigen und seelischen Behinderungen von 1940 bis 1945, von Ursberg weg- und umgebracht wurden. Es wurde geschwiegen, wie überall in Deutschland. Die Adenauer-Ära war eben nicht nur die Zeit des Wiederaufbaus, sondern auch eine der Heuchelei. Viele Lehrer waren noch durch den

Nationalsozialismus belastet. Von den Priestern hingegen hätte ich mir ein Wort erwartet. Man wusste Bescheid, aber verdrängte das Geschehene. Selbst die Opfer haben geschwiegen: Menschen wie die Ursberger Familie Dr. Otto, die den Schriftsteller Albrecht Haushofer ein knappes halbes Jahr bei sich versteckt hatten, um ihn vor der Verfolgung durch die Gestapo zu retten, und dafür ins KZ geworfen wurden, sprachen nicht darüber.

Erst nach und nach verstand ich es, auf der Oberschule zu lernen. Für meine Eltern war es selbstverständlich, dass ich nachmittags und auch abends in der Landwirtschaft mithalf. So fiel die Vorbereitung auf die Schule bisweilen unzureichend aus. Die Noten waren dessen ungeachtet gut. Mein Lieblingsfach war Deutsch. Ich werde nie vergessen, wie uns eine Klassenfahrt nach München führte und wir eine Kortner-Inszenierung von Shakespeares *Heinrich IV.* mit Friedrich Domin, Gerd Brüdern und Klaus Kinski erleben durften. Noch heute denke ich an diesen Tag, wann immer ich das Residenztheater in München besuche.

Auch außerhalb der Schule fand ich meinen Weg – wenn auch mit einigen Umwegen. Denn aufmüpfig, wie ich war, hatte ich mich als Ministrant mit Kaplan und Mesner gleichermaßen überworfen. So musste ich mich schon recht früh vom Messdienst verabschieden und verlor damit auch einen Zugang zu dieser Gemeinschaft. Es war Superior Franz Xaver Prim, der mich aus meiner Isolation herausholte. 1953/54 baute er ein Jugendheim, das für mich Refugium und Stätte der Begegnung wurde. Schon mit 15 Jahren war ich für eine Jugendgruppe verantwortlich. Hier fand ich meine besten und treuesten Freunde, die mir auch heute noch Weggefährten und Begleiter sind. Wöchentliche Gruppenstunden vertieften Gemeinschaft und Zusammengehörigkeit, Theaterspiel und

Faschingsveranstaltungen spornten uns an, Jugendgottes-
dienste gaben uns ein neues Gefühl von Religiosität, und die
jährlichen Ausflüge in die Berge oder in den Schwarzwald
klangen noch Wochen und Monate nach.

In etwas peinlicher Erinnerung ist mir mein Abituraufsatz
am Ende meiner Schullaufbahn 1959 geblieben. Das Thema
lautete: »An dem Prinzip des Parlamentarismus lässt sich festhalten: dass man nicht etwas ist, weil man gewählt wird, sondern dass man gewählt wird, weil man etwas ist.« Fälschlicher-
weise habe ich den ersten Halbsatz beschrieben, anstatt die
Aussage nach dem Doppelpunkt zu behandeln. Ich bekam nur
ein »Befriedigend« – doch hoffe ich, in meinem politischen
Leben diese Aufgabe besser gelebt und realisiert zu haben als
im Abitur.

Für meine Abiturrede hatte mir mein Klassenlehrer Willi
Reinus ein Büchlein des Nazigegners Ernst Wiechert mit vier
Reden an die deutsche Jugend geschenkt. In einer dieser Re-
den aus dem Jahr 1935 heißt es: »Ich hoffe, euch etwas genom-
men zu haben, nämlich die Angst.« Dieses Wort hat mich le-
benslang beflügelt. Aufgabe der Pädagogik, der Religion, der
Philosophie und auch der Politik ist es, Angst zu nehmen und
Zuversicht zu schaffen. Und noch etwas brachte mir Ernst
Wiechert bei: »Das Stille zu bewahren, das Müde zu erneuern,
das Große zu verehren, das Leidende zu lieben.«

Das Abitur läutete einen neuen Lebensabschnitt ein. Bis dahin
waren das Dorf Oberrohr, Ursberg mit Klosterkirche und Schule, das Mindeltal mit dem nahe gelegenen Thannhausen und
die Kreisstadt Krumbach als kleine Metropole mein Lebens-
mittelpunkt gewesen. Am 1. November 1959, an Allerheiligen,
nahm ich erstmals für längere Zeit Abschied von meinen Eltern und meiner Heimat. Ich hatte einige Zeit geschwankt,

welchen Weg ich einschlagen wollte: Landwirt, Tierarzt oder Jurist? Ganz meiner Neigung nachgebend, hätte ich wohl Germanistik studiert und wäre Lehrer geworden. Doch bei aller Liebe zu jungen Menschen wäre es vielleicht nicht der richtige Weg gewesen.

Die Universität in München, wo ich mich für Rechtswissenschaft eingeschrieben hatte, war mir ein fremder, überfüllter Ort – München eine Großstadt, in der ich mich nicht recht wohlfühlte. Ich hatte Unterkunft bei Verwandten gefunden. Die familiäre Bindung half mir wenigstens über das Heimweh in den ersten zwei Semestern hinweg. Zuflucht fand ich auch manches Mal am Grab von Pater Rupert Mayer in der Bürgersaalkirche, dem Mann, der Militärseelsorger meines Vaters im Ersten Weltkrieg gewesen war. Er hatte 1937 in der Ursberger Kirche eine mutige Predigt gehalten, die Gegenstand einer Anklage gegen ihn vor dem Sondergericht wurde.

Zerstreuung und Abwechslung suchte ich im Theater. Neben den Lehrveranstaltungen meines Fachs belegte ich zusätzlich philosophische, historische und volkswirtschaftliche Vorlesungen. Zugleich trieb mich die Sorge um, dass durch meine Aktivitäten in der Jungen Union, der ich mich 1957 angeschlossen hatte, mein juristisches Studium zu kurz kommen könnte. Ich wollte so früh wie möglich fertig werden, um meinen Eltern nicht länger finanziell zur Last zu fallen. Daher wechselte ich an die Universität Würzburg, um mich intensiver der Vorbereitung auf das erste juristische Staatsexamen widmen zu können. Für meinen späteren Beruf als Jurist schien es mir von Vorteil, zu promovieren. An einer kleineren Universität war das leichter als an der Ludwig-Maximilians-Universität in München. Zudem studierte in Würzburg mein alter Freund Werner Möstl aus Günzburg, der wie ich Schulsprecher gewesen war. Mit ihm verbrachte ich so manche Stunde im *Bürgerspital* und im *Juliusspital* und lernte den fränkischen Wein schätzen und lieben.

Nachdem ich mein erstes juristisches Staatsexamen erfolgreich abgeschlossen hatte, trat ich meinen Dienst als Rechtsreferendar am Amtsgericht in Krumbach an. Neben den beruflichen und politischen Aktivitäten versuchte ich, meine Doktorarbeit fertigzustellen, die sich mit der verfassungsmäßigen Ordnung der deutschen und der bayerischen Landwirtschaft beschäftigte. Mein fürsorglicher Doktorvater hatte mir den Rat gegeben, mit dem damaligen bayerischen Staatsminister für Landwirtschaft und Forsten, Alois Hundhammer, ein Gespräch über landwirtschaftspolitische und verfassungsrechtliche Grundsatzfragen zu führen. Nach einigen Zu- und kurzfristigen Absagen wurde mir sein Referent als Ersatzgesprächspartner vorgestellt. Auf meine Frage, ob er mir Material zu meinem Promotionsthema »Die verfassungsmäßige Ordnung der bayerischen Landwirtschaft« zur Verfügung stellen könne, antwortete er nur bedeutungsschwer: »Mei, dös mit der Verfassung hama mia mehr im Unterbewusstsein.«

Doch allmählich neigte sich die unbeschwerte Zeit als Rechtsreferendar ihrem Ende entgegen. Die endgültige Entscheidung über meine berufliche Zukunft rückte näher. Ich wollte rechtzeitig meine Promotion zu Ende führen und musste mich intensiv auf die zweite juristische Staatsprüfung konzentrieren.

In einer Klausur wurde ein Zitat von Carlo Schmid behandelt: »Jede Nation braucht, um bestehen zu können, eine junge Elite, die sich ihr tätig und leidend verbunden weiß.« Mit diesem Satz gehe ich bis heute um. Ich legte all meine juristische und politische Überzeugung in die Ausarbeitung und wurde mit »sehr gut« benotet. Also trat ich nach erfolgreich bestandenem zweiten juristischen Staatsexamen bei der Staatsanwaltschaft München I als Gerichtsassessor in den Dienst der bayerischen Justiz. Mehr als ein Jahr verrichtete ich dort meine Arbeit und lernte eine Kameradschaft kennen, wie ich sie selten in meinem späteren Leben erfahren sollte. Noch heute verbindet mich mit einigen meiner damaligen Kollegen eine Freundschaft.

Die Weichen waren gestellt – nicht nur beruflich, sondern auch privat: Ende 1966 hatte ich meine Verlobte Karin Hönig, die in Würzburg Volkswirtschaft studierte, geheiratet. Gleich darauf hatte ich eine Tutorenstelle im Pater-Rupert-Mayer-Studentenheim in Schwabing angetreten. Über 100 Studenten aus aller Welt waren hier versammelt. Die Revolte der Jugend und der Geist des Aufruhrs waren überall zu spüren. Wenn ich aus dieser unruhigen Zeit etwas für später mitgenommen habe, dann die Bereitschaft, andere vorbehaltlos anzuhören, sachlich zu argumentieren, Neues aufzunehmen.

1968 wohnte ich der Karfreitagsliturgie in der Sankt-Ursula-Kirche bei. Während Pfarrer Lippold liturgische Gebete sprach, stürmten mehrere Studenten in die Kirche und forderten den Geistlichen auf, nicht über Jesus Christus, sondern über Rudi Dutschke zu reden, auf den in Berlin ein Attentat verübt worden war. Ich war empört und drängte einen der Störer mit sanfter Gewalt aus der Kirche. Doch als wir an der Kirchentür angelangt waren, hörte ich den Pfarrer sagen: »Hier darf niemand aus der Kirche gewiesen werden.« Mir blieb nichts anderes übrig, als den Dutschke-Anhänger aus meiner körperlichen Umarmung zu entlassen und wieder in meine Bank zurückzukehren. Sollte so etwas in der Kirche noch einmal passieren, schwor ich mir, würde ich mich nicht mehr tätig einmischen.

Zum Leitungsgremium des Studentenheims gehörte damals, als Vertreter der Universität, auch Paul Konrad Kurz.

Kurz war ein anerkannter Literaturkritiker. Er brachte mich dazu, mich mit Günter Grass, Heinrich Böll und anderen, damals noch umstrittenen Literaten zu befassen. Das hat mir später den Mut gegeben, auf Martin Walser, Franz Xaver Kroetz und Bruno Jonas zuzugehen. Kurz war es auch, der mir den Tipp gab, den Prosaband *Die wunderbaren Jahre* von Reiner Kunze zu lesen – der Auftakt zu einer intensiven Beschäftigung mit dem Werk des später aus der DDR ausgesiedelten Schriftstellers und Lyrikers. Aus der Lektüre erwuchs eine lebenslange Freundschaft, die in herzlicher Weise auch Kunzes Frau Elisabeth einbezog.

In der Rückschau ist es mir fast unbegreiflich, wie es gelingen konnte, all die Herausforderungen jener Jahre unter einen Hut zu bringen. Aber es glückte, und mir wurde immer mehr klar, dass auch Politik ein fester Bestandteil meines Lebens sein würde.

Aus den Wurzeln wachsen

Erfahrungen in der Regionalpolitik

Es war ein großer Verlust für den Landkreis Krumbach und ein prägendes Erlebnis in meiner Jugend: Am 6. Oktober 1955 kam der Landrat von Krumbach, Fridolin Rothermel, bei einem Verkehrsunfall ums Leben. Rothermel war vor 1933 Mitglied des bayerischen Landtags und des Reichstags sowie Bürgermeister von Bayersried-Ursberg gewesen, dann aber von den Nazis aus allen Ämtern entfernt worden. 1945 war er Landrat von Krumbach geworden und hatte als Mitglied der verfassungsgebenden Landesversammlung zum Aufbau der Demokratie in Bayern beigetragen. Er war erster Präsident des Bayerischen Bauernverbandes und nach Andreas Hermes auch Präsident des Deutschen Bauernverbandes.

So jung ich damals war, hatte ich doch das Bedürfnis, Fridolin Rothermel die letzte Ehre zu erweisen. Morgens radelte ich in die Schule und bat den Direktor, an der Beisetzung teilnehmen zu dürfen. Rechtzeitig vor zehn ergatterte ich einen Platz in der Ursberger Kirche. Von der Empore aus verfolgte ich den Gottesdienst und hörte die Trauerreden, mit denen eine ganze Politikergeneration von unserem Landrat Abschied nahm: Andreas Hermes, der Vorgänger Rothermels im Bauernverband, auch ehemaliger Reichsfinanzminister der Weimarer Republik und Vorsitzender des Deutschen Raiffeisenverbandes; Josef Baumgartner, der Vorsitzende der Bayernpartei und seit 1954 stellvertretender Ministerpräsident einer unter Ausschluss der CSU agierenden Koalition in Bayern, sowie auch Franz Josef Strauß.

Den jungen Bundesminister, der als Vertreter der Bundesregierung anwesend war, erlebte ich dort zum ersten Mal. Niemals hätte ich mir träumen lassen, einmal sein Nachfolger als Parteivorsitzender und Bundesfinanzminister zu werden. Meine Augen richteten sich auf die schwäbische Politik: Ich wollte Nachfolger Rothermels als Landrat von Krumbach werden.

Rothermels plötzlicher Tod hinterließ eine Lücke, auf die die CSU in Krumbach nicht vorbereitet war. Überraschend erklärte ein Kandidat der Deutschen Partei seine Kandidatur als Landrat und gewann in einer Stichwahl gegen den etablierten Regierungsrat am Landratsamt, den die CSU aufgestellt hatte. Der Kandidat der CSU war tüchtig, aber kein Charismatiker – und darüber hinaus evangelisch, was im katholisch geprägten Landkreis damals noch vielerorts Befremden auslöste. Populistische, die jüngste deutsche Geschichte verdrängende Töne waren zu vernehmen – und sie verfingen. Die CSU geriet in Schockstarre. Sie verlor die Gewissheit, dass die Partei überall auf dem Land gewinnen würde.

Von Karl Kling ging die Initiative aus, eine Orts- und Kreisgruppe der Jungen Union zu gründen, um das politische Leben zu aktivieren und die junge Generation zu gewinnen. Mein Interesse war sofort geweckt. Schließlich las ich die Zeitung und verfolgte die politische Debatte. Nicht selten geriet ich darüber mit meinem Vater aneinander, der nach seinen Erfahrungen in zwei Weltkriegen ein radikaler Pazifist und Skeptiker geworden war. Ich hingegen war überzeugt, dass wir jungen Leute gesellschaftliche und politische Verantwortung übernehmen mussten. In Ursberg engagierte ich mich bereits in der katholischen Jugend, 1957 wurde ich JU-Mitglied und gleich auch in den Vorstand gewählt.

Dabei ist es nicht geblieben. Denn bereits ein Jahr später wurde Karl Kling in den Bezirkstag von Schwaben, später in den Kreistag Krumbachs und zum zweiten Bürgermeister gewählt. Im März 1961 gab er den Kreisvorsitz der Jungen Union ab und schlug mich als Nachfolger vor.

Jetzt hatte ich also mein erstes Amt – und das neben dem Studium. Zeitlich waren diese beiden Jobs nicht einfach zu vereinbaren: Für die vielen Fahrten über Land stand mir nur ein Moped zur Verfügung. Ein Telefon verweigerte mein Vater konsequent; die Kosten waren ihm zu hoch. So bestritt ich meinen ersten Bundestagswahlkampf 1961 mit denkbar einfachsten Mitteln und legte mich für Konrad Adenauer und Franz Josef Strauß ins Zeug. Mit dem Moped fuhr ich von Ort zu Ort, besuchte Wahlkampfveranstaltungen und stellte mich und meine Partei mit großem Enthusiasmus vor.

In meinen Semesterferien organisierte ich die politische Bildungsarbeit und Veranstaltungen in der Jungen Union. 1964, nach dem ersten juristischen Staatsexamen – das ich glücklich bestanden hatte –, stürzte ich mich mit Begeisterung in die Parteiarbeit. Am Amtsgericht Krumbach war ich als Rechtsreferendar tätig, weitere Stationen im Schwäbischen folgten. Nach dem Studium in München war ich froh, in mein geliebtes Schwabenland zurückkehren zu dürfen. Neben meiner juristischen Ausbildung widmete ich mich der Politik auf Kreis- und Bezirksebene. Als kleiner Wermutstropfen ist mir geblieben: Der Wunsch, einmal Landrat von Krumbach zu werden, ging leider nicht in Erfüllung. Denn mit der Gebietsreform 1972 wurde der kleine Landkreis Krumbach aufgelöst.

Nachdem der Landesvorsitzende der Jungen Union, Max Streibl, 1967 zum Generalsekretär der CSU ernannt worden war, wurde Alfred Böswald zum neuen Landesvorsitzenden gewählt. Als Bezirksvorsitzender für Schwaben folgte ich ihm nach. Außerdem gehörte ich dem Kreistag von Krumbach und dem regelmäßig tagenden Kreisausschuss seit 1966 an.

Als Tutor im Münchner Pater-Rupert-Mayer-Heim wagte ich mich geradewegs ins Auge des Orkans: Regelmäßig veranstalteten wir in dem Schwabinger Studentenheim Diskussionsabende mit Politikern. Zu denen, die die Auseinandersetzung mit den jungen Leuten nicht scheuten, gehörten Anton Jaumann, der damalige Staatssekretär im bayerischen Staatsministerium der Finanzen und frühere Generalsekretär der CSU, sowie der Bundestagsabgeordnete Peter Schmidhuber.

Bruno Merk war mein zuständiger Stimmkreisabgeordneter im Landkreis Günzburg. Mit dem späteren bayerischen Innenminister verbanden mich viele Gemeinsamkeiten. Eine wichtige Errungenschaft, die Merk – teilweise gegen den Willen von Franz Josef Strauß – durchsetzen konnte, war die Gebietsreform 1972. Als sich 1978 abzeichnete, dass Strauß Ministerpräsident werden würde, entschied sich Merk, aus der Politik auszuscheiden. Ich hingegen bin ihr treu geblieben: Sich einerseits abzugrenzen, andererseits zu einer vertrauensvollen Zusammenarbeit zu finden ist für mich kein Gegensatz. Auf dieser Gratwanderung befinde ich mich bis heute.

Nach meiner Wahl zum Landesvorsitzenden der Jungen Union 1971 machte ich mich für eine größere Eigenständigkeit der Jugendorganisation stark. Eigentlich war ich für dieses Amt nicht der Wunschkandidat von Franz Josef Strauß gewesen, denn ich arbeitete bei dem von Strauß misstrauisch beäugten Anton Jaumann. Doch ich setzte mich durch und konnte in der Jungen Union eine Grundsatzdiskussion anstoßen. Zu Beginn jedes Jahres trafen wir uns zu einer Klausurtagung in Bad Tölz, um dort mit Politikern, Journalisten und Intellektuellen zu diskutieren. Das Format hat sich bewährt, es eröffnete allen Beteiligten neue Horizonte, und so habe ich es beibehalten – als Leiter der Grundsatzkommission und auch als Landesgruppenvorsitzender.

Nach vier Jahren nahm ich meinen Abschied von der Jungen Union, mit 36 Jahren war meine Zeit zwangsläufig vorbei. In meiner Abschiedsrede zitierte ich eine Kalendergeschichte Bertolt Brechts, mit der ich gedanklich schon die nächsten Schritte vorwegnahm: »Herr Keuner war nicht für Abschiednehmen, nicht für Begrüßen, nicht für Jahrestage, nicht für Feste, nicht für das Beenden eines neuen Lebensabschnitts, nicht für Abrechnungen, nicht für Rache, nicht für abschließende Urteile. Herr Keuner war für kritische Arbeit, für tätige Vernunft. Er hatte wenig Zeit zum Feiern. Er hielt den Fortgang des Lebens für wichtiger als die Zelebration des Erreichten. Herr Keuner stellte sich nachdenklich den Problemen seiner Zeit.«

1972 zog ich als Kandidat der Jungen Union über die Landesliste in den Bundestag ein, 1976 kandidierte ich in meiner Heimat im Wahlkreis Neu-Ulm–Günzburg und gewann das Direktmandat.

Als Neuling landete ich im Bundestag zunächst im Ausschuss für Bildung und Wissenschaft. Dort beschäftigte mich die berufliche Bildung. Allerdings waren den Gestaltungsmöglichkeiten in der Opposition enge Grenzen gesetzt. Mit dem gewonnenen Direktmandat setzte ich mich verstärkt für die Belange meines Wahlkreises ein. Den nötigen Rückhalt fand ich in der engen Zusammenarbeit mit den Landtagsabgeordneten, den Bezirks- und Landräten und der großen Zahl von Bürgermeistern. Der enge Kontakt zu den bayerischen Ministern Merk, Jaumann, Heubl und Maier sowie das Netzwerk, das ich als persönlicher Referent von Anton Jaumann zu allen Ministerien geknüpft hatte, erwiesen sich nun als außerordentlich nützlich. Besonders lagen mir die persönlichen Sprechstunden in meinem Wahlkreis am Herzen: Alle vier bis sechs Wochen fand ich mich an den wichtigsten Orten ein, um den Menschen zuzuhören und sie in ihren Anliegen zu unterstützen. Ich war Beichtvater und Rechtsberater, Organisator und Problemlöser. Durch diesen Einsatz erreichte ich bei allen Bundestagswahlen mehr Erststimmen als die Partei.

Als Bundestagsabgeordneter in Bonn lernte ich bald, mich auf unterschiedlichen Ebenen des politischen Parketts zu bewegen. 1975 wechselte ich in den Haushaltsausschuss und damit in eine Position, die den Weg für meine spätere Laufbahn als Finanzpolitiker bereiten sollte. Dabei ging es um Verkehrsfragen, Investitionen für Wirtschaft und Arbeitskräfte, Krankenhausprobleme sowie Stadtsanierung und Dorferneuerung. Trotz meiner neuen Aufgabe vernachlässigte ich die Belange meines Stimmkreises nicht. Vier Jahre später wurde mein Engagement durch ein stolzes Wahlergebnis belohnt: 1980 schenkten mir mehr als 60 Prozent der Wähler ihr Vertrauen – ein damals für CSU-Kandidaten nicht unübliches Resultat, aber trotzdem nicht selbstverständlich.

In all den Jahren als Politiker blieb mein Wahlkreis ein bestimmender Faktor meines Denkens und Handelns. Über die Zeit konnte ich für meine Region einiges an Gutem bewirken, das Bestand haben wird.

Wenn ich heute durch Neu-Ulm fahre und sehe, wie aus einem ehemaligen Militärgelände eine moderne Stadt mit Bildungs- und Sozialeinrichtungen entstanden ist, dann erfüllt mich das mit Freude. Die Innenstadt ist attraktiv und lebendig. Das war nicht immer so. Die vormals beengte räumliche Situation wurde durch die Auslagerung von Behörden aufgelöst. Darüber hinaus hat sich der Charakter der Stadt völlig gewandelt: Neu-Ulm war seit 1946 eine amerikanische Garnisonsstadt, in der ab 1968 Pershing-I- und später auch Pershing-II-Raketen stationiert waren. Dagegen protestierten Hunderttausende und bildeten 1983 eine Menschenkette von den Wiley Barracks in Neu-Ulm bis zum United States European Command in Stuttgart. Dass den amerikanischen Raketen eine Übermacht von Kurz- und Mittelstreckenraketen der Sowjetunion gegenüberstand und eine halbe Million Sowjetsoldaten auf deutschem Boden standen, drang im allgemeinen Protest kaum durch. Den NATO-Doppelbeschluss und damit die Nachrüstung der NATO zu verteidigen war keine leichte Aufgabe für mich. Als Ende der Achtzigerjahre international die Abrüstung vereinbart wurde, zeigte mir der US-Botschafter Richard Burt das amerikanische Waffenarsenal mitten in Neu-Ulm. Nach der Wiedervereinigung, dem Abzug der amerikanischen Truppen und der Reduzierung der deutschen Bundeswehr eröffnete sich für Neu-Ulm die Möglichkeit, dieses Gelände für die Stadtentwicklung zu erwerben. Als zuständiger Finanzminister entschied ich, dass diese Flächen, wenn sie für gemeinnützige Zwecke – Schulen, Kindergärten, Behinderteneinrichtungen und Hochschulen – vorgesehen waren, zur Hälfte des Kaufwerts an die Stadt Neu-Ulm veräußert werden konnten. (Das galt übrigens für alle frei werdenden militärischen Liegenschaften in Deutschland.) Damit eröffnete sich für Neu-Ulm eine Jahrhundertchance, die Oberbürgermeister Peter Biebl beherzt ergriff. So wurden für alle sichtbar Schwerter zu Pflugscharen umgewandelt.

Zu einem persönlichen Anliegen machte ich mir ab Mitte der Neunzigerjahre die Sanierung des Klosters Roggenburg. Das einst leer stehende, kalte Gebäude ist heute mit Leben erfüllt und wirkt nach der Restaurierung so einladend wie nie zuvor. Ein junger Konvent von Prämonstratensern ist eingezogen. Ein Zentrum für Bildung und Umwelt mit Restaurant macht den Ort zu einem nicht nur religiösen, sondern auch kulturellen Leuchtturm in der Region. Doch als mir die Patres zum ersten Mal ihre Pläne präsentierten, stellte ich ihnen ernst die Frage: »Wie stellen Sie sich die Finanzierung eigentlich vor?« Die treuherzige Antwort: »Wir hatten vor allem an Sie gedacht.« In der Tat ist es gelungen, durch die Deutsche Bundesstiftung Umwelt, den Verein der Freunde des Klosters Roggenburg – dessen Kuratoriumspräsident ich bin – und mithilfe vieler weiterer Sponsoren das Kloster Roggenburg zu einem pulsierenden Begegnungsort zu machen.

In meiner Doppelfunktion als Finanzminister und Wahlkreisabgeordneter half ich auch, die Tieferlegung der Bahnstrecke in Neu-Ulm, eine Idee der Oberbürgermeisterin Beate Merk, zu realisieren. Die Stadt war durch eine Bahnlinie zerschnitten, ein Tunnel würde die verlorene Einheit wiederherstellen und neues Bauland schaffen. Sachlich war das Vorhaben also gerechtfertigt, und ich setzte mich tatkräftig dafür ein.

Wichtig war mir auch, in Zusammenarbeit mit Landrat Erich Josef Geßner ein Briefverteilungszentrum anzusiedeln. Seit nunmehr 20 Jahren geht in Neu-Ulm im Wortsinn die Post ab. Wegen der Konkurrenz zum benachbarten, weit größeren Ulm begründete ich mein Eintreten für Neu-Ulm gerne so: »Da wurde das Aschenbrödel gegenüber der schönen Reichsstadt zur selbstbewussten eigenständigen Stadt.«

Über Neu-Ulm habe ich Günzburg nicht vergessen. Die Ansiedlung von Legoland mit Eröffnung des Freizeitparks 2002 erfolgte auf meine Initiative hin und dank der Unterstützung durch Alfred Sauter, den damals zuständigen Staatssekretär in München. Sie hat viele Arbeitsplätze und eine große touristische Nachfrage für die Region gebracht. Zudem wurde im Zuge dessen die Entmunitionierung des Geländes vorangetrieben. Trotz der zweifelsohne hohen Kosten sehe ich diese Investition daher als Erfolgsgeschichte.

Als ich 2002 den Bundestag verließ, begründete ich meinen Schritt mit den Worten: »Nach 30 Jahren verlasse ich dieses Hohe Haus freiwillig. Ich möchte ein Zeichen setzen, dass ich auch nach dieser langen Zeit noch resozialisierungsfähig bin.« Den Menschen im Wahlkreis Neu-Ulm fühle ich mich tiefer verbunden denn je.

Die Welt des Geistes

Leitung der Grundsatzkommission

Die CSU brauchte eine Programmdiskussion. Das zeigten die Bundestagswahlen 1969 in überdeutlicher Schärfe. Zwar lagen CDU und CSU nach Auszählung der Stimmen weiter vorn, mussten aber am Ende erkennen, dass sie die Wahl verloren hatten. SPD und FDP bildeten eine sozialliberale Koalition. Für die Unionsparteien, die die bisherige Große Koalition angeführt hatten, war das Ergebnis umso bitterer, als sie durchaus eine Erfolgsbilanz vorweisen konnten. Eine hohe Wachstumsrate, weitgehende Preisstabilität und eine niedrige Arbeitslosenquote waren schließlich gute Argumente. Dennoch ging die Union als Verlierer aus der Wahl hervor. Woran das lag? Aus meiner Sicht war es uns nicht gelungen, die Gründe für unser Handeln zu vermitteln, Transparenz zu schaffen. Die Menschen mit überzeugenden Ideen zu gewinnen.

Die schwere Niederlage der Unionsparteien 1972 vertiefte die Krise weiter. Nun konnte sich keiner mehr um die Erkenntnis drücken, dass 1969 kein Betriebsunfall gewesen war. Betroffenheit und Unsicherheit waren überall zu spüren, Resignation griff um sich. Ein neues Grundsatzprogramm würde zwar nicht unmittelbar zu Wahlerfolgen führen. Andererseits: Wie wollten wir bei den Wählern punkten, wenn wir uns nicht einmal selbst über die Leitlinien unserer Politik im Klaren waren? Zu wenig hatten wir uns bislang mit den ethischen, religiösen und politischen Kerngedanken beschäftigt, die der Christlich-Sozialen Union als Partei zugrunde lagen.

Das Versäumnis war mir bewusst. Dass aber gerade ich die anstehende Diskussion leiten würde, kam einigermaßen überraschend. Ich hatte mich nicht in diese Position gedrängt. Auch war ich gegenüber Franz Josef Strauß nicht gerade als Duckmäuser aufgefallen. Doch der alte Fuchs hielt sich an die Regel: Aufmüpfigen in den eigenen Reihen begegnet man am besten mit Verantwortung. Und das immense Gestaltungspotenzial der Aufgabe reizte mich tatsächlich, also nahm ich die Herausforderung an. Dankbar war ich für die Rückendeckung, die ich von allen Seiten aus der Partei erhielt.

Anfang 1973 traten die zukünftigen Mitglieder der Grundsatzkommission zum ersten Mal zusammen. Im Mittelpunkt stand die Frage: Was wollen die Menschen? Was sind die grundlegenden Bedürfnisse der Bürger? Zu diesem Zweck hatten wir eine größere Befragung durchführen lassen und die Diskussionsfelder ermittelt, um die es bei unserer Arbeit gehen sollte. Den größten Rücklauf – in Form von konkreten Einzelanmerkungen, Stellungnahmen, Ergänzungen zu den Fragen und Gegenentwürfen – erhielten wir von der Jungen Union und der Christlich-Sozialen Arbeitnehmerschaft. Eine Fülle von Beiträgen kam aber auch aus der Wissenschaft, den Verbänden und von Einzelpersönlichkeiten.

Die Grundsatzkommission befasste sich unter Leitung des bayerischen Ministers Anton Jaumann mit Grundsatzfragen im engeren Sinne, Minister Franz Heubl beschäftigte sich mit der Außen-, Deutschland- und Sicherheitspolitik. Der spätere Münchner Oberbürgermeister Erich Kiesl nahm sich des Themas der Entwicklung der urbanen und ländlichen Räume an. Besonders beeindruckte mich die Arbeit von Kultusminister

Hans Maier, der sich mit Fragen zur Zukunft von Bildung, Fortbildung und Wissenschaft auseinandersetzte. Mein Freund Peter Schmidhuber kümmerte sich um die Wirtschafts- und Gesellschaftspolitik und Umweltminister Max Streibl – der erste in Deutschland überhaupt – um den neuen Bereich der Umweltfragen. Die Frauenunionsvorsitzende Ursula Männle nahm die Frauen in den Blick, ich widmete mich den Grundsatzfragen zur Gruppe der Jugend.

Die zweite Frage war: Was wollten wir? Mit den Prinzipien Personalität, Solidarität und Subsidiarität – den Eckpfeilern einer christlichen Sozialethik – war unsere Position schon gut umrissen. Sie musste aber noch weitaus stärker akzentuiert werden: Wie kann die gesellschaftliche Ordnung durch die Politik so gestaltet werden, dass der Mensch im Mittelpunkt steht? Wie entsteht Gemeinwohl? Wo konnte Selbstbestimmung gestärkt, wo musste staatliche Unterstützung gewährt werden? Es ging uns nicht darum, ein Gefühl des Mitleids zu kultivieren, sondern wir wollten die Bereitschaft der Menschen erhöhen, füreinander Verantwortung zu übernehmen. Aber da war noch mehr: Als CSU mussten wir uns auch mit dem Verhältnis von Freiheit und Gleichheit auseinandersetzen. Was genau beinhaltet eine moderne christliche Auffassung von Politik? Mit dieser Frage ringen wir bis heute; sie ist nicht abschließend zu beantworten. Im Kern aber geht es immer um eine moralische Überzeugung, die unserem politischen Handeln einen tieferen, auch für die Wähler erkennbaren Sinn verleiht.

Schon im ersten Jahr richteten wir unseren Blick über den Tellerrand der Kommission hinaus: Wir definierten aktuelle Themen, die beim Parteitag diskutiert werden sollten, und luden zu einer gemeinsamen Sitzung der Grundsatzkommissionen von CDU und CSU im Oktober nach München.

Schließlich befand sich die Schwesterpartei in einer vergleichbaren Lage. Der Politikwissenschaftler Wilhelm Hennis, der in der CDU-Kommission mitarbeitete, lieferte dazu eine einleuchtende Erklärung: Die politischen Zielgruppen differenzierten sich immer stärker aus. Dadurch wandelten sich die Parteien zu »Angebotsparteien«. Ihre Grundsätze seien ein Stück ihres Angebots. Die Tatsache aber, dass dieses Angebot nicht nur inhaltlich getragen, sondern auch attraktiv präsentiert werden müsse, stelle die Parteien in einen »ruinösen Wettbewerb«.

Richard von Weizsäcker teilte die Skepsis in der Folgerung nicht. Er konterte, Grundsatzprogramme veranlassten Parteien vielmehr zur Selbstbesinnung und damit zu einer neuen Aktivierung. Auch mir war der Pessimismus von Hennis fremd. Erkannte ich doch in der Kommissionsarbeit der CSU sogar einen klaren Vorteil: Würden wir weiter stringent arbeiten und zügig vorankommen, könnten wir grundlegende Positionen besetzen, bevor die CDU mit einem eigenen Grundsatzprogramm an die Öffentlichkeit trat. Dafür aber, so fand ich, durften wir uns nicht nur mit uns selbst beschäftigen. Wir mussten aus der Welt der Politik hinaus: Künstler und Intellektuelle ansprechen, sie in unsere Überlegungen einbeziehen, ihnen ein attraktives politisches Angebot machen.

Anfang 1976 berieten wir über das Motto des kommenden Parteitags. »Unser Programm: Ja zur Freiheit« – so sollte die Arbeit der Grundsatzkommission überschrieben werden, die wir auf diesem Parteitag erstmals öffentlich vorstellen wollten. Zunächst adressierten wir die Frage, ob Parteien ein Programm für die Zukunft brauchen, womit wir in erster Linie auf die CSU zielten. Wir konnten das bejahen, mussten aber auch zugestehen, dass viele Bürgerinnen und Bürger eine Staats- und Parteienverdrossenheit empfanden. Sie hatten das Gefühl, dass

ihnen immer mehr Aufgaben, Chancen und Gestaltungsmöglichkeiten genommen wurden und auf Staat und Politik
übergingen. Sie verspürten ein Unbehagen angesichts der gegenwärtigen demokratischen Ordnung. War die veritable Krise
also Ausdruck einer gesellschaftlichen Wende?

Offenbar verfingen sowohl unsere vorangestellten Überlegungen zum gesellschaftlichen Wandel als auch die von
unseren Unterkommissionen ausgearbeiteten Visionen zu einzelnen Politikfeldern: Nachdem über 400 Anträge zum Grundsatzprogramm gestellt und in acht Arbeitskreisen am Vortag
des Parteitags diskutiert worden waren und wir neue Vorlagen
mit den eingearbeiteten Beschlüssen erarbeitet hatten, wurde
das neue, vierte Grundsatzprogramm der CSU am 13. März
1976 in München einstimmig verabschiedet.

Franz Josef Strauß, der mir in einer Notiz auf meinem Rede-
manuskript für die »herausragenden Verdienste beim Zu-
standekommen dieses Programms« dankte, betonte die Ent-
schlossenheit der CSU, diese Grundsätze in einer offensiven
Auseinandersetzung zu vertreten. Das Programm, so Strauß,
stehe und falle mit den Menschen in dieser Partei, die sich zu
ihren Grundsätzen bekennen, in jeder Lebenslage und im Ab-
lauf aller gesellschaftlichen Ereignisse.

Damit war die Grundsatzarbeit jedoch nicht beendet. Sie
blieb eine dauerhafte Aufgabe, die ich bis zur Übernahme des
Parteivorsitzes aktiv mitgestaltete. So veranstalteten wir regelmäßig Tagungen, zu denen wir führende Persönlichkeiten aus
Kunst, Kultur, Wissenschaft und Politik einluden, und etablierten damit einen dauerhaften Dialog über Grundfragen,
Grundwerte und Grundsätze. Kern unseres Programms war
die Überlegung: Der moderne Staat präsentiert sich religiös
und weltanschaulich neutral, auch wenn zwei Parteien das »C«
in ihrem Namen tragen. Aber er ist gleichzeitig auf das sitt-

liche Bewusstsein seiner Bürger angewiesen. Und das befand sich im Wandel, es wurde ab den späten Sechzigern neu verhandelt. Die CSU konnte in diesem Rahmen ein klares Angebot machen. Ihre Ziele, so stellte auch das Grundsatzprogramm fest, waren der Schutz der Familie, das Festhalten an der Gemeinschaft – auch in den und durch die christlichen Kirchen – und die Schaffung einer inneren Heimat.

Diese Forderungen mussten aber nicht nur inhaltlich gefüllt werden. Für sie brauchte es auch eine neue politische Sprache. Ich selbst meldete mich im August 1977 unter anderem mit einem Beitrag zu den innenpolitischen Grundlagen einer christlich-sozialen Politik zu Wort: Zentraler Ausgangspunkt waren für mich der Mensch und seine Freiheit. Ich argumentierte, Freiheit und Gleichheit würden oft als widerstrebende Prinzipien wahrgenommen, weil das eine Unabhängigkeit, das andere aber Einordnung in die Gemeinschaft verlange. Aber Gleichheit, so schrieb ich, liege in der menschlichen Natur aller und führe zur Gleichberechtigung vor dem Gesetz, das erst Freiheit gewähre.

Wir wollten die CSU mithilfe des Grundsatzprogramms als liberale, konservative und soziale Volkspartei der politischen Mitte aufstellen. Die Partei sollte allen Bürgern und allen Schichten verbunden sein. Dafür erschien uns unabdingbar, dass es sich um eine christlich verantwortete Politik handeln müsse. Schließlich hatte jeder von uns – jeder Politiker, aber auch jeder Bürger – eine Verantwortung vor Gott für sein Handeln. Das führte zu meiner Überzeugung, Politik müsse moralisch sein. Im Sinne des von mir hochgeschätzten Theologen Joseph Bernhart bedeutete das, die Partei sollte sich dem Prinzip einer gerechten Daseinsordnung unterwerfen, sodass Nützliches dem Sittlichen untergeordnet wäre.

Das klang hochgeschraubt, doch es ließ sich in konkretes

politisches Handeln übersetzen: Es musste uns künftig besser gelingen, den Menschen eine realistische, erstrebenswerte Zukunft zu erschließen. Wir wollten ihnen Hoffnung auf ein freies Leben geben, deutlich machen, dass die CSU die Freiheit des Einzelnen verteidigen würde, aber auch ehrlich die Grenzen von Politik aufzeigen. Der Anspruch war, die Demokratie neu zu gestalten – wobei wir gleichzeitig die gewachsenen Strukturen als konservatives Moment unserer Politik bewahren und fördern wollten.

Diese Erkenntnisse konnten nicht in einem kurzfristigen Austausch entstehen. Sie brauchten Zeit, um zu reifen und in unserem Kreis, der aus lauter engagierten Parteimitgliedern bestand, abgestimmt zu werden. Und sie benötigten Impulse von außen. Deshalb tat ich, was ich schon in der Jungen Union angeregt hatte: Wir suchten und fanden den Dialog mit der Welt des Geistes.

Als prägend erwies sich in dieser Zeit die Auseinandersetzung mit Eugen Biser, dem Theologen, der mein Denken und Leben nachhaltig beeinflusste. Er half uns, Grundsatzaussagen zu formulieren und dabei das »C« in unserem Programm zu bestimmen. Was würde Christus wohl im 20. Jahrhundert in ein Grundsatzprogramm einer christlichen Partei schreiben? Biser fand, man müsse sich »zum Vorrang der Person vor der Institution, zur Überlegenheit der freien Initiative gegenüber der staatlichen Direktive, zur Unantastbarkeit der auch in den Schwachen und Hilflosen zu achtenden Menschenrechte, zum Recht jedes Einzelnen auf Anerkennung, Bestätigung und Förderung, zum unersetzlichen Wert aller mitmenschlichen Aktivitäten« bekennen. Gleichzeitig warb er für »Verständigung, Versöhnung und ein Zusammenleben im Prinzip der Partnerschaft und im Geist brüderlicher Verbundenheit«.

Biser war nicht der Einzige, der gerne kam. Es gelang uns,

Berührungsängste abzubauen und Menschen unterschiedlichster Couleur in unsere Grundsatzdiskussion einzubeziehen. So besprachen wir mit dem evangelischen Theologen
Trutz-Gotthilf Peter Rendtorff das politische Mandat der Kirchen als zivilgesellschaftliche Organisationen. Der Soziologe
Gerhard Schmidtchen fragte sich mit und für uns, was den
Deutschen heilig sei, und meinte damit nicht nur religiöse,
sondern auch gesellschaftliche und politische Werte. Den umstrittenen Verhaltensforscher Konrad Lorenz luden wir als einen der frühen Denker, die sich mit Fragen der Ökologie und
des Umweltschutzes beschäftigten, zu uns ein. Der Historiker
und Politologe Hans Buchheim, Mitglied der Grundsatzpro-
grammkommission der CDU, referierte über Politik, Verfassung und Recht. Mit Ernst-Wolfgang Böckenförde folgte auch
ein späterer Verfassungsrichter unserer Einladung, um sich
mit uns über die Grundlagen des Rechts- und Sozialstaats aus-
zutauschen.

Zusätzlich holten sich auch die einzelnen Leiter der Unterkommissionen einschlägige Expertise von auswärts: Franz
Heubl bat zahlreiche Botschafter und andere in- und ausländische Sachverständige nach Bonn. Zu Peter Schmidhuber
kam der Ökonom Alfred Müller-Armack, der 1946 den Begriff
der »Sozialen Marktwirtschaft« geprägt hatte. Ich selbst knüpfte schon zu diesem Zeitpunkt einen Kontakt zu dem Philosophen Robert Spaemann, der sich in den Achtzigerjahren häu-
figer in Radiobeiträgen zu verschiedenen philosophischen
Themen äußerte. 1976 empfingen wir ihn bei einer Tagung
der Akademie für Politik und Zeitgeschehen zu den Grundsätzen christlich-sozialer Kulturpolitik, und bei anderer Gelegenheit äußerte er sich zur Frage des Fortschritts, den er in einer
demokratischen Gesellschaft pluralistisch verstanden wissen
wollte. Die Eingeladenen hatten den Eindruck, bei der CSU

bewege sich etwas, ihre Meinung und Expertise seien gefragt. Ich habe dieses Vorgehen bis zum Ende meiner politischen Karriere fortgesetzt und damit beste Erfahrungen gemacht.

Mit manch anderem Denker habe ich mich nicht persönlich, sondern über dessen Werke auseinandergesetzt. So machten mich beispielsweise meine politischen Erfahrungen zu einem entschiedenen Gegner des Freund-Feind-Schemas von Carl Schmitt. Unser gesellschaftliches und politisches Leben kann nur im Dialog und dem Versuch der Einigung, im Finden von Schnittmengen und im Formulieren eines Kompromisses funktionieren. Diese Überzeugung prägte meine Arbeit in und als Vorsitzender der Grundsatzkommission.

Und nicht zuletzt las ich den schweizerischen Theologen Karl Barth, der seine dialektische Theologie in der Weimarer Republik unter anderem in der Zeitschrift *Zwischen den Zeiten* erklärt hatte. Seine Römerbrief-Kommentare hatten in der Nachkriegszeit den evangelischen Theologen Jürgen Moltmann inspiriert und der wiederum mit folgenden Sätzen auch mich: »Zwischen den Zeiten weiß man, dass die Traditionen nicht mehr tragen und die Institutionen keine Sicherheit mehr geben. Man spürt die Krise des Bestehenden und fördert sie durch rückhaltlose Kritik. Zwischen den Zeiten weiß man aber nicht, was kommen wird. Man weiß noch nicht einmal, was kommen soll. Darum ist man zwischen den Zeiten stark in der Negation und schwach im Positiven.« Das fasste den Sinn der Arbeit in der Grundsatzkommission zusammen. Wir wollten von der Negation zu konstruktiver Kritik am Ist und damit in die Zukunft kommen.

Wie tiefgründig dieser Befund des Lebens »zwischen den Zeiten« ist, zeigt sich daran, dass Moltmanns Worte auch heute von großer Bedeutung sind – in einer Zeit der Krise und Kritik, in der es gilt, sowohl zurück als auch nach vorn zu blicken. Erst kürzlich hat der Jesuit Klaus Mertes mit seinem Beitrag zu »Wendezeiten« in *Stimmen der Zeit* Ähnliches unterstrichen. Mertes schreibt: »Wer rückblickend besser versteht [...], wird frei, um sich Fragestellungen der Gegenwart zuzuwenden.« Aber auch frei, so möchte ich anfügen, in der Gegenwart das Positive zu sehen. Die Welt im Umbruch, das ist nichts Neues. Aber viele Menschen bejammern unsere Gegenwart, und dann muss es erlaubt sein zu fragen, ob die Zeit vor 30, 40 oder 50 Jahren besser gewesen sei. War der Kalte Krieg weniger bedrohlich? Waren die Umbrüche weniger herausfordernd? Es geht darum, die Zeichen der Zeit richtig zu deuten und den Menschen Identität und Stabilität zu geben. Das gelingt, indem man aufzeigt, was gut ist. Der Angst vor der Zukunft etwas entgegensetzt. Dazu eignet sich heute kaum ein Thema besser als Europa. Denn die Europäische Union besteht, und zwar trotz des bevorstehenden und sicher nicht nachahmenswerten Austritts der Briten, trotz Politikern mit einem kritikwürdigen Europabegriff wie dem ungarischen Premier Viktor Orbán, trotz Italiens Schuldenbergen und manch kleingeistigem Gezänk unter den Mitgliedsstaaten. Die EU ist, ungeachtet aller berechtigten Kritik, ein Garant des Friedens. Der Historiker Christopher Clark ist überzeugt: Hätte es solch einen Verbund 1912 bis 1914 gegeben, wäre es zum Ersten Weltkrieg nicht gekommen. Betrachtet man zudem den Stand der Demokratie in Europa, dann zeigt sich die Kraft des Modells: Es gibt ein Angebot an die mittel- und osteuropäischen Staaten, die als Demokratien in Europa nicht mehr allein dem Druck Putins ausgeliefert sind. Es gibt einen konsequenten Kampf gegen die Feinde der Demokratie, nicht nur, aber ganz besonders in Deutschland. Sie ist wahrhaftig wehrhaft – und all das sollte uns positiv stimmen »zwischen den Zeiten«.

Mut vor Götterthronen

Der Kreuther Trennungsbeschluss

Am Abend des 19. November 1976 war ich zutiefst aufgewühlt. In einer umstrittenen Abstimmung hatte die Landesgruppe die Revolte gewagt: Nach zwei ereignisreichen Tagen auf der Klausurtagung der CSU-Bundestagsabgeordneten in Wildbad Kreuth beschlossen die Anwesenden, die Fraktionsgemeinschaft mit der Schwesterpartei CDU zu beenden. Es war völlig offen, wie es mit der CSU weitergehen würde. Was konnte ich in dieser vertrackten Lage tun?

In meiner Wohnung in der Münchner Kaiserstraße überlegte ich fieberhaft: Niemals würde ich den Trennungsbeschluss akzeptieren. Der Beschluss von Kreuth war verheerend. Er würde zu schweren Verwerfungen innerhalb der Partei führen, davon war ich überzeugt. Falls es nicht gelang, eine Revision oder zumindest einen Kompromiss zu erzielen, musste ich persönliche Konsequenzen ziehen. In diesem Fall bliebe mir nichts anderes übrig, als aus der Politik auszuscheiden – oder meinen Weg in der CDU fortzusetzen.

Seit 1949 hatten CDU und CSU eine gemeinsame Fraktion im Bundestag gebildet und waren mit Ausnahme einer Legislaturperiode die stärkste Fraktion gewesen. Sie stellten den Bundestagspräsidenten und bildeten 20 Jahre lang eine gemeinsame Regierung. Warum wollte man die Fraktionsgemeinschaft ausgerechnet jetzt aufkündigen? So einzigartig, wie sich die Situation auf den ersten Blick darstellte, war sie in Wirklichkeit nicht.

Einen Vorläufer hatte sie in den Tagen nach der unglücklich verlorenen Bundestagswahl 1972: Schon damals diskutierte man über eine eigenständige CSU-Fraktion im Deutschen Bundestag und ein getrenntes Auftreten von CDU und CSU in der gesamten Bundesrepublik. Am 23. November 1972 lud Franz Josef Strauß einige einflussreiche Funktionsträger ins *Gut Spöck* bei Rosenheim, um mit ihnen eine neue politische Formation zu besprechen. Ich war damals Landesvorsitzender der Jungen Union und neu gewählter Bundestagsabgeordneter. Obwohl die CSU in Bayern ein glänzendes Wahlergebnis eingefahren hatte, fanden wir uns in der Oppositionsrolle wieder. SPD und FDP hatten die Wahl gewonnen; die SPD war stärkste Kraft geworden. Für den Kanzlerkandidaten der CDU/CSU Rainer Barzel und für die Union war dieses Ergebnis eine bittere Niederlage. In Strauß keimte schon damals die Überzeugung, dass CDU und CSU auf absehbare Zeit gegen die getrennt um Wähler kämpfenden Koalitionspartner SPD und FDP keine Chance haben würden. Er schlug ein Modell vor, wonach die Schwesterparteien im Bundestag unabhängig voneinander agieren sollten. Die CSU könnte dann mit Landeslisten auch außerhalb Bayerns antreten. Strauß glaubte, erst durch die Trennung von CDU und CSU das Wählerpotenzial in der Mitte und auch rechts davon voll ausschöpfen zu können.

Richard Stücklen, der Vorsitzende der Landesgruppe der CSU im Deutschen Bundestag, und Staatsminister Franz Heubl waren skeptisch, der frühere Bundesminister Hermann Höcherl sprach sich dagegen aus, und auch ich warnte vor den dramatischen Konsequenzen, sollten die Unionsparteien auseinanderfallen. Friedrich Zimmermann und Gerhard Wacher hingegen sympathisierten offen mit der Idee.

Gegen Mittag wurde die Diskussion hitziger und emotionaler. Strauß war wütend; der Widerspruch reizte ihn. Einige Teilnehmer verabschiedeten sich eilig zu unaufschiebbaren Terminen. Um mich herum wurde es allmählich einsam. Ich hoffte auf die Unterstützung des Altvorderen Hermann Höcherl. Doch Höcherl hatte in der Mittagszeit dem Alkohol stark zugesprochen. Statt sich entschlossen zu positionieren, murmelte er nur etwas von einem »gemeinsamen Dach«, das CDU/CSU künftig zusammenhalten könne. Strauß sah seine Chance gekommen und nahm mich kräftig in die Mangel. Verärgert hielt er mir vor, ich hätte mich in meiner Krumbacher Heimat negativ über ihn geäußert – was ich bestritt. Unversöhnt gingen wir auseinander.

Am nächsten Tag waren die Pläne von Franz Josef Strauß bereits in den Münchner Zeitungen zu lesen. Ein Teilnehmer hatte die vertraulichen Informationen durchgestochen. Sofort erhob sich in der Partei starker Widerstand gegen die Pläne des Vorsitzenden. Strauß musste sich vorläufig von seiner Idee verabschieden.

1976 standen die Vorschläge wieder im Raum. Störrisch beharrte Strauß auch vier Jahre später auf der Überzeugung, dass die Unionsparteien in der gegenwärtigen Formation keine Chance gegen SPD und FDP hätten. Die FDP sah er in der »babylonischen Gefangenschaft« ihres Koalitionspartners SPD. Dennoch war er sich zunächst nicht sicher, ob es richtig war, seine Gedanken nochmals der CSU-Landesgruppe zur Entscheidung vorzulegen.

Ich selbst hatte erwogen, als stellvertretender Landesgruppenvorsitzender zu kandidieren, nachdem ich wenige Monate zuvor das unter meinem Vorsitz erarbeitete Grundsatzprogramm der CSU auf einem Sonderparteitag vorgestellt hatte. Ich hatte dafür Anerkennung und Respekt von vielen bedeutenden Repräsentanten der CSU, auch von Franz Josef Strauß, erhalten. Als ich auf einer Sondersitzung der CSU-Landesgruppe am 15. November versuchte, einen der drei freien Plätze im Landesgruppenvorstand zu erringen, scheiterte ich dreimal. Die älteren und etablierten Kollegen hatten augenscheinlich keine Lust, einen Jungspund wie mich an sich vorbeiziehen zu lassen. Der Widerstand war so erheblich, dass ich den Plan vorerst begrub.

Im Vorfeld der Kandidatur hatte ich auch mit Friedrich Zimmermann telefoniert, dem frisch gewählten Vorsitzenden der CSU-Landesgruppe. Dabei kamen wir auf die bevorstehende Klausurtagung in Kreuth zu sprechen. Dort sollte die Strategie der CSU für die nächste Legislaturperiode besprochen werden. Mich plagte die Sorge, Strauß könne bei dieser Gelegenheit seine alte Idee von der Trennung wieder hervorholen. Als ich meine Bedenken laut werden ließ, ermutigte mich Zimmermann, diese Skepsis auch in Kreuth zum Ausdruck zu bringen. Er selbst halte nichts von einer eigenständigen CSU-Fraktion; für einen Alleingang sei die personelle Decke zu klein und das Wagnis zu groß. In Kreuth sei »Mut vor Götterthronen« gefragt – Strauß müsse man notfalls offen widersprechen.

Am 18. November traf ich in Kreuth nach der Nachmittagsdiskussion erneut auf Zimmermann und fragte ihn, wie es denn nun weitergehen solle. Strauß hatte den Gedanken einer eigenständigen Fraktion tatsächlich aufs Tapet gebracht. Der rechtskonservative Franz Handlos war ihm zur Seite gesprungen. Friedrich Zimmermann aber entgegnete vage: »Ich weiß noch nicht, wie ich stimmen werde.« Zu Beginn der Aussprache waren die Dinge noch völlig offen. Strauß stellte denn auch zwei Alternativen zur Wahl: Zum einen könne man in der gemeinsamen Fraktion verbleiben, es solle aber eine hervorgehobene Funktion für ihn selbst geben. Zum anderen sei eine eigenständige CSU-Fraktion mit vollen Entfaltungsmöglichkeiten im Parlament denkbar.

In seinem Einleitungsreferat berichtete Franz Josef Strauß von seinem letzten Treffen mit Helmut Kohl, von dessen Fähigkeiten als Politiker er offenkundig wenig hielt. Er meinte auch, es sei kein Sacrificium Intellectus, keine Verbeugung vor der Macht, wenn man feststelle, dass mit einer »C«-Partei in der Bundesrepublik keine absolute Mehrheit zu erringen sei und man daher andere Wege gehen müsse. Die Meinungen gingen von Anfang an auseinander: Einige Anwesende plädierten für die Fraktionsgemeinschaft, andere waren dagegen. Als Strauß erneut das Wort ergriff, machte er deutlich: »Ich bin für eine eigene Fraktion der CSU, kann aber auch mit einer gemeinsamen Fraktion leben. Die sauberere Lösung ist allerdings die Trennung.«

Die Diskussion wurde leidenschaftlicher, der Ton aufgeregter. Friedrich Zimmermann erklärte zu meiner Verblüffung, er sei schon 1968 für die Trennung und einen eigenen Weg der CSU eingetreten. Zu einem bundesweiten Engagement wäre er bereit, denn die Fraktionstrennung sei gleichbedeutend mit einer vierten Partei. Das eröffne gerade im Wahlkampf größere Möglichkeiten, sei zugleich aber eine weit größere Belastung. Den eigenen Weg der CSU könne man nur mit Strauß als Gründungsvater realisieren. Strauß müsse daher die nächsten zwei Jahre in Bonn bleiben – auch wenn Helmut Kohl und die CDU das sicher nicht so gern sähen.

Im Anschluss wechselten die Redner in rascher Folge: Ludwig Graf von Stauffenberg machte auf den inneren Zustand der CDU aufmerksam und erwähnte die Auswirkungen, die durch einen Trennungsbeschluss entstünden. Oscar Schneider fragte, ob die CSU für einen solchen Schritt reif sei. Und der junge Abgeordnete Michael Glos berichtete über seine Erfahrungen mit überparteilichen Gruppierungen im Kreistag. Strauß entgegnete auf all die engagierten Beiträge nur lapidar, jetzt müssten endlich alle begreifen, dass die CSU es ernst meine. Notwendig sei ein Bekenntnis zur gemeinsamen Kampfansage und zum gemeinsamen Sieg.

Der letzte Redner vor Mitternacht war mein kongenialer Freund Peter Schmidhuber. Ich wusste, dass er die Trennungsoption ebenso ablehnte wie ich. Statt sich eindeutig festzulegen, ging Schmidhuber ausführlich auf die historische Rolle von Strauß in der CSU ein. Mit keinem Wort gab er zu erkennen, wofür er sich denn entscheiden werde. Strauß und Zimmermann zeigten sich über die lobenden Worte hocherfreut. Die Rednerliste schlossen sie mit dem Hinweis, nach diesem glänzenden Referat gelte es, eine Denkpause einzulegen. – Ich war erleichtert, denn als Nächster wäre ich an der Reihe gewesen. Keineswegs hatte ich vor, mit meiner Meinung hinter dem Berg zu halten. Mit Sicherheit hätte ich an diesem Abend eine saftige Gegenrede von Strauß kassiert.

Nach der erregten Debatte saßen alle Mitglieder der Landesgruppe noch in der Kreuther Bierstube zusammen, um den Abend in geselliger Runde ausklingen zu lassen. Die strengen Befürworter einer eigenständigen CSU-Strategie sammelten sich um Strauß. Einige Schmeichler, die durch verbale Bekräftigung die Gunst des Vorsitzenden zu erringen glaubten, gesellten sich dazu. Strauß war mit dem Gang der Dinge in Kreuth zufrieden und ermunterte seine Umgebung, auf diesem Weg fortzufahren. Erst lange nach Mitternacht verließ er die Runde und fuhr zu seiner Wohnung in Rottach-Egern.

Da es am Abend reichlich spät geworden war, traf Strauß am

nächsten Tag erst eine Stunde nach Tagungsbeginn in Kreuth ein. Das versetzte mich in die glückliche Lage, ohne Intervention und böse Blicke des Parteivorsitzenden meine Gedanken zu dieser schwerwiegenden Entscheidung zum Besten zu geben. Ich hatte mir zuvor eine Gedankenskizze angefertigt und sie mit »Strategie in der Opposition« überschrieben. Ich ging in meiner Rede auf die gegenwärtige Parteienkonstellation nach der Bundestagswahl ein. SPD und FDP seien trotz des knappen Siegs durch das Wahlergebnis geschwächt, während CDU/CSU gegenüber 1972 erheblich hinzugewonnen hätten. Zwar seien SPD und FDP langfristig gesehen im Vorteil. Denn die SPD konnte den Gewerkschaftsbund mit maßvollen Lohnerhöhungen binden und dadurch Streiks verhindern. Die FDP könne von sich behaupten, den Sozialismus zu bremsen und einzugrenzen. Die CDU/CSU aber agiere als staatstragende Opposition mit regierungsähnlichem Verhalten. Sie müsse daher ständig unpopuläre Maßnahmen mittragen, und das führe zu einer Stabilisierung des gegenwärtigen Zustands. Darum sei das Ziel, künftig so wenig Kompromisse wie möglich mit der Regierung einzugehen. Eine öffentlichkeitswirksame Opposition sei nur im Plenum möglich. CDU und CSU seien zwar im Bundestag in der Minderheit, verfügten aber im Bundesrat über die Mehrheit.

Das Wahlkampfthema »Freiheit oder Sozialismus«, so argumentierte ich weiter, sollten wir nicht der FDP überlassen. Die persönlichen Schicksale von Reiner Kunze und Wolf Biermann belegten jedes für sich, wie unvereinbar die beiden Begriffe waren: Der konsequent zu Ende gedachte Sozialismus kenne keine individuelle Freiheit. Biermann belüge sich, wenn er sich weiter als Kommunist fühle. Kunze hingegen verkörpere die Stärke der Freiheit, wenn er kritische Gedanken in der Bundesrepublik veröffentliche, um sich Gehör zu verschaffen.

Ich bezweifelte, dass sich die CDU jemals mit einer eigenen Fraktion und einer bundesweiten CSU abfinden würde. (Wie richtig ich mit dieser Einschätzung lag, sollte sich wenig später zeigen.) Deutlich hob ich die Stärken der Fraktionsgemeinschaft hervor: Die Union hatte sich in der Vergangenheit als politisches Instrument bewiesen, sie war keine Ideologie. Natürlich würde durch eine eigenständige CSU einiges an Bewegung in die Wählerstruktur kommen. Wenn ich richtig vermutete, so würden etwa zwei bis drei Prozent zusätzliche Wähler angesprochen werden. Doch müsse man auch die Unruhe in den eigenen Reihen in Betracht ziehen. Wären die Folgen einer solchen Entwicklung für die CSU noch steuerbar? Der Trennungsgewinn müsse gegenüber dem Konkurrenzverlust bilanziert werden, und nach den Erfahrungen der letzten Wochen stehe fest: Der Konkurrenzverlust sei größer. Es sei ein Widerspruch in sich, eine einheitliche Darstellung der beiden Fraktionen zu wollen, aber dies in zwei Fraktionen durchzuführen. Man könne eine Schlachtordnung nicht erzwingen. Eine solche Strategie sei nur für Engel oder Soldaten denkbar, weil Engel der Sünde nicht mehr zugänglich seien und Soldaten gehorchen müssten.

Ich schloss mit dem Bekenntnis: Wie auch immer sich die CSU entscheiden würde, sie bliebe meine Partei. Hätte sich aber die CSU an den rechten Rand des Parteienspektrums bewegt, wäre ich diesen Weg gewiss nicht mitgegangen.

Vor der Abstimmung häuften sich die Wortmeldungen – wieder gab es Argumente für und gegen eine Trennung in jeder Schattierung. Alfred Biehle, der spätere Wehrbeauftragte der Bundeswehr, meinte, dieses Manöver solle nur über eigene Fehler in der Vergangenheit hinwegtäuschen. Der Vorsitzende des Bildungsausschusses im Bundestag Albert Probst sprach sich für die Trennung aus, um eine Manövrierfähigkeit gegenüber der CDU zu erreichen. Die Eigenständigkeit sei die einzige Chance, Strauß auf der Bonner Bühne zu halten. Friedrich Voss sah in der Eigenständigkeit der CSU eine Chance, die CDU zu verändern. Richard Jaeger, der frühere Bundestagsvizepräsident, bezeichnete den geplanten Schritt als unabsehbares Abenteuer. Die Union werde daran zugrunde gehen. Karl-Heinz Spilker appellierte an die Kollegen: »Wenn wir Kerle sind, stehen wir das durch. Jetzt ist die letzte Möglichkeit für eine solche Entscheidung«. Karl Heinz Gierenstein hingegen meinte, die personelle Decke der CSU sei zu dünn, um eine solche Herausforderung zu bewältigen. Und Klaus Hartmann erinnerte an den Rütlischwur von CDU und CSU, nicht fremdzugehen. In der geheimen Abstimmung votierten schließlich 30 Personen für eine eigene Fraktion, 18 stimmten dagegen, ein Anwesender enthielt sich, und eine Stimme war ungültig.

Wenige Stunden später machten Franz Josef Strauß und Friedrich Zimmermann den Beschluss in einer Pressekonferenz im *Hotel Überfahrt* öffentlich. Die verdutzten Journalisten glaubten nicht richtig zu hören: Die CSU würde im achten Bundestag als selbstständige Fraktion mit einem eigenen Vorsitzenden auftreten. Vorsitzender sei Friedrich Zimmermann. Erst durch die Presse erfuhren die Mitglieder und Funktionsträger der CSU die Neuigkeit. Die Nachricht schlug ein wie eine Bombe.

Helmut Kohl behauptet in seinen *Erinnerungen*, er sei von Max Streibl über die Vorgänge in Kreuth informiert worden. Streibl kann aber kein authentischer Zeuge und Übermittler dieser Botschaft gewesen sein, weil er in Kreuth gar nicht anwesend war. Wahrscheinlich hat ein Mitglied der Landesgruppe Helmut Kohl noch in der Nacht angerufen. Als ihn Friedrich Zimmermann viel später erst kontaktierte, war Kohl jedenfalls zutiefst verärgert. Im Nachhinein bedauerte Zimmermann die verspätete Information und erklärte, in Kreuth hätte leider kein Telefon zur Verfügung gestanden. Der mächtige und kundige Chef der CSU-Landesgruppe hatte weder in Kreuth noch am ganzen Tegernsee ein Telefon ausfindig machen können? Diese nachgeschobene Erklärung hielten weder Helmut Kohl noch andere Zeitgenossen für glaubwürdig. Sofort regten sich parteiintern erste Stimmen, die das Vorgehen der CSU-Landesgruppe ablehnten oder zumindest hinterfragten.

Die Wucht der Ereignisse des Tages wirkte noch nach. Als ich am Abend zurück in meiner Münchner Wohnung war, klingelte es, und Herbert Riehl-Heyse von der *Süddeutschen Zeitung* sowie Rudolf Großkopff von der *Welt* standen vor der Tür. Sie benötigten dringend nähere Informationen. Ich erläuterte die Vorgänge mit großer Vorsicht, damit ich nicht als Quelle dieser Berichte erkennbar würde. Doch von da an stand das Telefon nicht mehr still. Es klingelte unaufhörlich – Parteifreunde und Journalisten waren überrascht und ratlos. Der Trennungsbeschluss von Kreuth hatte ein politisches Erdbeben ausgelöst.

Ich beriet mich mit meinen Freunden im Wahlkreis Neu-Ulm und telefonierte mit dem Bezirksvorsitzenden der CSU von Schwaben, Staatsminister Bruno Merk, und mit meinem Mentor Anton Jaumann, dem bayerischen Wirtschaftsminister. Beide waren fest entschlossen, Widerstand zu leisten und sich dem Beschluss von Kreuth zu widersetzen. Ähnliche Stimmen waren aus Franken und den großstädtischen Bezirken München, Nürnberg und Augsburg zu vernehmen. Noch glaubten Strauß, Zimmermann und die Verantwortlichen in der Landesleitung, durch gezielte Informationen und Gespräche mit den Bezirksvorsitzenden und Mandatsträgern deren Zustimmung zu gewinnen. Diese Hoffnung erwies sich als trügerisch.

Auf einer eilig einberufenen Bezirksvorstandssitzung der CSU Schwaben in Augsburg am Abend des 22. November eröffnete Bruno Merk die Zusammenkunft. Nach einem Bericht über die Sitzung und den Beschluss regte sich sofort Widerspruch. Kritisiert wurde vor allem, dass die zuständigen Stellen in der Partei übergangen worden waren. Der bayerische Staatsminister Franz Heubl, Stimmkreisabgeordneter von Lindau, wies auf den Vertrauensschwund und die Identitätskrise hin, die mit diesem Vorgehen verbunden seien. Darüber hinaus sei das Geschehen unanständig gegenüber Kohl und Carstens. Man solle Strauß bitten, den Beschluss zu revidieren. Überraschende Verstärkung kam von Ignaz Kiechle: Er votierte für einen Antrag auf dem Landesparteitag, der die Ausweitung der CSU auf alle Bundesländer revidieren sollte. So war klar, dass die Anwesenden einmütig gegen den Beschluss von Kreuth Stellung beziehen würden. Mit diesem Rückenwind sah ich mich ermächtigt, den Standpunkt der schwäbischen CSU in die Gremien der Partei zu tragen und dort gegen alle Widerstände zu verteidigen.

Am gleichen Tag beschäftigte sich die Landtagsfraktion der CSU mit den Vorgängen von Kreuth. Auch hier war der Ton kritisch: Am Ende bat man den Parteivorsitzenden, über die weitere Zusammenarbeit der Unionsparteien zu verhandeln und dabei die wirksamste Organisationsform für die CSU-Abgeordneten zu erreichen. Zudem sollte der Landesvorstand den Parteivorsitzenden beauftragen, in naher Zukunft den Parteiausschuss einzuberufen, um sich in dieser zentralen Frage eingehend zu beraten.

Die kontroversen Diskussionen in der Partei und das erregte Echo der Öffentlichkeit führten zu einer Landesvorstandssitzung am Samstag, den 27. November. Einziger Tagesordnungspunkt: Bericht und Aussprache zur politischen Lage.

Generalsekretär Gerold Tandler eröffnete die Sitzung konfrontativ. Er fragte Ursula Männle, die Vertreterin der Jungen Union, ganz direkt, ob die Indiskretion im *Spiegel* von ihr stamme. Das Magazin hatte über eine Rede des Parteivorsitzenden im Kreis der Jungen Union im *Wienerwald* in München berichtet. Franz Josef Strauß habe sich dabei in ungewöhnlich negativer Weise über die Charaktereigenschaften von Helmut Kohl geäußert, ihm die Fähigkeit zum Amt des Bundeskanzlers abgesprochen und angemerkt, dass Kohl immer Kandidat bleiben und nie Bundeskanzler werden würde. Ursula Männle verneinte entschieden. Aufgebracht fragte Richard Stücklen, ob die Äußerungen von Strauß vor der Jungen Union tatsächlich so gefallen seien. Strauß war verärgert. In dieser Form sei der Bericht selbstverständlich falsch. Es handle sich um Korruption bei der Jungen Union, und es seien eidesstattliche Erklärungen erforderlich, um den Sachverhalt zu klären.

Viel später stellte sich heraus, dass ein Mitglied des Landesvorstands der Jungen Union mit einem Tonband die Äußerungen von Strauß aufgenommen und dem *Spiegel* zugespielt hatte. Im Film *Der Kandidat* sind sie wörtlich zu hören.

In der Sitzung des Landesvorstands aber drohte Strauß mit einer Strafexpedition. Bruno Merk aus Schwaben, Max Streibl von der CSU Oberbayern, der stellvertretende Landesvorsitzende Werner Dollinger, Kultusminister Hans Maier und Anton Jaumann warnten eindringlich vor dem drohenden oder schon eingetretenen Vertrauensverlust. Sie kritisierten vor allem die Art und Weise, wie der Beschluss zustande gekommen war. Als Strauß danach das Wort ergriff, kam es zum Eklat. Er nannte Merk einen »Beckmesser«, einen kleinlichen Kritiker ohne Blick für die große Sache. Merk schlug mit der Faust auf den Tisch und wollte die Sitzung verlassen. Strauß müsse sich in aller Form entschuldigen. Wie so oft – und nicht nur in diesen stürmischen Tagen – baute Hans Maier den Kontrahenten eine goldene Brücke: Er attestierte Merk ein ehrliches Leiden am Beschluss, bei Strauß sah er immerhin gute Vorsätze am Werk. Zu guter Letzt einigte sich der Landesvorstand auf eine schriftliche Stellungnahme. Darin wurde festgehalten, dass die CSU eine laut ihrer Satzung ausschließlich auf Bayern festgelegte Partei sei. Niemand in der CSU habe die Absicht, diesen Zustand ohne Einvernehmen mit der CDU zu ändern. Die Entwicklung der politischen Lage solle gemeinsam mit der CDU überprüft und alle Aktionen sollten miteinander abgestimmt werden. Von der CDU erwarte die CSU die gleiche Festlegung. Im Grundsatz bedeutete diese Formulierung des Landesvorstands eine klare Abkehr von Kreuth. Sie ermöglichte es aber Franz Josef Strauß, in den Gesprächen mit der CDU das Gesicht zu wahren.

Noch für denselben Nachmittag hatte Generalsekretär Tandler im Auftrag von Strauß zu einer Konferenz der Kreisvorsitzenden der CSU gemeinsam mit dem Landesvorstand eingeladen. Auch hier wieder: Bericht und Aussprache zur politischen Lage. Anwesende berichteten von Irritationen, Unmut und teils offenem Widerstand in vielen Teilen Bayerns. Der Delegierte der Jungen Union, Wolfgang Götzer, war allerdings dafür, das Wagnis der Trennung zu riskieren. Und auch er fand einige Fürsprecher. Am Ende meldete sich nochmals Bruno Merk zu Wort und fragte, warum man in dem Informationsbrief an die Kreisvorsitzenden nicht auch die Nachteile eines solchen Schritts aufgeführt habe. Es bleibe aus seiner Sicht nur der Weg der Verhandlung, man müsse aufeinander zugehen. Deshalb sei ein offener Auftrag notwendig. Der Weg einer CDU in Bayern müsse jedenfalls verhindert werden. Notfalls müsse ein Parteitag anberaumt werden. Bald schon ging es darum, wie man einen Denkzettel für Franz Josef Strauß verhindern könne. Ministerpräsident Alfons Goppel meldete sich mit der Frage zu Wort, was eine neue Formation solle, wenn man die alten Ziele verfolge.

Schließlich mischte sich Franz Josef Strauß nochmals in die Debatte ein und erläuterte, das Ergebnis von Kreuth sei weder von ihm noch von Zimmermann herbeigeführt worden. Er erinnerte an die Entscheidung mit Adenauer 1949 für eine kleine Koalition und auch an den Auftrag des Begründers der CSU, Josef Müller, genannt der Ochsensepp. Der habe bekanntlich die *Christlich-Soziale Union in Bayern* und nicht *von* Bayern gegründet. Auch außerhalb Bayerns könne es eine Christlich-Soziale Union geben. Er schloss mit der Überzeugung, erforderlich sei kein Führerprinzip, sehr wohl aber eine Solidarität mit ihm, dem Vorsitzenden.

Bruno Merk antwortete, an der Solidarität nach oben habe es noch nie gefehlt. Strauß meinte darauf kurz und bündig: »Ich sehe es partiell anders.« Auf einem Sonderparteitag müsse Klartext gesprochen werden. Dabei müsse die Bilanz der letzten sieben Jahre offengelegt werden, die Strauß positiv sah. »Mich lockt nichts, mich schreckt nichts«, fügte er selbstbewusst hinzu.

Am 30. November tagte zunächst der Landesgruppenvorstand. Strauß führte auch hier das Wort: Falls sich die Entwicklung nicht aufhalten lasse, könne sich Bayern sogar von der Bundesrepublik Deutschland lossagen. Diesen »Putschgedanken« äußerte Strauß zu diesem Zeitpunkt nicht zum ersten Mal. Ich bezweifle aber, dass er diesen Schritt wirklich gegangen wäre. Am Nachmittag schloss sich eine CSU-Fraktionssitzung an. Friedrich Zimmermann gab einen allgemeinen Bericht und bewertete die Lage und Reaktion der CDU als negativ und unzureichend. Ganz anders äußerten sich die Bundestagsabgeordneten Stefan Höpfinger und Karl Heinz Lemmrich, die zur schwäbischen Gruppe gehörten und in ihrem Widerstand gegen den Kreuther Beschluss standhaft blieben. Strauß hingegen war sich sicher, es ginge nicht nur um Inhaltliches, sondern in der Diskussion um Kreuth würden auch alte Rechnungen beglichen. Von Konsens waren die Teilnehmer jedenfalls weit entfernt.

Nachdem es an den Vortagen zu mehreren Gesprächen mit der CDU gekommen war, die auch nach dem 30. November noch fortgesetzt wurden, mussten die CSU-Verhandlungsführer schließlich einsehen, dass die Schwesterpartei nicht zu gewinnen war: Die CDU weigerte sich, eine eigenständige CSU-Fraktion oder gar ein eigenständiges Auftreten der CSU in anderen Bundesländern zu akzeptieren. Helmut Kohl ließ sogar verlauten, seine Partei inspiziere bereits eine Immobilie in München für eine CDU-Niederlassung. Er sei entschlossen, im Notfall rasch einen CDU-Landesverband in Bayern zu etablieren.

Da sich die Lage immer mehr zuspitzte, fand am 7. Dezember eine weitere Sitzung der Landesgruppe statt. Strauß erklärte, er wünsche einen Parteitag, dann werde »gehobelt«. Friedrich Zimmermann fasste die bisherigen Gespräche mit der CDU zusammen. In der ersten Runde sei es um Stilfragen gegangen, die seien nun vom Tisch. Die zweite Runde sei sehr hart, die dritte Runde wieder milder gewesen. Bundestagspräsident Karl Carstens habe zum Ausdruck gebracht, wenn das bayerische Bein fehle, könnte die CDU eine Partei werden, die nicht mehr die seine sei. Darum müsse dann eine bayerische CDU gegründet werden. Er mahnte, eine abwartende Haltung sei auch erforderlich, um nicht übereilt zu handeln und unverzeihliche Fehler zu begehen.

Nach langem Ringen entstand schließlich ein gemeinsames

Papier, in dem der Fortbestand der CDU/CSU-Fraktion fest-geschrieben und eine Konkurrenz bei Wahlen auf Bundes-ebene ausgeschlossen wurde. Zimmermann hielt den neuen Zustand für »gerade noch erträglich«. Seine Zustimmung zum Papier erfolge nur aus Loyalität. Kreuth sei nicht aufgehoben, aber überholt. Strauß äußerte resigniert, dass ihm etliche Par-teifreunde in den Rücken gefallen seien. Der Regensburger Albert Schedl zeigte sich enttäuscht von dem gezeigten Klein-mut. Graf von Stauffenberg kündigte seine Enthaltung an. Das Einigungspapier mit der CDU wurde schließlich mit 49 Stim-men angenommen. Es gab sieben Gegenstimmen und drei Enthaltungen.

Die Einigung von CDU und CSU erfolgte am 12. Dezember. Die Verhandlungsführer beider Parteien vereinbarten eine Fortsetzung der Fraktionsgemeinschaft unter einigen neuen Bedingungen: Die politische Parität zwischen CDU und CSU wurde hergestellt und damit die institutionelle Doppelrolle der CSU betont. Die Partei war eben einerseits eine selbstständige Landespartei und andererseits quasi Bundespartei mit einem Vorsitzenden, der sich schon bald anschicken sollte, Kanzler-kandidat der CDU/CSU im Bundestagswahlkampf 1980 zu werden.

Die Rücknahme des Beschlusses von Kreuth verschaffte uns eine vorläufige Erleichterung und einen Weihnachtsfrieden 1976. Doch ich war mir im Klaren darüber, dass es sich nur um eine trügerische Ruhe handelte. Sollte sich nicht in abseh-barer Zeit eine Wende in der Bundespolitik oder in der Aus-richtung der FDP einstellen, würden die alten Gedanken in einer neuen Formation wiederbelebt. Und so kam es: Der »Geist von Kreuth« begleitete und begleitet das Verhältnis von CSU und CDU bis heute. Ob es um die mögliche und von Ed-mund Stoiber erwogene Gründung der CSU in den neuen Bundesländern im Zuge der Wiedervereinigung oder die heftigen Dissonanzen zwischen Horst Seehofer und Angela Merkel bei der Bewältigung der Flüchtlingskrise 2015 ging, stets stand Kreuth im Raum. Seehofer fasste die Streitfrage Anfang 2016 so zusammen: »Der Kreuther Geist berauscht immer wieder aufs Neue, obwohl er eigentlich immer in der Flasche blieb.«

Politische Beobachter sahen den Sinn des Manövers von Kreuth darin, einen ersten entscheidenden Schritt zur Erfassung eines deutschnationalen konservativ gefärbten Wählerpotenzials nördlich der Mainlinie zu erschließen – ein auch aktuell wieder diskutiertes Argument, wenn es um mögliche Fehler der CSU im Umgang mit der AfD geht.

Meiner parteipolitischen Karriere hat die unnachgiebige Haltung in Kreuth zunächst eher geschadet. Für eine hervorgehobene Funktion in der Gesamtfraktion wurde ich nicht vorgesehen. Erst zwei Jahre später wurde ich dann zum Obmann im Wirtschaftsausschuss der CDU/CSU bestimmt.

Die CSU als Partei aber hat von meiner kritischen Stimme – und von der vieler anderer, die sich nachdrücklich gegen eine Trennung ausgesprochen haben – erheblich profitiert. Und wenn es später zu ähnlichen Fragestellungen kam, blieb ich stets bei meiner Haltung: CSU und CDU müssen nicht nur vereint schlagen, sondern auch gemeinsam marschieren. Sie gehören als Einheit zusammen.

Jahre der Entscheidung

Parteivorsitz

Als Franz Josef Strauß am 3. Oktober 1988 starb, schien in Bayern der Himmel einzustürzen. Die CSU war bis ins Mark erschüttert. 27 Jahre lang hatte Strauß die Partei von Erfolg zu Erfolg geführt; selbst bei Niederlagen auf Bundesebene verzeichnete sie in Bayern noch eindrucksvolle Zustimmung. Wie kein anderer hatte er der Partei seinen Stempel aufgedrückt: Er hatte Autorität, aber war nicht autoritär. Junge Leute zog er in seinen Bann, innovative Ideen wusste er zu schätzen, für neue gesellschaftliche Strömungen hatte er eine feine Nase und Gespür. Sein überraschender Tod mit nur 73 Jahren war für uns alle ein schwerer Schock. Wir hatten erwartet, er werde noch Jahre an der Spitze der Partei und des Freistaats stehen.

In den Tagen der Trauer und der Totenruhe gab es noch keine öffentlichen Spekulationen über die Nachfolge. Doch ein neuer Parteivorsitzender musste gewählt werden, und Bayern brauchte einen handlungsfähigen Ministerpräsidenten. Ich wusste: Auf mich kommt eine schwerwiegende Entscheidung zu. Sollte ich für den Parteivorsitz kandidieren? Zwar war Max Streibl, wie ich es Strauß ein Jahr zuvor vorausgesagt hatte, der prädestinierte Kandidat für seine Nachfolge. Er hatte das bayerische Finanzministerium gut geführt, war bereits stellvertretender Ministerpräsident und Vorsitzender des mitgliederstärksten Bezirksverbands Oberbayern. Die Nachfolge als Ministerpräsident fiel ihm daher fast automatisch zu. Doch Streibl äußerte keine Ambitionen, auch Parteivorsitzender zu werden. Obgleich er die Partei gut kannte, wollte er sich auf die Landespolitik konzentrieren. In einem persönlichen Gespräch im bayerischen Finanzministerium versicherte er mir, eine eventuelle Kandidatur meinerseits für den Parteivorsitz zu unterstützen. Zu dem Zeitpunkt war noch nicht klar, ob der bayerische Wirtschaftsminister Gerold Tandler, früherer Generalsekretär und enger Vertrauter von Strauß, seinen Namen ebenso in den Ring werfen würde. Einige Zeit später rückte er jedoch davon ab und sagte mir gleichfalls seine Unterstützung zu.

Mein Zögern hatte einen anderen Grund. Ich lebte getrennt von meiner Frau und hatte die Hoffnung aufgegeben, unsere private Krise lösen zu können. Dieser Entschluss war mir sehr schwergefallen, aber nun war ich mit meiner Entscheidung im Reinen. Dennoch war ich besorgt, eine öffentliche Diskussion darüber, dass ein gläubiger Katholik wie ich von seiner Frau getrennt lebt und »eine Freundin hat«, könne sich nachteilig für die CSU auswirken. Meine Befürchtung erwies sich – zumindest vorerst – als nicht berechtigt. Zwar wussten viele, auch in anderen Parteien, von meiner persönlichen Situation. Sie und auch die Presse respektierten damals jedoch mein Privatleben. Man nahm Rücksicht auf meine Familie und mich. Ich entschloss mich also, offiziell für den Parteivorsitz zu kandidieren, und erklärte meine Entscheidung nach Abschluss der Trauerfeierlichkeiten.

Als ich mich mit den Bezirksvorsitzenden besprach, wurde klar: Die große Mehrheit der Bezirksverbände der CSU stand auf meiner Seite. Auf dem außerordentlichen Parteitag der CSU am 19. November 1988 in München bewarb ich mich um das Amt des Parteivorsitzenden. In meiner Bewerbungsrede stellte ich die Aufgaben der nächsten Zeit dar: Bald werde das Europaparlament gewählt, ein Jahr später stünden Kommunal-, Landtags- und Bundestagswahlen an. In einer Gesellschaft mit zunehmender Staats- und Parteienverdrossenheit konnte nur eine geschlossene, tatkräftige, inhaltlich und organisatorisch gut aufgestellte CSU diese Herausforderungen bestehen. Ich ging auch auf die fundamentalen Grundsätze der CSU ein: liberal, weil der Mensch Vorrang vor dem Kollektiv hat. Sozial, weil unsere Politik von Personalität, Solidarität und Subsidiarität getragen ist. Konservativ, weil wir das Bewährte erhalten. Und christlich, weil wir uns an einem christlichen Menschenbild orientieren. Ich bekannte mich zur Partnerschaft von CDU und CSU und kündigte an, die Aufgaben innerhalb der CSU auf mehrere Schultern verteilen zu wollen. Ich hob auch den entscheidenden Unterschied zwischen unserer Situation in München und der in Bonn hervor: In München hatten wir im Landtag die absolute Mehrheit, in Bonn in einer Regierungskoalition mit Partnern mussten wir Kompromisse eingehen. Trotzdem seien beachtliche Erfolge der Bundespolitik für Bayern zu konstatieren. Schließlich nahm ich die damalige außen- und sicherheitspolitische Lage nach dem NATO-Doppelbeschluss und den ersten Abrüstungserfolgen ins Visier. Ohne Wenn und Aber hielt ich dabei an unseren deutschlandpolitischen Überzeugungen fest, also am Offenhalten der deutschen Frage, am Wiedervereinigungsgebot, an der gemeinsamen Staatsangehörigkeit und am Willen zur Einheit der Nation. Schon damals bezeichnete ich die CSU als Europapartei der ersten Stunde.

Bei all dem machte ich deutlich: Ich würde nicht versuchen, in die Fußstapfen von Franz Josef Strauß zu treten, sondern meinen eigenen Weg gehen. Denn bei allem Respekt vor Strauß

bedurfte es neuer politischer Strategien und einer zeitgemä-
ßen Debattenkultur. Ich wurde dann mit über 98 Prozent gewählt.

Um die unterschiedlichen Kräfte in der CSU zu koordi-
nieren und zu bündeln, kreierte ich zunächst eine erweiterte
Führungsspitze: Neben meinen Stellvertretern Franz Heubl,
Friedrich Zimmermann, Jürgen Warnke und Mathilde Berg-
hofer-Weichner bezog ich auch Ministerpräsident Max Streibl,
den Landesgruppengeschäftsführer Wolfgang Bötsch und den
Fraktionsvorsitzenden im Landtag, Alois Glück, sowie Gerold
Tandler und Edmund Stoiber mit ein. Ich übertrug Stoiber den
Vorsitz der Grundsatzkommission. Er sollte die Möglichkeit
erhalten, sich auf einem neuen Feld zu bewähren.

Gemeinsam gelang es uns, die Partei zu einen und schlag-
kräftig zu entwickeln. Dazu gehörte die offensive Auseinandersetzung mit den Republikanern und ihrem Vorsitzenden
Franz Schönhuber. Manche in der CSU konnten sich bei einem eventuellen Koalitionszwang auch Bündnisse mit dieser
Partei vorstellen. Stoiber und ich haben das entschieden abgelehnt, obwohl die Republikaner bei der Europawahl 1989
und bei den Kommunalwahlen 1990 beachtliche Erfolge er-
zielten.

Mit Max Streibl arbeitete ich sachlich orientiert und auch
menschlich gut zusammen. Wir respektierten unsere unterschiedlichen Aufgaben und gaben dem politischen Gegner
wenig Gelegenheit, einen Keil zwischen uns zu treiben. Max
Streibl hatte die undankbare Aufgabe, das umstrittene Projekt
der Wiederaufbereitungsanlage in Wackersdorf zu beenden, ich
sorgte für Ausgleichsmaßnahmen in der Region Schwandorf
durch den Bund. Erst im Umgang mit der deutschen Frage
zeigten sich Differenzen: Streibl war für einen Freiheitsvertrag
mit der DDR, doch ich verdeutlichte ihm, die deutschland-

politische Linie werde vom Parteivorsitzenden entschieden. Seine Sorge, die mit einer Wiedervereinigung verbundenen ökonomischen Probleme könnten die Aussichten der CSU bei der Landtagswahl gefährden, nahm ich zwar ernst. Doch hatte ich dabei das große Ganze im Blick: Aus meiner Sicht durften die deutschlandpolitischen Entscheidungen nicht mit Rücksicht auf eine Landtagswahl getroffen werden.

Eine gute Idee Streibls war es, alle Ministerpräsidenten der Länder, auch die neu gewählten aus den östlichen Bundesländern, nach München einzuladen – eine Offensive, wie sie schon der bayerische Ministerpräsident Hans Ehard eingeleitet hatte. 1946 geschah das, in Ehards Worten, »um den wahrhaft föderativen Aufbau Deutschlands« zu gestalten. Und 1990 war das nicht anders. Bayerns Engagement wurde in den nächsten Jahren an vielen Orten deutlich. So unterstützten wir einige ostdeutsche Bundesländer beim Aufbau der Verwaltung und standen ihnen beim Aufbau eines funktionierenden Finanzsystems mit Rat und Tat zur Seite. Diese Bundesländer, vor allem Sachsen, haben sich ökonomisch besonders gut entwickelt. Eine Absage erteilte ich jedoch allen Bestrebungen, die CSU auf die neuen Bundesländer auszuweiten. In einer Zeit größter Umbrüche durften sich CDU und CSU nicht auseinanderdividieren.

Ein Ereignis von einschneidender Bedeutung war für die CSU der erste politische Aschermittwoch ohne Franz Josef Strauß 1989. Manche Parteifreunde meinten, ohne »FJS« brauche man die Veranstaltung in Passau gar nicht fortzusetzen. Und tatsächlich muss ich gestehen: Bevor ich Parteivorsitzender wurde, habe ich den politischen Aschermittwoch lieber geschwänzt. Stattdessen besuchte ich zum Beispiel Reiner Kunze in Erlau am Donaustrand, um mich mit ihm über seine Erfahrungen in der DDR und die Literatur zu unterhalten.

Doch diese beschaulichen Zeiten waren vorbei. Jetzt warteten auf Max Streibl und mich Tausende in der Passauer Nibelungenhalle. Aus ganz Deutschland waren sie gekommen.

Streibl hatte den populäreren Part. Als Ministerpräsident konnte er lupenreine CSU-Parolen verkünden. Ich nahm mir die Bundespolitik vor. Da sah es leider nicht so gut aus: Bei Umfragen waren CDU und CSU auf etwa 32 Prozent geschrumpft. Kaum jemand glaubte, dass die Schwesterparteien die nächsten Wahlen gewinnen würden. In der Koalition war die eigene Handschrift der CSU nur noch schwer erkennbar. – Während meiner Rede verzettelte ich mich in Einzelheiten. Das führte in den Kommentarspalten zu der süffisanten Frage: Wer hat die Nase vorn? In den folgenden Jahren, auch als Stoiber Ministerpräsident war, ging es ständig darum, wer den längeren und stärkeren Beifall erntete.

1992 machten sich bei Max Streibl Ermüdungserscheinungen bemerkbar. Er war angesehen und hatte sich ein eigenes Profil erworben. Die Regierungsgeschäfte führte er überlegen und straff, es gab wenig Kritik an seinem Stil. Doch eine Ungeschicklichkeit anlässlich einer Reise nach Südamerika zu einem bayerischen Unternehmer führte dazu, dass Streibl plötzlich im Zentrum der Kritik stand: Die sogenannte Amigo-Affäre war geboren. Ich schloss nicht aus, dass Regierungsmitglieder Details zu diesen Vorgängen der Presse zugespielt hatten. Das schockierte mich, weil ich es menschlich nicht in Ordnung fand. Außerdem war ich an einem Abdanken Streibls und einem Wechsel ins Amt des Ministerpräsidenten nicht interessiert, obwohl 1993 bei einer unabhängigen Umfrage 48 Prozent der Befragten befanden, ich sei der geeignete Ministerpräsident. Das war ein interessanter Fingerzeig der bayerischen Bevölkerung, aber ich hatte mich nun mal für die Bundespolitik entschieden und war Bundesfinanzminister.

In der Reihe der möglichen Nachfolger für Max Streibl wurde auch Edmund Stoiber genannt und von etwa einem Viertel der Befragten bevorzugt. Ich aber hatte die Befürchtung, er werde in seinem bekannten Aktionismus unaufhörlich eine Gegenposition zur CSU-Politik in Bonn aufbauen und mir als Parteivorsitzendem das Leben schwer machen. Leider hat mich diese Ahnung nicht getrogen.

Bitter war vor allem, was dann folgte. Die Meinung über den besten Nachfolger für Max Streibl schlug um, als eine persönlich diffamierende Kampagne gegen mich inszeniert wurde. Während mein Privatleben in den vergangenen Jahren keine Rolle gespielt hatte, wurden nun die Trennung von meiner ersten Frau, obwohl sie schon fünf Jahre zurücklag, und meine Beziehung zu Irene Epple zum Thema. Ich muss mir dabei einen Fehler vorhalten: Ich hätte bereits damals eine klare Lösung, auch öffentlich, vollziehen sollen. Dann hätte die Partei sich damals entscheiden müssen, ob sie eine solche Gewissensentscheidung respektiert. Eine Schmutzkampagne wie 1993 wäre ausgeschlossen gewesen. Warum die Vorwürfe gegen mein privates Leben genau zu diesem »passenden« Zeitpunkt publik wurden, ist relativ leicht erklärbar. Angesehene Journalisten, wie Christiane Schlötzer-Scotland von der *Süddeutschen Zeitung*, berichteten, wie sich CSU-Landtagsabgeordnete vehement für mein Privatleben interessierten und hinter vorgehaltener Hand Journalisten die Frage stellten, warum nicht endlich darüber geschrieben werde, dass der CSU-Chef eine Freundin habe.

Meine aus der schwäbischen Mentalität geborene Auffassung, das Amt müsse zum Mann kommen und nicht der Mann zum Amt, war unter diesen Umständen eine Fehleinschätzung. Im *Spiegel* tauchte die Behauptung auf, einige in der Partei wünschten, Kardinal Friedrich Wetter solle eingreifen – gegen mich natürlich. In einer Presseerklärung und einem persönlichen Brief an mich verwahrte er sich dagegen und versicherte mir seinen persönlichen Respekt.

In einem Leserbrief Stoibers vom 24. Mai 1993 an den *Spiegel*, der zwar vom Blatt nicht veröffentlicht, mir aber von Stoiber übermittelt wurde, wies dieser alle Anwürfe zurück. Wörtlich: »Wer auch immer und aus welchen Motiven auch immer das Privatleben von Dr. Theo Waigel zum Thema der politischen Auseinandersetzung gemacht haben sollte, handelt infam. Ich lehne solche heimtückischen und scheinheiligen Methoden ab ... Ich weiß allerdings niemanden, der so gehandelt hat.« Das nehme ich ihm nicht ab.

Eigentlich wollte ich nach dieser diffamierenden Kampagne, die mich und meine Familie tief verletzt hatte, der Politik Ade sagen. Die Pressemitteilungen über diese Tage und Wochen füllen Bände und geben ein erschreckendes Bild politischer Verleumdung ab. Die dringenden Bitten meiner besten Freunde und die Sorge um die Zukunft der CSU veranlassten mich jedoch, weiterhin als Parteivorsitzender und Bundesfinanzminister tätig zu sein. Zugleich war mir klar: Mit einer gespaltenen Partei konnten wir nicht ins nächste Jahr gehen. Unter diesen Umständen erklärte ich meinen Verzicht auf eine Kandidatur als Ministerpräsident.

Zusammen mit Edmund Stoiber vereinbarte ich den weiteren Gang der Dinge. Eine wichtige Rolle in diesem Zusammenhang spielte die stellvertretende Parteivorsitzende Mathilde Berghofer-Weichner, die in ihrem Privathaus zu einem vermittelnden Gespräch einlud. Ich forderte eine klare Aufgabenbeschreibung, eine eindeutige Kursbestimmung sowie die Unterstützung der Finanz- und Europapolitik des Parteivorsitzenden. Das wurde mir zwar vom CSU-Landesvorstand zugesagt, doch diese Unterstützung habe ich in den folgenden

Jahren vermisst. Anzumerken ist: Auf Stoibers Dank konnte niemand bauen. Berghofer-Weichner wurde kurze Zeit später von Stoiber als Ministerin entlassen. Ähnliches hat auch Günther Beckstein in seiner kurzen Zeit als Ministerpräsident erfahren müssen, obwohl er sich damals auf einer Bezirksversammlung der CSU in Nürnberg besonders für Stoiber ins Zeug gelegt hatte.

Im Jahr darauf konnte ich meinen Fehler, mich nicht früher zu Irene Epple bekannt zu haben, korrigieren und fand mit ihr und meinen Kindern ein neues Glück. Daraus zog ich die Kraft, weitere fünf Jahre beide politische Funktionen in stürmischer Zeit weiterzuführen. Denn es kam genau so, wie ich es erwartet hatte: Bis zur Landtags- und Bundestagswahl 1994 hielt sich Stoiber zurück. Danach aber nutzte er jede Möglichkeit, um sich mir, Bundeskanzler Kohl und der Politik in Bonn gegenüber abzugrenzen. Ungeachtet dessen leisteten wir mit der Landesgruppe unter Michael Glos, mit den Bundesministern und Staatssekretären der CSU eine erfolgreiche Parlaments- und Regierungsarbeit. Die Erfolge bei den Wahlen 1994 mit jeweils über 50 Prozent sprachen für sich.

Edmund Stoiber war derweil in der Landespolitik durchaus erfolgreich. Mit seinen Privatisierungsanstrengungen hatte er eigene Akzente gesetzt und die Modernisierung Bayerns sichtbar vorangebracht. Als 1998 die Koalition im Bund abgewählt wurde, entschied ich mich noch in der Wahlnacht, den Parteivorsitz niederzulegen und im Bundestag keine hervorgehobene Position anzustreben. Michael Glos hatte mir, in seiner großen Loyalität, das Amt des Landesgruppenvorsitzenden angeboten, doch ich lehnte ab.

In meiner Abschiedsrede als Vorsitzender der Partei, der ich seit 1960 angehörte, zog ich eine positive Bilanz: Die CSU hatte bei der deutschen Wiedervereinigung eine maßgebliche

Rolle gespielt. In der Entwicklungshilfe- und Agrarpolitik waren die bayerischen Akzente der CSU zu spüren gewesen. In der Innen- und Rechtspolitik waren wir als entschiedene Verfechter einer vernünftigen Ordnungspolitik aufgetreten. Und in der Europapolitik waren wir maßgeblich daran beteiligt, dass mit der gemeinsamen europäischen Währung ein Meilenstein in der Europapolitik gesetzt wurde. Die CSU hatte bei der Bundestagswahl 1998 um etwa 12 Prozentpunkte mehr erreicht als der Durchschnitt von CDU/CSU. 180 000 Frauen und Männer waren Mitglieder in der CSU. Die Finanzen waren geordnet, aus der Parteispendenaffäre war die CSU ohne Makel hervorgegangen. Auf all das war ich stolz.

Am Schluss konnte ich Stoiber, dem künftigen Parteivorsitzenden, einen persönlichen Abschiedsgruß nicht ersparen: Ich bedeutete ihm, dass er es einerseits schwerer und andererseits leichter haben werde als ich. Schwerer, weil er von München aus mehr Präsenz in Berlin und Brüssel zeigen müsse. Leichter, weil er über einen direkten Draht zum Ministerpräsidenten verfüge und dieser immer hinter ihm stehe.

Mit einem Dank an meine Mitstreiter, allen voran meinen Pressesprecher Maximilian Schöberl, verabschiedete ich mich als Parteivorsitzender.

Zuhause

Heimat in einer globalisierten Welt

Wo ist meine Heimat? Das frage ich mich bisweilen. Ist es Oberrohr und Ursberg, wo ich geboren und getauft wurde, die Volksschule besuchte, meine Kindheit und Jugend verbrachte und später auch im umgebauten Bauernhof meiner Eltern lebte? Oder ist es nun Seeg und das Allgäu, wohin es mich in den Neunzigerjahren zu Irene gezogen hat und wo ich bis heute gern lebe und die herrliche Umgebung genieße? Wenn ich früher bei Föhn auf der Höhe westlich von Oberrohr stand oder mit dem Fahrrad nach Thannhausen fuhr, sah ich die 100 Kilometer entfernten Berge des Allgäus und schaute sehnsüchtig in die Ferne, weil die Berge das Ziel meiner Wünsche und Hoffnungen waren.

Wenn ich heute mit der Bergbahn von der Alpspitze bei Nesselwang ins Tal gondle, sehe ich bei klarem Wetter die Nebelwolken des Kernkraftwerks Gundremmingen. Dort fließt die Mindel, mein Heimatfluss, in die Donau, und ich kann mir vorstellen, wo mein Geburtsort liegt. Heimat kann auch dort sein, wo man seine letzte Ruhestätte finden will. Da schwanke ich noch zwischen Oberrohr und Seeg. In Oberrohr liegen meine Wurzeln, meine Eltern und Vorfahren sind dort begraben. In Seeg werden voraussichtlich nach meinem Ableben meine Frau und mein jüngster Sohn Konstantin zu Hause sein. In meinen letzten Lebensjahrzehnten ist mir Seeg zur liebenswerten zweiten Heimat geworden.

Auf meiner letzten Lebensreise würde ich gern in meinem Garten in Oberrohr verweilen. Dort stehen die Bäume, die mein Großvater, mein Vater und ich gepflanzt haben und die immer wieder reiche Früchte tragen. Dort steht ein alter Pflaumenbaum, wohl 100 Jahre alt, dessen Früchte ich zur Wegzehrung mitnahm, wenn ich zum Kühehüten zur Mindelwiese lief. Jedes Jahr im Frühjahr schaue ich, ob er wieder blüht. Die Äste sind morsch, und der Stamm ist ausgehöhlt. Doch solange er noch blüht und Früchte trägt, gilt auch für mich, das Leben mutig anzugehen und gut zu Ende zu bringen. Heimat bedeutet für mich die Kirche in Oberrohr, in der ich als Kind und auch noch später viele Stunden verbrachte. Heimat ist der Friedhof, auf dem viele Verwandte und Freunde begraben sind. Wenn ich dort entlanggehe, begegne ich an jedem Grab einem früheren Nachbarn oder Bekannten.

Heimat ist für mich die Autofahrt von Oberrohr nach Seeg oder von Seeg nach Oberrohr. Die Mindel bis zu ihrem Ursprung bei Ronsberg, die Wertach mit ihrem breiten Tal und dann die Lobach, die an Seeg vorbeiführt, bilden Heimattäler. Orte wie Kirchheim, wo mich das Fugger-Schloss an Begegnungen mit Fürst Joseph-Ernst erinnert, die Frundsberg-Stadt Mindelheim, die alte Reichsstadt Kaufbeuren, der Traktoren- und Musikort Marktoberdorf sind Stationen auf dieser Heimatstraße. Die Straße und der Weg erinnern mich an Martin Walser, der in seinem Roman *Seelenarbeit* den Chauffeur Xaver Zürn so beschreibt: ein Chauffeur, der am meisten jene Straßen liebt, die sich so biegen, als wollten sie wieder heim. Max Frisch sagt über die Erinnerungen an seine Heimat: »Fast meint man, diese Landschaft kennt dich mehr, als du vielleicht willst, diese Kiesgrube, dieser Holzweg.«

Eine über 90 Jahre alte Nachbarin in Oberrohr sagte mir einmal: »Theo, du hast nichts Schönes in deiner Kindheit gehabt.« Und trotz aller Schwere, trotz der kindlichen Trauer und der Kargheit des Lebens werden die Erinnerungen an Kindheit und Jugend lebendiger, je älter man wird. Auch meine Träume handeln davon. Es ist die Nabelschnur, die einen mit den Eltern und Vorfahren verbindet. Es sind die Menschen, die einem Nachbarschaft und Liebe gegeben haben. Es sind die Freunde, die mir heute noch nahe sind, und es sind die Erinnerungen, aus denen uns niemand vertreiben kann, wie Ernst Bloch es einmal formuliert hat. Ich leiste mir den Luxus Heimat. Viele Menschen sind stolz, wenn sie ein Haus auf Mallorca oder in der Toskana besitzen. Mein Bauernhof in Oberrohr bleibt Heimstatt für meine Familie.

Es wäre für mich unvorstellbar, an dem Haus, das mein Vater erbaute und in dem ich geboren wurde, vorbeizufahren, ohne dass es mein Eigen ist. Den Bauernhof habe ich 1974 umgebaut. Dort, wo früher die Kühe lagen, ist ein behagliches Wohnzimmer entstanden. Der Speicher, auf den ich früher die Säcke mit Weizen, Roggen, Gerste und Hafer trug, ist heute mein politisches Archiv mit allen persönlichen Artikeln, die in meiner Heimatzeitung *Augsburger Allgemeine* erschienen sind.

Zur Heimat gehören Menschen, in Oberrohr wäre ich heute mutmaßlich allein. In Seeg, in Irenes Haus, finde ich Menschen, die mir nahe sind und mir Gemeinschaft geben. So besitze ich eine doppelte Heimat, und es geht mir wie Peter Glotz, der diesen Zustand so beschreibt: von Heimat zu Heimat.

Heimat ist mit den Worten von Martin Heidegger Eingebundenheit in Sein und Zeit, in Mitwelt und Umwelt. Es ist die Lebenswelt, die mich umgibt: die Mindel, die Iller, der Lech, die Donau, die Allgäuer Berge. Es ist die gemeinsame Geschichte, wie die der Gründung Ursbergs durch die Prämonstratenser, der Einödsiedlungen und der Alpwirtschaft im Allgäu. Es ist die Gemeinsamkeit von Sprache und Dialekt, auch wenn diese sich von Ort zu Ort und von Tal zu Tal verändern. Heimat ist auch die gemeinsame Kultur, und sie erinnert mich an Joseph Bernhart, Peter Dörfler, Arthur Maximilian Miller und Martin Walser.

Wenn ich Ottobeuren besuche, der herrlichen Basilika, des sogenannten Schwäbischen Escorials, ansichtig werde und die großartigen Konzerte verinnerliche, gibt es am Schluss keinen Beifall, sondern es ertönen die Glocken des Gotteshauses und führen einen aus dieser irdischen Welt hinüber in die Ewigkeit.

Religionen, die Schwaben prägen, sind bedeutsam für mein Heimatgefühl: Augsburg als Stätte des Religionsfriedens zwischen Katholiken und Protestanten und die jüdische Religion mit ihren Synagogen. Ohne mich auch an diesen Orten heimisch zu fühlen, hätte ich die Herausforderungen der Achtziger- und Neunzigerjahre nicht überstanden. Das Wissen um einen Platz, der einem Geborgenheit gibt, die Gewissheit, Menschen dort zu finden, die einem zugetan sind, eine Umgebung, die einem freundlich gesinnt ist – all das schenkte mir die Zuversicht, nicht verloren, dem Schicksal nicht ausgeliefert zu sein.

Zur Heimat gehört für mich auch meine Religion, die katholische Kirche. Das sind einmal die Stätten und Stationen, in denen ich Religion persönlich erlebt habe und heute noch spüre: zuerst die Pfarrkirche in Ursberg, in der ich getauft wurde, Erstkommunion und Ministrantenzeit verlebte, aber auch im Kirchenchor sang. Heute erfreue ich mich an der wunderschönen Rokokokirche in Seeg, über die Theodor Heuss sagte, sie sei von einer heiteren Frömmigkeit, die sein immerwährendes Entzücken hervorrufe. Es war mir eine besondere Freude, zur Restaurierung dieser beiden Gotteshäuser einen Beitrag leisten zu dürfen. Heimat sind mir Kloster und Patres in Roggenburg, wo eine neue geistliche Spiritualität entstanden ist, die anziehend und beruhigend wirkt. Und auch Stätten theologischen Disputs sind mir geistige Heimat: die Katholische Akademie in München und die Evangelische Akademie Tutzing gehören dazu. Die Atmosphäre an diesen Orten spiritueller und gesellschaftlicher Begegnungen hat mich unendlich bereichert.

Wenn jährlich eine Kreuzreliquie von Mindelzell nach Ursberg gebracht wird, erklingt das bewegende Kirchenlied des Ursbergers Eduard Lang: »Warum hast du verlassen mich, mein Gott?«, fragt es an einer Stelle. Beim Mitsingen im Kirchenchor versagt mir bisweilen die Stimme, weil auch ich diese drängende Frage spürte. Denn es gab Zeiten, da ich mit meinem Schicksal haderte: vor allem als ein Lebensentwurf, meine erste Ehe, zerbrach und ich mich deswegen auch Vorwürfen aus meiner Kirche ausgesetzt sah. Ich habe mich damals mit mir und meinen Kritikern inner- und außerhalb der Kirche auseinandergesetzt. Ich habe ihnen meine Gewissensentscheidung dargelegt und bei den meisten Verständnis gefunden.

Besonders dankbar denke ich an Kardinal Friedrich Wetter zurück, der mir liebevoll Trost zusprach und mich ermutigte, meinen Weg zu gehen. Ähnliches habe ich von Kardinal Karl Lehmann erfahren. Enttäuscht bin ich vom früheren Papst Benedikt XVI., der als Professor in Regensburg noch eine menschen- und realitätsfreundliche Haltung zum Thema der wiederverheirateten Geschiedenen eingenommen hatte. Doch 22 Jahre später, als Präfekt der Glaubenskongregation, wandte er sich in einem Schreiben an die Bischöfe der Weltkirche gegen den Versuch der deutschen Bischöfe Kasper, Lehmann und Saier, solche Eheleute wieder zur Kommunion zuzulassen.

Davon unberührt bleibt mein Respekt vor dem großen Theologen Ratzinger, den ich als brillanten Denker im Streitgespräch mit Jürgen Habermas in der Katholischen Akademie in München erlebte. Seine persönliche Bescheidenheit ist beispielhaft. Größe bewies dieser Papst, als er erkannte, seine Kräfte reichten zur Fortführung des Amts nicht mehr aus, und souverän zurücktrat.

Die Theologie und das menschliche Beispiel von Papst Franziskus haben mich mit meiner Kirche versöhnt. In seinen Äußerungen erfuhr ich eine differenzierte Betrachtung meiner persönlichen Situation. Zuvor schon hatte ich bei meinem theologischen Mentor Eugen Biser, meinen Heimatpfarrern Alois Meisburger und Alois Linder, bei den Prämonstratensern in Roggenburg und den Franziskanerinnen in Ursberg, aber auch bei vielen anderen Priestern und Gläubigen Verständnis, Zuspruch und Ermutigung gefunden. Tief berührt hat mich ein Beitrag meines Jugendfreundes und Stadtpfarrers von Starnberg, Konrad Schreiegg, im *Kreisboten* von Starnberg. Empört verurteilte er die Kampagne gegen mich. »Niemand«, so Schreiegg, »sollte sich eines intakten Familienlebens rühmen, zu schnell kann jedem etwas passieren, das keiner wollte.«

Heimat ist in besonderer Weise die Familie. Steine, Häuser und Straßen, Bäche, Wiesen und Wälder allein können Heimat nicht schaffen. Dazu gehören Menschen, allen voran die Familie. Ohne sie hätte ich die herausfordernden politischen Jahre von 1982 bis 1998 nicht so gut gemeistert. Meine beiden Kinder Christian und Birgit aus erster Ehe standen mir in bewundernswerter Weise zur Seite. Schon mit 14 Jahren erklärte mir Christian, er stehe stets zu mir und ich könne mich auf ihn verlassen. So war es auch im täglichen Leben: Er begleitete mich auf manchen Reisen und war stets daheim in Oberrohr, wenn ich müde und manchmal verzweifelt, manchmal frohgemut, ankam. Als ich den Vertrag von Maastricht am 7. Februar 1992 unterzeichnet hatte und nach Hause fuhr, war Christian eigens gekommen, weil er mich an einem solch bewegenden Tag nicht allein lassen wollte.

Die zehn Jahre jüngere Birgit verhielt sich tapfer in einer nicht einfachen familiären Situation. Als ich sie 1987 ins Internat nach Wettenhausen brachte, war mir schwer ums Herz. Ich hätte es lieber gehabt, sie wäre in das nahe Gymnasium von Ursberg gegangen. Doch die familiären Umstände und meine Abwesenheit durch die Politik ließen dies nicht zu. Wenn ich sie manchmal traurig am Sonntagabend nach Wettenhausen brachte, bat sie mich dringend, gefasster zu sein, um ihr das Leben nicht schwer zu machen. Dass sie sich bei den Dominikanerinnen in Wettenhausen und bei den Lehrkräften wohlfühlte, war mir Trost. Am Tag ihrer Abiturfeier ereignete sich etwas Eigenartiges: Ich war am Abend zuvor bei einem geselligen Abschied der Absolventen zugegen, denn ich glaubte, an der Abiturfeier am nächsten Tag wegen einer deutsch-französischen Wirtschaftstagung in Lyon nicht teilnehmen zu können. Als die Regierungsmaschine an jenem Morgen in Memmingen starten wollte, ließen sich die Start- und Landeklappen nicht öffnen. Kurz entschlossen sagte ich Flug und Begegnung ab und kam gerade noch rechtzeitig zur Abiturfeier meiner Tochter. Ihre Freude und auch die meine waren unermesslich. Unbefangen erzählte Birgit, sie habe darum gebetet, dass der Flieger nicht abheben und ich zu ihr kommen könne. Dieses Gebet wurde erhört.

In der für mich persönlich belastenden Zeit Anfang der Neunzigerjahre waren meine Kinder für mich da. Sie unterstützten mich während der üblen Kampagne 1993 und ermutigten mich, nicht zu resignieren. Um die Familie zu schonen, machte ich ihnen das Angebot, aus der Politik auszuscheiden.

Das aber wollten sie nicht annehmen. Für Irene und mich war es ein Glück, wie liebevoll und entgegenkommend Christian und Birgit sich ihr gegenüber beim ersten Kennenlernen verhielten. Bei unserer Hochzeit im November 1994 zeigten beide durch ihre Beiträge, dass sie mit unserer Entscheidung einverstanden waren. In der Zeit zuvor kamen ihre Tante Helene Wenzl und ihr Mann Franz ungezählte Male nach Oberrohr, um für uns zu sorgen.

Ohne Irene wäre mein Leben trostlos verlaufen. Ihr verdanke ich Lebensfreude und den Mut zu einem Neubeginn. Bis heute vermag ich es kaum zu fassen, was sie alles für mich auf sich genommen, wie sie zu mir gestanden hat und es noch tut. Dass ich eine Frau an meiner Seite habe, die ihre eigene Geschichte hat, kommt mir dabei sehr gelegen. Es hilft, die eigene Bedeutsamkeit nicht zu überschätzen. Einmal machten wir in Kopenhagen einen Spaziergang. Plötzlich rief eine deutsche Touristin aufgeregt: »Schau mal, der Schröder.« Ich mürrisch: »Nein, ich bin ganz sicher nicht der Schröder.« Darauf wandte sich die Dame irritiert zur Seite, richtete aber gleich darauf den Blick siegesgewiss auf Irene und verkündete: »Sie jedenfalls sind die Irene Epple.« So geht es einem, wenn man mit einer bekannten Sportlerin verheiratet ist. Ohne Irene wäre ich heute – da bin ich sicher – ein trauriger, verbitterter alter Mann. Mit ihr und Konstantin, der unser Glück vollkommen machte, erfreue ich mich am Leben und blicke gelassen auf das, was noch kommt.

Mit Konstantin kam junges Leben ins Haus. Noch heute ist es uns ein Vergnügen, wenn seine Jugendfreunde uns besuchen und dem Haus unbeschwerte Fröhlichkeit verleihen.

Heimat ist aber nicht nur ein persönliches Gut, sondern hat auch gesellschaftlich einen neuen Stellenwert erhalten. Sie ist ein unverzichtbarer Grundwert unserer Gesellschaft. Heimat ist der Gegenpol zur Globalisierung und erhält den Menschen Identität und Selbstgewissheit. Ernst Bloch hat das einmal so formuliert: Heimat gehöre zum Prinzip Hoffnung, denn jeder komme aus der Heimat und kehre zu ihr zurück. Und der Romantiker Novalis sagt, alle Wege führten der Heimat zu. Engagement für die Heimat erfordert Bewahrung von gewachsener Lebenswelt, von Kultur, Brauchtum, Sprache und Dialekt, Tradition und Sitten. Dazu gehören Toleranz und Respekt vor anderen Kulturen und Lebenswelten.

Max Frisch sagt: »Heimat entsteht durch eine Fülle von Erinnerungen, die kaum datierbar sind.« Das gilt für jeden Menschen. Mir persönlich geht es so, wenn ich die schwäbische Krippe in Oberrohr betrachte und das selbst gebastelte Kripplein meines Bruders. Letzteres steht in Seeg neben der Krippe, die mir einst Jassir Arafat geschenkt hat.

In meiner Studentenzeit in München und Würzburg hatte ich Heimweh nach dem kleinen unscheinbaren Oberrohr. Ich war glücklich, wenn ich in München ein Auto mit Krumbacher Kennzeichen entdeckte oder Niederlassungen der Fleischwerke Zimmermann, die in Thannhausen ihren Hauptsitz hatten. Als ich in Würzburg einen Omnibus mit Krumbacher Nummer vorbeifahren sah, suchte ich stundenlang in der Stadt, bis ich das Fahrzeug vor der Würzburger Residenz stehen sah. Das Zusammentreffen mit dem Kirchenchor von Krumbach war mir eine Freude.

Zur persönlichen Heimat kommt die politische. Das war für mich Krumbach, wo ich 1961 zum Kreisvorsitzenden der Jungen Union gewählt wurde. Das war dann der größere Landkreis Günzburg, wo ich 1974 zum Kreisvorsitzenden der CSU bestimmt wurde. Und dann kamen der Landkreis und die Stadt Neu-Ulm dazu, nachdem ich zum Stimmkreiskandidaten des Bundestagswahlkreises Neu-Ulm nominiert worden war. Es gibt wohl kaum eine Kirche, keine Wirtschaft, keinen Versammlungssaal, die ich in 30 Jahren Bundestagstätigkeit in meinem Wahlkreis nicht besucht hätte. Selbst am Tag des Mauerfalls, am 9. November 1989, weilte ich in Illerberg auf einer Jubiläumsveranstaltung der CSU. Unzählige Versammlungen, Veranstaltungen, Besuche von Gottesdiensten, Konzerten und Festen schufen eine Nähe zu den Bürgern, die über normale politische Veranstaltungen niemals erreicht werden kann. Regelmäßige Sprechstunden in den größeren Orten brachten mich in Kontakt zu den Menschen mit all ihren Problemen. Manchmal fühlte ich mich als Politiker wie ein Beichtvater gegenüber den Sorgen und Kümmernissen der Leute. Ohne politische Freunde wie Hans Berkmüller in Günzburg und Erich Josef Geßner in Neu-Ulm hätte ich es nicht geschafft.

Als ich durch meine Beanspruchung als Bundesminister in ganz Deutschland, Europa und weltweit nicht mehr so oft in den Wahlkreis kommen konnte, verübelten mir dies meine Wähler nicht, weil ich den Wahlkreis in der Zeit zuvor intensiv beackert hatte und auf die Menschen zugegangen war. Selbst in der für uns ungünstig verlaufenen Bundestagswahl 1998 erreichte ich wesentlich mehr Erststimmen als die Partei. Als Landesgruppenvorsitzender und später als Finanzminister hatte ich mich dafür starkgemacht, dass die Mittel für Stadtsanierung und Dorferneuerung nicht gekürzt wurden. Damit konnten wichtige Infrastrukturprojekte in den Kommunen angegangen werden. In meinem Wahlkreis kam es zur höchsten Inanspruchnahme dieser Mittel in ganz Deutschland. Der Flugplatz in Leipheim, von dem aus Geschwader im Tiefflug über Günzburg flogen, wird heute zu einem wirtschaftlichen Entwicklungsgebiet. Das Kernkraftwerk in Gundremmingen, das für die Region ökonomisch, finanziell und in Bezug auf

Arbeitsplätze viel Positives bewirkte, wird in den nächsten Jahren vom Netz gehen.

Als dem Dominikus-Ringeisen-Werk in Ursberg einmal seitens der Staatsregierung mitgeteilt wurde, ein zugesagter Zuschuss werde zurückgenommen, rief ich den zuständigen Staatsminister an. Ich teilte ihm mit, dass ich als Rechtsanwalt das Ringeisen-Werk vor dem zuständigen Verwaltungsgericht vertreten und dazu alle Fernsehsender Bayerns einladen würde. Der Minister sprach von »Erpressung«. Ich antwortete, damit würde nur die Rechtslage wiederhergestellt. Der Zuschuss wurde bewilligt.

Viele Gäste konnte ich in meiner jahrzehntelangen Arbeit in meinem Heimatwahlkreis begrüßen. Mehrmals gab uns Franz Josef Strauß die Ehre, und auch Helmut Kohl kam nach Neu-Ulm, Günzburg und sogar zweimal nach Ursberg. Rainer Barzel und der spätere Bundespräsident Richard von Weizsäcker scheuten den weiten Weg nicht. Ich konnte Bundespräsident Karl Carstens auf seiner Wanderung durch Deutschland für einen Abstecher in meine Heimat Ursberg gewinnen, wo er eine bewegende Rede an die behinderten Menschen hielt. Auch Roman Herzog kam nach Günzburg, und Horst Köhler weilte mehrfach in Ursberg und spielte mit mir bei einem Fußballspiel der Behindertenmannschaft von Ursberg. Der Landesvater Alfons Goppel war regelmäßig zu Besuch, und in meiner Zeit als Finanzminister konnte ich auch den französischen Finanzminister Jean Arthuis und den späteren EZB-Präsidenten Jean-Claude Trichet begrüßen.

Eine Ehrung bedeutet mir besonders viel. Die Behindertenfußballmannschaft von Ursberg hat mich zu ihrem Ehrenspielführer ernannt. Ich hatte sie nach Bonn zu einem Fußballspiel gegen die Bundestagsmannschaft eingeladen und spielte mit ihr gegen meine politischen Kollegen. Es ging lebendig zu, kurz vor Ende stand es vier zu drei für die Politiker. Dann sprach uns der Bundesligaschiedsrichter Eschweiler einen Elfmeter zu. Ich sollte ihn schießen und traf das Tor nicht. Doch der Schiedsrichter rief gemäß den damaligen Regeln: »Der Tormann hat sich zu früh bewegt. Wiederholung.« Dann traf ich zum erlösenden vier zu vier. Ich habe selten glücklichere Menschen erlebt als die Mitwirkenden an diesem Spiel aus Ursberg, die mich als einen der ihren akzeptierten.

Neben den Veranstaltungen im Wahlkreis boten die Parlamentsbesuche in Bonn eine besondere Möglichkeit, mit Bürgern ins Gespräch zu kommen. Jedem Abgeordneten standen jährlich zwei bis drei solche Fahrten mit etwa 50 Gästen zu. Das Programm erstreckte sich über drei Tage mit Besuchen im Bundestag und einigen Ministerien sowie einem Abend in der Bayerischen Vertretung. Oft besuchten wir auf dem Heimweg noch das Grab Konrad Adenauers. Insbesondere die Rheinfahrt mit Rhein-Wein bildete einen Höhepunkt der ereignisreichen Tage. Das war ein Beitrag zum Kennenlernen der lebendigen Demokratie, der zugleich die Bereitschaft förderte, diese Demokratie auch an jedem anderen Ort zu verteidigen und zu vertreten.

Wenn ich heute durch meinen früheren Wahlkreis fahre, überkommt mich ein melancholisches Gefühl der Erinnerung an viele Begegnungen, an engagierte, liebenswerte Menschen und die kulturellen Schätze meiner schwäbischen Heimat. Politik daheim war für mich zur Berufung, zur Leidenschaft und nicht nur zum Beruf geworden.

DEUTSCHLAND

Politik als Berufung

Begegnungen als Landesgruppenvorsitzender

Politik ist mehr als ein Beruf, sie ist auch Berufung, wie Max Weber es in seiner berühmten Schrift *Politik als Beruf* aus dem Jahr 1919 formuliert. Politik als Abgeordneter erfordert den ganzen Menschen. Doch es ist kein Beruf für ein ganzes Leben, es ist eine Berufung auf Zeit – kündbar mit jeder Wahl, die allein der Stimme des Wählers gehorcht. Max Weber sieht denn auch zwei Wege, aus der Politik einen Beruf zu machen: Entweder man lebt für die Politik, oder aber man lebt von ihr. Schon früh in meiner politischen Laufbahn war klar, dass ich mich für den ersten Weg entscheiden würde. Die Zeit als Landesgruppenvorsitzender der CSU habe ich wohl genau aus diesem Grund als besonders erfüllend erlebt – im Sinne von Berufung und Leidenschaft, wie sie Max Weber beschrieben hat.

Als ich 1982 zum Vorsitzenden der Landesgruppe gewählt wurde, saß ich seit einem Jahrzehnt im Bundestag. Um in Bonn bestehen zu können, so wusste ich als alter Hase, musste man kompromissbereit und teamfähig sein; strategisches Denken war gefragt, und es brauchte Durchsetzungskraft. All diese Fähigkeiten hätten mir aber nichts genutzt, wenn ich nicht auf die breite Zustimmung der Bevölkerung in meinem Wahlkreis, auf meine Freunde in der schwäbischen CSU und auf enge Kontakte zum Zentrum der CSU in München hätte zählen können. Denn die Achtziger waren alles andere als ruhige Zeiten. Zwar scheint es im Rückblick, als wären sie – nach den Umbrüchen der späten Sechziger, der Neuausrichtung der bundesdeutschen Ostpolitik in den frühen und der terroristischen Gefahr in den späten Siebzigern – relativ ereignisarm verlaufen, bevor die große historische Wende 1989 die Welt aus den Angeln hob. In Wirklichkeit aber war dieses Jahrzehnt von gewaltigen Spannungen geprägt. Und die wirkten sich ganz konkret auch auf meine Arbeit als Landesgruppenvorsitzender aus.

In dieser Funktion waren in erster Linie diplomatisches Geschick und Fingerspitzengefühl gefragt – standen sich doch mit dem CSU-Parteivorsitzenden Franz Josef Strauß als Ministerpräsident in München und Helmut Kohl als Bundeskanzler in Bonn zwei überaus machtbewusste Vollblutpolitiker gegenüber. Als Landesgruppenvorsitzender der CSU war ich in einer Vermittlerrolle, die gerade im Oktober 1982 erhebliches Konfliktpotenzial aufwies: Nach dem Bruch der sozialliberalen Koalition unter Helmut Schmidt war die christlichliberale Koalition unter Helmut Kohl erst wenige Wochen im Amt. Und was die neue Regierung vor allem brauchte, war Vertrauen. Vertrauen in die Zusagen und das Verhalten der Partner. Als Hans-Dietrich Genscher den Koalitionswechsel wagte, musste er sich auf das Wort von Kohl verlassen können. Der Bundeskanzler hatte ihm zugesagt, dass die FDP in der Übergangsphase nicht unter die Räder kommen würde. Damit stellte sich Kohl gegen Strauß, der seinen Revanchegelüsten gegenüber der FDP nur zu gern nachgegeben hätte, und auch gegen die »Verratskampagne« der SPD.

Die Landesgruppe war dagegen bereit, eine Koalition einzugehen und eine neue Bundesregierung mit der FDP zu bilden. Als Vorsitzender hatte ich einen regelmäßigen Jour fixe bei Franz Josef Strauß, in dem wir die Position der CSU in München mit der der CSU-Landesgruppe in Bonn in Einklang bringen mussten. In dieser Runde, die stets nur einen kleinen Kreis umschloss, ging es um die Durchsetzung bayerischer Anliegen in der Bundespolitik und um die Koordinierung zwischen Bundes- und Landespolitik. Gute Vorbereitung war vonnöten. Denn Strauß wurde von seinem Adlatus Edmund Stoiber umfassend mit Vorlagen und Material ausgestattet, stets war er akribisch vorbereitet. Jede noch so kleine Schwäche in der Argumentation legte er bloß.

Damals habe ich mir vorgenommen, in München vor Strauß nicht anders zu sprechen als in Bonn vor Kohl – und umgekehrt. Die anfänglichen Auseinandersetzungen, die ich deswegen mit meinem Parteivorsitzenden führen musste, habe ich in Kauf genommen. Und ich bin überzeugt, dass das Vertrauen, ja die Sympathie, die Strauß mir später entgegenbrachte, genau aus dieser Haltung herrührten.

Schon zu Beginn meiner Arbeit im Bundestag hatte ich erkannt: Der Abgeordnete muss dorthin gehen, wo Menschen sich versammeln. In Vereine und Organisationen, auf Feste, Sport- und Marktplätze und auch in die Kirchen. Deswegen war mir mein Wahlkreis Neu-Ulm so wichtig. Von Freitagabend bis Montagfrüh war ich also im Schwäbischen unterwegs, von Montagnachmittag bis Freitagnachmittag in Bonn, dazwischen Termine in ganz Deutschland, manchmal weltweit. Es war ein Leben, wie es jeder Bundestagsabgeordnete zwischen Wahlkreis und Hauptstadt führt: vielfältig und interessant, aber auch unstet und hektisch. Für mich kamen zusätzlich noch Termine in München hinzu: Am Montag, bevor es nach Bonn ging, fanden meist Sitzungen des Präsidiums der CSU, des Landesvorstands oder der erwähnte Jour fixe mit Strauß und seinen Vertrauten statt.

Wenn ich am Montagnachmittag in Bonn ankam, ging es um die Vorbereitung der Plenarwoche im Fraktionsvorstand. Schon am Abend fand die Zusammenkunft der Landesgruppe entweder im Bundestagsgebäude oder in der Bayerischen Vertretung statt. Hier wurden die wichtigsten Themen der Woche diskutiert, die Haltung der CSU festgelegt und unser Verhalten in der Fraktionsgemeinschaft vorbesprochen. Das musste so sein, denn das Erfolgsrezept der Landesgruppe war ihre sprichwörtliche Geschlossenheit. Damit wurde sie zum gewichtigen Faktor der CDU/CSU-Bundestagsfraktion.

Am Dienstagmorgen trafen sich üblicherweise die Fraktionsvorsitzenden von CDU und CSU. Einmal wöchentlich gab es zudem ein Koalitionsgespräch im Bundeskanzleramt, an dem neben dem Bundeskanzler die Fraktionsvorsitzenden und Parlamentarischen Geschäftsführer sowie die sachlich betroffenen Fachminister teilnahmen. In diesem Kreis galt es, konkrete Lösungen zu erarbeiten. Allein mit Richtlinienkompetenz ließ sich schließlich keine Koalition führen. Die Kanzleramtsminister bereiteten die sachliche und strategische Arbeit vor; Helmut Kohl leitete das Gremium souverän mit dem ihm eigenen Selbstbewusstsein. Am Dienstagnachmittag trat dann die Gesamtfraktion aus CDU- und CSU-Abgeordneten zusammen und diskutierte die anstehenden parlamentarischen Entscheidungen. Dieser Termin war mir später als Bundesminister nicht weniger wichtig, denn die Rückkopplung zur Fraktion war für meine Arbeit im Kabinett unentbehrlich.

Mittwochs fanden die Ausschusssitzungen statt, bei denen ich als stellvertretendes Mitglied glücklicherweise keine Präsenzpflicht hatte.

Donnerstag und Freitag waren die Plenartage, hier musste ich als Landesgruppenvorsitzender anwesend sein. Meine Vorgänger hatten am Freitag manches Mal schon den Nachmittagsflug nach München oder den Zug nach Bayern genommen. Doch seit die Grünen dem Parlament angehörten und die SPD in der Opposition Profil suchte, wurde Anwesenheit bis zum Ende des Plenums verlangt. Insgesamt erforderte der parlamentarische Arbeitsablauf in Bonn eine tägliche Arbeitszeit von 12 bis 14 Stunden.

Obwohl uns das Tagesgeschäft nur wenig Zeit ließ, hielt ich es für wichtig, in der Landesgruppe auch persönliche Begegnungen zu ermöglichen und den inneren Zusammenhalt zu fördern. Schon mein Vorgänger Friedrich Zimmermann hatte als fußballbegeisterter Anhänger des FC Bayern München gelegentlich in sein Amtszimmer eingeladen, wenn ein Spiel der Bayern anstand. Ich führte diese Tradition fort und lud zu wichtigen Spielen, insbesondere der Nationalmannschaft. Es gab Leberkäs und Brezn, bayerisches Bier und Frankenwein wurden ausgeschenkt. Wenn der Bundestagslautsprecher die Veranstaltungen als »kulturelle Begegnungen« ankündigte, war das keine hohle Phrase: Diese Zusammenkünfte schufen eine politische Heimat – und Heimat, das war für uns mehr als nur gemeinsame Arbeit. Dazu zählte auch der legendäre Bierkeller der Bayerischen Vertretung. Unsere Besuchergruppen genossen die gemütliche Atmosphäre mit Lokalkolorit. Und selbst die große Politik zog es hierher: Bei Bier und Brotzeit wurden vertrauliche Gespräche über Kanzler- und Präsidentenkandidaturen geführt. Nicht nur bei Franz Josef Strauß lockerte sich nach ein, zwei Maß die Zunge. An diesem Ort ließ man seinen Gefühlen über politische Vorgänge und Personen freien Lauf.

Vermitteln, zusammenführen und Gemeinschaft stiften – das war nicht nur mein Job als Vorsitzender der CSU-Landesgruppe, sondern auch als Spieler in der Mannschaft des seit 1967 bestehenden FC Bundestag. Dort spielte ich mit den Mitgliedern aller damals im Bundestag vertretenen Parteien zusammen. Wir waren gewissermaßen die erfolgreichste Fraktion im deutschen Bundestag. Über die Jahre waren unter anderem Wolfgang Schäuble von der CDU, Joschka Fischer von den Grünen und Franz Müntefering von der SPD auf dem Platz. Ich war zumeist im Mittelfeld eingesetzt, zuweilen spielte ich auch Linksaußen, weil von den SPD-Kollegen keiner richtig links schießen konnte. Die Gegner kamen und kommen aus allen Teilen der Bundesrepublik, und so lud ich mehrmals auch Fußballer meines Wahlkreises ein.

Die Parlamentsarbeit in Bonn mit den regelmäßigen Parteisitzungen und Abstimmungsprozessen in München zu vereinbaren verlangte Disziplin, Einfühlungsvermögen und gelegentlich ein dickes Fell. Ich wollte eigene Akzente setzen und das Profil der CSU-Landesgruppe schärfen. Dazu boten die Klausurtagungen im Kloster Banz in Oberfranken und die alljährlich im Januar stattfindende Klausurtagung in Wildbad Kreuth einen willkommenen Anlass.

Umgeben von der malerischen Kulisse des Kreuther Hochtals bereiteten wir uns intensiv auf die im neuen Jahr anstehenden Entscheidungen vor. Politiker aus ganz Deutschland und Europa waren im Lauf der Jahre unsere Gäste, renommierte internationale Experten wurden als Referenten geladen. Und noch etwas kam hinzu: Seit dem umstrittenen Trennungsbeschluss 1976 war Kreuth von einem Mythos umgeben. Wenn wir dort eintrafen, harrten Journalisten und Öffentlichkeit schon begierig auf den nächsten Paukenschlag der CSU – eine mediale Aufmerksamkeit, die uns sehr gelegen kam. In der ereignisarmen Zeit rund um den Dreikönigstag konnten wir so selbst Themen, die wegen ihres speziellen Interesses in den Medien üblicherweise untergingen, bestmöglich platzieren.

Manche Idee, die auf meiner Arbeit als Vorsitzender der Grundsatzkommission beruhte, habe ich als Landesgruppenvorsitzender in Kreuth wieder aufgegriffen. Es war mir ein Anliegen, als Politiker auch den Dialog mit Künstlern, Schriftstellern und Wissenschaftlern zu suchen. Große Denker wie der Religionsphilosoph Eugen Biser kamen nach Kreuth. Lebhafte Gespräche mit Persönlichkeiten wie dem Lyriker Reiner Kunze, meinem schwäbischen Landsmann Martin Walser, dem Bürgerrechtler Konrad Weiß, Kardinal Karl Lehmann und dem Liedermacher Wolf Biermann erweiterten unseren Horizont. (Walser spielte eines Abends sogar beim Schafkopf mit – und verlor zur Freude der Runde.)

Aus meiner Sicht ist es für einen Politiker unerlässlich, sich mit anderen Geistesströmungen auseinanderzusetzen und sie für seine Arbeit fruchtbar zu machen. So hörte ich Anfang der Achtzigerjahre im Bayerischen Rundfunk einen Beitrag von Robert Spaemann. Der Philosoph stellte die Frage, was politisches Handeln heiße. Und er erklärte es so: unter gegebenen Bedingungen, die wir uns nicht ausgesucht haben, etwas Sinnvolles tun, nämlich das unter diesen Bedingungen Bestmögliche. »Dazu kann auch der Versuch gehören, die Bedingungen zu ändern. Wer sein Schicksal nicht annimmt, der darf nicht handeln. Aber das hilft ihm auch nichts, denn die Unterlassung würde ihm auch zum Schicksal.« Diese Worte sind mir manchmal durch den Kopf gegangen, wenn ich in schwierigen Situationen aufhören und alles hinwerfen wollte. Sinnvolles Handeln, so verstand ich, konnte es nur geben, wenn wir uns in ein positives Verhältnis zur Wirklichkeit setzen, die den Rahmen unseres Handelns abgibt.

In seinem Beitrag kam Spaemann auch auf die Tugend der

Gelassenheit zu sprechen: »Unter Gelassenheit verstehen wir die Haltung dessen, der das, was er nicht ändern kann, als sinnvolle Grenze seines Handelns in sein Wollen aufnimmt, der die Grenze akzeptiert.« Und er formulierte weiter: »Wer das Schicksal nicht akzeptiert, kann sich selbst nicht akzeptieren. Gelassenheit ist die Bereitschaft des Handelnden, sein Scheitern noch als sinnvoll zu akzeptieren.« Es war nicht einfach, was Spaemann da verlangte, aber es war heilsam, seine Gedanken in das eigene Denken und Handeln einzubeziehen.

Und noch eine dritte Aussage des Philosophen fand ich bedenkenswert: »Die Generationen sind füreinander Schicksal. Wir übernehmen die Welt, wie sie uns von den Älteren hinterlassen wurde. Und wir sind darauf angewiesen, dass Jüngere auf irgendeine Weise das ihnen hinterlassene Erbe aufnehmen und unsere Intentionen fortsetzen. Freundschaft zwischen den Generationen ist daher eine Bedingung dafür, dass dieses unser Handeln umgreifende Schicksal sich nicht als ein feindliches erweist.« Das ist die Verantwortungsethik, die schon Max Weber in seiner Abhandlung *Politik als Beruf* erläutert und die mir bis heute als Imperativ präsent ist – und generell jedem Politiker sein sollte.

Spaemanns Betrachtungen spielten bei einer Vielzahl von Themen eine Rolle, die in diesem letzten Jahrzehnt des Kalten Krieges, in einer Zeit tiefen gesellschaftlichen Wandels und des Entstehens neuer politischer Gruppen, wichtig waren. Sein Beitrag hat mich spontan begeistert, ich suchte den Kontakt. Aus dieser ersten Begegnung erwuchs eine über viele Jahre dauernde, persönliche Beziehung. Zuletzt entfremdeten wir uns etwas, weil ich Spaemanns extrem konservative Haltung in innerkirchlichen Belangen nicht teilen konnte.

Eine der interessantesten politischen Initiativen in der Geschichte der Bundesrepublik sind die Grünen, die 1983 mit fast sechs Prozent erstmals in den Bundestag einzogen. Die erste Reaktion auf die Neuen war jedoch großes Befremden: Niemand hätte sich in den ersten Jahren vorstellen können, dass dieser bunte Haufen dauerhaft eine feste Größe in allen Parlamenten werden würde. Unter den Grünen fanden sich zahlreiche Idealisten; Leute, die wir als »linke Spinner« abtaten. Und so, wie ihre Vertreter anfangs auftraten – mit Turnschuhen, Transparenten und Blumentöpfen –, haben nicht nur wir, sondern alle etablierten Parteien sie unterschätzt.

Im Lauf der Achtzigerjahre gewannen Umweltthemen mehr und mehr an Bedeutung. Zwar hatte es zuvor schon erste Ansätze gegeben, den Umweltschutz in reale Politik zu überführen. In Bayern hatten wir 1970 das erste Umweltministerium mit Max Streibl als Minister eingerichtet. Der frühere CDU-Bundestagsabgeordnete, spätere Grüne und ÖDP-Vorsitzende Herbert Gruhl schrieb Mitte der Siebzigerjahre das Buch *Ein Planet wird geplündert*. Wenn wir manchmal von unseren nah beieinander liegenden Wohnungen zusammen ins Parlament gingen, unterhielten wir uns darüber, was gegen den Klimawandel und für den Umweltschutz getan werden müsse. Gruhl sprach das Thema auch in der CDU-/CSU-Fraktion an – fand aber leider keine Resonanz. Inzwischen sehen wir, wie die programmatische Idee von Umweltschutz, Ökologie und nachhaltigem Handeln auch bei den Wählern ankommt. Die Grünen sind heute auf Bundes- und Landesebene ein ernst zu nehmender Konkurrent und Bündnispartner.

Als Ausdruck des Fortschritts und Gefahrenquelle gleichermaßen wurde die Atomenergie zu einem der beherrschenden Themen der Zeit. Der Reaktorzwischenfall von Harrisburg

1979, mehr noch die Katastrophe von Tschernobyl 1986 riefen das mit der Atomkraft verbundene Risiko ins allgemeine Bewusstsein. Die Suche nach einem geeigneten Ort für die geplante Wiederaufbereitungsanlage führte nach Bayern; Ende 1980 fasste man Wackersdorf in der Oberpfalz für das Vorhaben ins Auge. Strauß nahm an, das Projekt würde in der mit Arbeitslosigkeit kämpfenden Region auf Akzeptanz stoßen. Doch schon im Oktober 1981 gründete sich eine Bürgerinitiative gegen die geplante Anlage, die immer stärkeren Zulauf fand.

Der GAU in Tschernobyl löste eine breite gesellschaftliche Debatte aus. Durch diesen bis dahin schwersten Nuklearunfall in der Geschichte stellte sich uns die Frage nach dem Umgang mit der Kernenergie völlig neu. Als eine erste Maßnahme wurde das Umweltministerium unter Walter Wallmann gegründet. In Bayern begleitete die Diskussion um das Streitobjekt Wackersdorf die gesamte letzte Amtszeit von Franz Josef Strauß. Im Mai 1989 wurde der Bau der Wiederaufbereitungsanlage schließlich eingestellt; auf Betreiben der Bayerischen Staatsregierung wurde das Gelände in einen Industriepark umgebaut.

Mich beschäftigte beim Thema Atomenergie der ethische Aspekt. Mit Eugen Biser, meinem langjährigen Freund, führte ich eine Korrespondenz über die Folgen der Atomenergie – nicht nur für Umwelt, Wirtschaft und Wissenschaft, sondern auch für die Gesellschaft. Biser war der Meinung, im Umgang mit dem Reaktorunglück zeige sich die Schreckhaftigkeit der deutschen Bevölkerung, die allzu leicht in Hysterie verfalle. Die CSU forderte er auf, sich noch stärker denn bisher als eine Partei des technischen Fortschritts zu zeigen. So ganz überzeugten mich die Ausführungen meines gelehrten Freundes allerdings nicht – hatte doch schon der aus meinem heimatlichen Ursberg stammende Philosoph Joseph Bernhart eindringlich vor den Gefahren einer naiven Technologiegläubigkeit gewarnt. Dennoch war ich zu diesem Zeitpunkt der Meinung, dass die Atomenergie als Übergangstechnologie vertretbar war. So hat es auch der Philosoph Vittorio Hösle in seinem großen Werk *Moral und Politik* (1997) definiert.

Als Landesgruppenvorsitzender spielte die Atomfrage für mich erst eine größere Rolle, als ich schon ins Kabinett gewechselt war. Die Chancen und Risiken des Fortschritts gegeneinander abzuwägen war hingegen ein Thema, das uns in der Landesgruppe immer wieder beschäftigte. 1988 gab ich der *Welt* dazu ein längeres Interview: Nach meiner Ansicht mussten wir die Umwälzungen der modernen Welt aktiv mitgestalten und uns für einen gezielten, intelligenten Gebrauch der Technik einsetzen. Fortschritt bedeutete für mich nicht nur Risiken durch Neuerungen, sondern auch die Fähigkeit und Verpflichtung, Sicherungssysteme zu entwerfen. Ich hielt es mit dem Münchner Medizinprofessor Klaus Heilmann, der meinte, Sicherheit sei ein Weg zwischen den Risiken hindurch. Und mit dem an Immanuel Kant angelehnten Diktum von Hans Jonas: »Handle so, dass die Wirkungen deiner Handlung verträglich sind mit der Permanenz echten menschlichen Lebens auf Erden.«

Es ging darum zu ergründen, ob die Einwände, die gegen den Fortschritt sprachen, wissenschaftlich fundiert waren oder auf Ideologie, Opportunismus und Meinungsmache beruhten. Wichtig war mir zu zeigen: Der Mensch ist dem wissenschaftlichen und technischen Fortschritt nicht schicksalhaft ausgeliefert, aber auf ihn angewiesen. Die Politik muss die Leitlinien vorgeben, mit denen er zum Wohl der Menschen genutzt werden kann.

Eine andere ethische Frage, die mein Gewissen als Christ unmittelbar berührte und mich fast mein gesamtes politisches Leben begleitete, war die Diskussion um die Regelung des Schwangerschaftsabbruchs. Schon als ich 1972 erstmals im Bundestag tätig wurde, war eine große Mehrheit der Bevölkerung und im Parlament gegen die strenge Auffassung der katholischen Kirche. Und so befanden wir uns als CSU in einer schwierigen Lage: Wir mussten das kleinere Übel akzeptieren, um das größere zu verhindern. Die Fristenlösung, die einen konkreten Zeitraum definierte, innerhalb dessen ein Abbruch ohne weitere Auflagen straffrei blieb, konnten wir als Partei mit dem vorangestellten »C« nicht mittragen. Daher wurde 1976 die Indikationsregelung verabschiedet, die festlegte, unter welchen Voraussetzungen Straffreiheit gegeben war. So hatte das Prinzip bis Ende der Achtzigerjahre in der alten Bundesrepublik Bestand. Doch angesichts der unterschiedlichen Regelungen in den beiden deutschen Staaten stand das Thema 1990 erneut auf der Agenda. 1992 wurde das Vorgehen in den alten und neuen Bundesländern mit einer neu gestalteten Indikationslösung harmonisiert.

Mithilfe des Bundesverfassungsgerichts konnten CDU/CSU die Beratungsverpflichtung durchsetzen. Das Urteil betrachteten wir als Erfolg. Doch die katholische Kirche machte uns einen Strich durch die Rechnung: Ihre Weigerung, die Beratung mit Ausgabe eines sogenannten Beratungsscheins durchzuführen – wie gesetzlich vorgeschrieben –, führte 1999 zur Gründung von Donum Vitae. Mitglieder des Zentralkomitees der deutschen Katholiken schlossen sich in diesem Verein zusammen. Ich selbst konnte die unnachgiebige Haltung, die Kardinal Ratzinger als Glaubenspräfekt bei dieser Entscheidung einnahm, weder als Politiker noch als Katholik nachvollziehen. Die obligatorische dokumentierte Beratung im Rahmen der Indikationslösung bildete aus meiner Sicht eine angemessene Hemmschwelle für den Abbruch. Ratzingers Ablehnung war ein Affront gegenüber den vielen verantwortungsbewussten Katholiken, die sich dieser Aufgabe widmeten – und nicht weniger eine Demütigung der deutschen Bischöfe, die ihr Einverständnis zu dieser Beratung wieder zurücknehmen mussten. Nie werde ich vergessen, wie Kardinal Lehmann anlässlich eines Kaminabends in Kreuth resigniert feststellte: »Wir haben verloren.«

Noch während ich dieses Buch schreibe, sind die tiefen Gräben von damals längst nicht geschlossen. In der Auseinandersetzung um die Reform des Paragrafen 219a findet die Debatte ihre Fortsetzung. Mir scheint, eine justizielle Lösung wird in dieser existenziellen Frage niemals genügen. Denn sie berührt unser grundlegendes Verständnis von dem, was es heißt, Mensch zu sein, und wann Menschsein beginnt. Es geht darum, den Schutz des ungeborenen Lebens mit dem Gebot der Nächstenliebe und des Mitgefühls für die betroffenen Frauen zu vereinbaren. Den Rahmen dafür zu schaffen, dass das im individuellen Fall bestmöglich gelingen kann – das ist für mich Aufgabe einer christlich-sozialen Politik.

Die deutsche Frage rückte Ende der Achtzigerjahre verstärkt in den Fokus. Doch war der Umgang mit der DDR zuvor schon auf der politischen Agenda und dabei meistenteils umstritten gewesen. Ein Dauerthema für jede ernst zu nehmende bundesdeutsche Partei blieb die deutsche Zweistaatlichkeit.

So informierte mich Strauß im Jahr 1986 erstmals über den Milliardenkredit an die DDR, an dessen Konstruktion er beteiligt war. Ich hielt das Vorhaben für richtig, um die CSU wieder aktiv in die Deutschlandpolitik einbringen zu können. Allerdings führte die geplante Transaktion zu heftigen Diskussionen auf dem Parteitag der CSU und in der Folge zum Austritt zweier CSU-Bundestagsabgeordneter aus der Landesgruppe. Die Vorgeschichte: Beim gemütlichen Zusammensein im *Hofbräuhaus* am Abend vor dem Parteitag war Strauß – der normalerweise bei solchen Anlässen zur Hochform auflief – eine missliche Formulierung unterlaufen. »Manche Dinge haben sich bis zum Bayerischen Wald noch nicht herumgesprochen«, hatte er auf die Vorhaltungen niederbayerischer Delegierter spöttisch entgegnet. Die Quittung kam prompt: Am nächsten Tag erzielte Strauß sein schlechtestes Wahlergebnis als Parteivorsitzender.

Der menschenverachtende Charakter des Systems in der DDR zeigte sich an der angeblichen Notwendigkeit intensiver Überwachung, Kontrolle und gegebenenfalls Bestrafung der eigenen Bürger durch die Staatssicherheit. Auch relevante Bundesbürger gerieten ins Visier. Einer von ihnen war ich. Bei der Durchsicht meiner Stasiakte, immerhin einige Hundert Seiten, stellte ich ernüchtert fest: Die DDR war bestens über mich informiert. Generalsekretär Erich Honecker persönlich hatte die Anweisung für meine Überwachung gegeben und sie genehmigt.

Schon kurz nach meiner Wahl zum Landesgruppenvorsitzenden der CSU wurde ein sogenannter Zielkontrollauftrag erteilt, um Angaben zu Person, Privatbereich, Kontakten ins sozialistische und kapitalistische Ausland, Verbindungen zu Politikern, Journalisten und Wirtschaft, Parteiinterna, Tätigkeitsbereich, engen Mitarbeitern, Stellung in der Partei und zum jeweiligen Vorsitzenden zu erhalten. Diese Maßnahmen wurden am 9. September 1982 eingeleitet. Rasch waren die Namen meiner Sekretärin und meiner Chauffeure sowie meine Autotelefonnummer bekannt.

1983 wurden die ersten Gespräche am Autotelefon abgehört

und handschriftlich – übrigens mit vielen Fehlern – zu Papier gebracht. Mein Fahrer Matthias Trautmannsberger hatte mich glücklicherweise bereits bei der erstmaligen Benutzung des Dienstwagens darauf hingewiesen, dass Gespräche abgehört werden könnten. Entsprechend wenig gewinnbringend waren für die Stasi die Telefonate mit dem *Bild*-Journalisten Hans-Erich Bilges und dem Redaktionsleiter der *Günzburger Zeitung*, Walter Roller, der später Chefredakteur der *Augsburger Allgemeinen* wurde. Später kamen Telefonate mit politischen und privaten Freunden dazu. Auch mehrere Gespräche mit anderen Bundestagsabgeordneten wurden dokumentiert.

Immerhin sorgte die Akte auch für ein Aha-Erlebnis: Auf meine spätere Frau Irene Epple war ich früher aufmerksam geworden, als ich bis dahin angenommen hatte. Bei einem am 15. Februar 1984 abgehörten Gespräch spielte sie bereits eine Rolle. Am darauffolgenden Tag fand der Abfahrtslauf bei den Olympischen Spielen in Sarajewo statt. Die Bundestagsabgeordnete Michaela Geiger, mit der ich telefonierte, beklagte, dass Michaela Gerg die Qualifikation nicht geschafft habe und »die Irene« fahren dürfe. Das war also der erste indirekte Kontakt zu meiner späteren Frau. Erst zwei Jahre später sollte ich ihr persönlich begegnen. Das aber ist eine andere Geschichte.

Weitere Telefonate protokollierte die Stasi mit Rudi Diwisch, dem Sohn des Oberlehrerehepaars aus dem Sudetenland, das bei uns in Oberrohr gewohnt hatte. Den Namen meiner Pressereferentin in Bonn, Ida Aschenbrenner, verfälschten die Spitzel zu »Lautenbrenner«, und bei einem anderen Telefonat kamen sie mit deren Spitznamen »Aschi« nicht zurecht und deuteten ihn kurzerhand in »Uschi« um.

1984 erstellten die Stasileute aus den gewonnenen Daten ein Porträt mit allen Details meines politischen Lebens: Ich hätte mir in jahrelanger zielstrebiger Kleinarbeit das politische

Rüstzeug für mein späteres Wirken in der CSU erworben. Meine Fähigkeit zur Entwicklung eigenständiger Ideen und die Beibehaltung einer persönlichen Unabhängigkeit gegenüber der Parteiführung würden mir helfen, Achtung und Anerkennung zu erwerben. Mein Verhältnis zum Parteivorsitzenden Strauß sei sachlich und zugleich kritisch. Gelegentlich auftretende Meinungsverschiedenheiten würde ich im persönlichen Gespräch mit ihm klären, ohne durch öffentliche Kritik die Geschlossenheit der Partei zu gefährden. So hätte ich meine entschiedene Ablehnung des Kreuther Beschlusses intern zwar beharrlich vertreten, jedoch in der Öffentlichkeit nicht sichtbar werden lassen. Als Mitglied des Haushaltsausschusses hätte ich mir durch engagiertes Auftreten und Sachkompetenz einen guten Ruf erworben. Ich hätte mich auch als Wirtschaftsexperte ausgezeichnet und das Vertrauen der CDU/CSU-Fraktion erworben. Eine erfolgreiche Mitarbeit am CSU-Grundsatzprogramm habe meine Fähigkeit zu politisch überlegtem Handeln und perspektivischem Denken bewiesen.

An anderer Stelle wurde allerdings kritisch vermerkt: »Waigel vertritt in allen wesentlichen politischen Fragen die konservativen Grundpositionen der CSU.« Das komme auch in meiner antikommunistischen und revanchistischen Haltung gegenüber der DDR zum Ausdruck. Dann wurde noch meine vom Bundesverfassungsgericht bestätigte Auffassung über den völkerrechtlichen Bestand des Deutschen Reichs vermerkt und angegeben, ich sähe die innerdeutsche Grenze nicht als Trennungslinie im Sinne des Völkerrechts. Weiterhin unterstellte mir die Akte, mehrfach den BRD-Alleinvertretungsanspruch für alle Deutschen eingefordert zu haben. Ich hätte erklärt, dass wirtschaftliche und finanzielle Abkommen mit humanitären Erleichterungen verbunden sein müssten. Die BRD sei meiner Ansicht nach Treuhänder der Freiheit und der Menschenrechte für Deutschland. Schließlich wurde mir eine antisowjetische Grundposition bescheinigt. Die Möglichkeit einer Sicherheitspartnerschaft mit der Sowjetunion werde von mir geleugnet und die These von der Bedrohung aus dem Osten geschürt, damit rechtfertige ich auch die Stationierung der amerikanischen Atomraketen.

Im Schlusskapitel lautete das Urteil, ich sei grundsatzfest, willensstark und entschlossen, mit großer Selbstbeherrschung. Mein Auftreten sei relativ unscheinbar und von unaufdringlicher Freundlichkeit. »Er liest sehr gern Bücher aus dem historischen, philosophischen und theologischen Bereich, aber auch Gedichte. Er ist ein begeisterter Bergwanderer und Theaterfreund«, hieß es dann noch. So unverschämt und übergriffig die Bespitzelung war: Das Urteil hätte negativer ausfallen können.

Mit dem Porträt gaben sich die Spitzel nicht zufrieden. Breiten Raum nahm in der Akte eine Reise in die DDR im August 1985 ein, bei der ich Erfurt, Halle, Magdeburg, Potsdam, Cottbus, Dresden und Leipzig besucht hatte. Ich war in Begleitung meiner damaligen Frau Karin und meines Sohns Christian unterwegs. Mit von der Partie waren auch der stellvertretende Bundespressesprecher Norbert Schäfer, ein enger Vertrauter aus der CSU, und meine Pressereferentin in der Landesgruppe, Ida Maria Aschenbrenner. Jeder Aufenthalt, jeder Besuch, jede Begegnung, jedes Gespräch wurde von den Stasimitarbeitern eingehend dokumentiert, einschließlich beigehefteter Fotos. Meinem Fahrer Matthias Trautmannsberger unterstellten die Protokollanten »subversive Beobachtungstätigkeit«. Insgesamt waren über hundert Mitarbeiter mit meiner Beobachtung und Bewachung beschäftigt.

Ein informeller Mitarbeiter »Roland« sollte sich mir nähern und einiges aus mir herauslocken. Er kam in einem Potsdamer Hotel auf mich zu und wollte mich in ein verfängliches Gespräch verwickeln, in dem er behauptete, sein Bruder arbeite beim BND in München – ein so plumper wie vergeblicher Versuch, mich zu ködern. »Roland« gab so schnell nicht auf, sondern zeigte sich anhänglich: Schon in Dresden begegnete ich ihm wieder. Das Gespräch fand vor einem Café im Freien statt. »Roland« bat um einen weiteren Kontakt in nächster Zeit und wollte bestimmte Codes verabreden. Um unsere Zeche zu begleichen, legte ich 70 D-Mark auf den Tisch. Als der Spitzel das begehrte »Westgeld« sah, wurden seine Augen immer größer. Eilig erbot er sich, die Zeche in Ost-Mark zu begleichen, wenn ich ihm dafür die D-Mark überließe. – So gab es nicht wenige, die für den Sozialismus spitzelten, aber den freien Markt des Westens bevorzugten.

Bei anderer Gelegenheit konnte ich erfahren, wie geschickt die Menschen in der DDR darin waren, sich kleine Freiräume zu schaffen und die lästigen Begleiter abzuschütteln: Bei der Besichtigung des Erfurter Doms machten wir die Bekanntschaft des Ehepaars Zieschang. Walter Zieschang war der Kustos des Doms und führte uns durch seine berühmte Kirche. Die Staatssicherheit, die sich wie üblich an unsere Fersen geheftet hatte, war sofort hellwach. Frau Zieschang aber hielt sich stets in der Mitte des Doms auf. Sobald sich die Stasileute in größerer Entfernung befanden, gab sie ihrem Mann hinter deren Rücken geheime Zeichen. In diesen kurzen Pausen konnte Zieschang offen mit mir reden, ohne dass wir belauscht wurden. Am Abend luden wir das Ehepaar zum Essen in den *Erfurter Hof* ein – was der Stasi deutlich missfiel, wie der Eintrag erwartungsgemäß vermerkte. Mit den Zieschangs blieb ich auch nach der Wende 1989 in Kontakt. Der ehemalige Kustos arbeitete für die Hanns-Seidel-Stiftung. Seine Kinder konnten endlich studieren und die Welt kennenlernen, was ihnen noch Mitte der Achtzigerjahre in der DDR verwehrt worden war.

Eine Begebenheit ist mir noch aus Dresden in Erinnerung: Norbert Schäfer kannte von früheren Aufenthalten Lothar Wicke, der die *Weinbergschänke* in Dresden-Pillnitz betrieb. Spontan entschlossen wir uns, ihm einen Besuch abzustatten. Darauf war die Stasi offenbar nicht vorbereitet, jedenfalls dokumentierte sie ausnahmsweise nicht, was nun geschah: Wicke zeigte sich über unser Kommen freudig überrascht und tischte uns ein erlesenes Abendessen auf. Er stellte das Radio an, damit andere Gäste unserer Unterhaltung nicht folgen konnten. Dann fragte er unvermittelt: »Würden Sie mich rausholen, wenn ich verhaftet würde?« Er plane, einen Ausreiseantrag zu stellen. Seine Mutter sei bereits Rentnerin und schicke sich an, nach Bayern überzusiedeln. Er wollte ihr folgen. Eine Zusage war natürlich nicht möglich, aber ich versprach, mich für ihn einzusetzen und auch Strauß einzuschalten. Das hatte Erfolg. Einen Tag nach unserem Besuch wurde sein Haus von oben bis unten durchsucht. Wicke gelang später die Ausreise, und gemeinsam mit seiner alten Mutter erlebte er den Mauerfall am 9. November 1989 in Bayern, kehrte anschließend wieder nach Dresden zurück und betätigte sich erfolgreich als Gastwirt. Die Dankbriefe von ihm und seiner Mutter, die mich noch Jahre später erreichten, haben mich tief bewegt.

Als ich nach unserem kleinen Ausflug gegen Mitternacht das Hotelzimmer betrat, sagte ich laut und vernehmlich zu meiner Frau, wir sollten uns jetzt von unseren sichtbaren und unsichtbaren Begleitern verabschieden. Die nächsten sieben Stunden würden sie nichts von uns hören. Gewissenhaft protokollierte die Stasi mit.

Ein weiteres Highlight für die Stasi war ein Besuch von Franz Josef Strauß auf der Leipziger Messe Anfang März 1987, bei dem ich den Ministerpräsidenten begleitete. Der DDR-Staatssekretär im Ministerium für Außenhandel, Alexander Schalck-Golodkowski, informierte die zuständige Stasi-Stelle nicht nur über den Flug und die Zusammensetzung unserer Delegation, sondern protokollierte auch minutiös das Besuchsprogramm – mit dem Hinweis auf umfassende Sicherheitsmaßnahmen, die zuvor getroffen worden wären. Trotzdem erwiesen sich die Netze der Staatssicherheit als undicht: Dem Bericht nach war es zu einem Zwischenfall gekommen. Eine Besucherin hatte es geschafft, die Sicherheitsbarrieren zu überwinden, sich zu Strauß durchzuschlagen und ihm ihr Anliegen zu überreichen.

Mit Strauß hatte auch ein anderes Ereignis zu tun, das mich mit den Machenschaften des DDR-Apparats in Kontakt brachte: 1993 wurde ich von einem Untersuchungsausschuss des Bayerischen Landtags vernommen, der die vom Unternehmer Josef März aus Rosenheim gestifteten Kontakte zwischen Franz Josef Strauß und dem DDR-Außenhandelsbeauftragten Alexander Schalck-Golodkowski verhandelte. Aufgrund meiner Rolle in der bayerischen und bundesdeutschen Politik war ich offenbar Thema in einigen Gesprächen zwischen beiden Politikern gewesen und hatte nach Strauß' Tod auch selbst einmal direkten Kontakt zu Schalck-Golodkowski.

Ein Vermerk in meiner Akte berichtet von einem Gespräch am 14. Februar 1989 zwischen Schalck-Golodkowski, dem bayerischen Ministerpräsidenten Max Streibl und mir. Dabei hielten Schalck-Golodkowskis Mitarbeiter fest, dass Honecker Streibl und mich zu einem Besuch in die DDR einladen wollte. Auf der anderen Seite gedachten führende Repräsentanten der DDR, noch im ersten Halbjahr 1989 nach Bayern zu kommen. Ich wies laut Akte in dieser Situation auf unseren Parteistandpunkt zur Wiedervereinigung und unser Engagement für die Heimatvertriebenen hin – zwei für Schalck-Golodkowski unangenehme Themen. Aus einem weiteren Vermerk geht hervor, dass Streibl und ich großen Wert darauf legten, die Unterstützung für humanitäre Fälle wie bisher beizubehalten. Ich kritisierte Honeckers Bemerkungen über die Staatsgrenze in Berlin und begrüßte die Entwicklung unter Gorbatschow – was jedoch bei Schalck-Golodkowski auf Missfallen gestoßen sei. Unumwunden habe ich unserem Gesprächspartner mitgeteilt, dass 600 000 bis 1,2 Millionen Menschen aus der DDR in die Bundesrepublik Deutschland ausreisen wollten, ein deutliches Zeichen für die unhaltbaren Zustände in der DDR. Danach machten Streibl und ich deutlich, dass die bisher aufrechterhaltene Verbindung über Josef März von uns nicht mehr gewünscht werde.

Selbst wenn sich in den Unterlagen der Stasi und der früheren DDR-Machthaber nichts findet, was mir vorgeworfen oder zur Last gelegt werden könnte, stimmte ich der Freigabe dieser Unterlagen ohne meine Einwilligung nicht zu. Die Veröffentlichung solcher mit unerlaubten Mitteln erlangten Unterlagen zu verhindern gebietet meines Erachtens das verfassungsrechtlich geschützte Persönlichkeitsrecht. Um das einzuklagen, wäre ich sogar bis zum Bundesverfassungsgericht gegangen – hätte das Gericht nicht schon in meinem Sinne entschieden.

Manches Mal gab es auch kurzlebige Themen, die trotzdem große Sprengkraft entfalteten. Eines war die Kießling-Affäre 1984, mit der ich mich intensiv auseinandersetzte, weil ich Mitglied des parlamentarischen Kontrollgremiums war, das sich mit den Hintergründen des Falls befasste. Dessen Aufgabe war es, die Tätigkeit der Geheimdienste parlamentarisch zu überwachen.

Beim turnusgemäßen Wechsel 1982 sollte ich zum Vorsitzenden in der Nachfolge von Herbert Wehner bestimmt werden. Der war bekannt für seine Direktheit – die 77 Ordnungsrufe im Parlament sind noch heute Rekord. Noch beim Wechsel machte der scheidende Vorsitzende seinem Ruf alle Ehre: »Ich sitze mit meinem Hintern auf einem Stuhl, wo ich eigentlich nicht mehr hingehöre. Ich bitte den neuen Vorsitzenden, seinen Hintern hierherzubequemen, damit das Gremium wieder arbeiten kann.«

Derlei amüsante Anekdoten sollen nicht über die ernsthaften Aufgaben hinwegtäuschen: 1983 war an den Verteidigungsminister Manfred Wörner das Gerücht herangetragen worden, Bundeswehrgeneral Günter Kießling sei homosexuell. Ungeachtet der Versicherung Kießlings, dies treffe nicht zu, wurde er entlassen. Nachdem sich die Behauptung nicht erhärten ließ, musste Kießling im Februar 1984 rehabilitiert werden. Ich war damals der Meinung, Manfred Wörner müsse seinen Hut nehmen. Kießlings Rehabilitation vollzog sich durch den Großen Zapfenstreich, mit dem er Ende März 1984 in den regulären Ruhestand versetzt wurde. Ich redete Wörner eindringlich ins Gewissen: »Du kannst doch nach dieser Vorgeschichte nicht mit dem General die Truppe abschreiten.« Wörner bot Kohl daraufhin seinen Rücktritt an, der aber lehnte ab. Als Verteidigungsminister und später als NATO-Generalsekretär hat er ausgezeichnete Leistungen gezeigt, aber der Umgang mit Kießling war meines Erachtens ein schwerer Fehler.

Auch 1985 gab es eine Debatte, die mir persönlich sehr naheging: die sogenannte Bitburg-Kontroverse. Für den Mai 1985 hatte sich US-Präsident Ronald Reagan zu einem Besuch in Deutschland angekündigt, dabei sollte in einer Zeremonie auch des Endes des Zweiten Weltkriegs gedacht werden. Zuerst im ehemaligen Konzentrationslager in Bergen-Belsen, später auf dem Soldatenfriedhof in Bitburg. In einer versöhnenden Geste reichten sich der Bundeskanzler und der amerikanische

Präsident nach einer Kranzniederlegung über den Gräbern die Hand. Auf dem Friedhof lagen keine toten GIs, doch neben deutschen Wehrmachtssoldaten auch Angehörige der Waffen-SS. Ein empörter Aufschrei beidseits des Atlantiks folgte. Ich verstand die politische Problematik: Man konnte nicht der gefallenen Soldaten gedenken, ohne die Verbrechen der SS in Erinnerung zu rufen. Doch im tiefsten Inneren fragte ich mich: Wenn mein Bruder hier läge und es dürfte aufgrund der umliegenden Ruhestätten von SS-Angehörigen kein versöhnendes Gedenken stattfinden – wäre das nicht bitter?

Ähnlich herausfordernd war der Konflikt um die Rede Philipp Jenningers, des Bundestagspräsidenten, in einer Sondersitzung des Bundestags anlässlich der 50. Wiederkchr des Jahrestags der Novemberpogrome 1988. Er behandelte in dieser Gedenkrede auch NS-Propaganda und Passagen aus dem *Stürmer*. Jenninger wollte nach eigenem Bekunden die Hetzkampagnen der Nationalsozialisten plastisch darstellen. Doch die Form der erzählenden Rede missglückte. Jenningers Versuch, das Grauen zu schildern, vermittelte sich den Anwesenden nicht, wie von ihm beabsichtigt. Es kam zu Protesten, und wir konnten die SPD nicht für eine einvernehmliche Lösung des Konflikts gewinnen. Ohne ausreichendes Vertrauen, auch der Opposition, aber konnte Jenninger nicht weiter als Bundestagspräsident fungieren. Mir oblagen wegen der Erkrankung des Vorsitzenden der Fraktionsgemeinschaft die schwierigen Gespräche mit Oppositionsführer Hans-Jochen Vogel und Philipp Jenninger. Am Ende zog Jenninger die Konsequenzen, er trat vom Amt des Bundestagspräsidenten zurück. Das hat er nie verwunden.

In finanzpolitischer Hinsicht beschäftigte mich in meiner Zeit als Vorsitzender der Landesgruppe intensiv die dreistufige Steuerreform in den Jahren 1986, 1988 und 1990. Es gab starke Gemeinsamkeiten zwischen CSU und FDP. Bayern hatte ein eigenes, wegweisendes Steuermodell entwickelt. Auch wir waren der Überzeugung, die hohen Steuersätze von damals bis zu 56 Prozent seien ökonomisch hemmend. CDU-Finanzminister Gerhard Stoltenberg, dessen Ministerium ich 1989 schließlich übernahm, war der verantwortliche Minister: Neben höheren Steuerfreibeträgen wurden vor allem die Bezieher kleiner und mittlerer Einkommen durch die dreimalige Anhebung des Grundfreibetrags entlastet. In diesen Einkommensgruppen wurden zudem die Kinder- und Ausbildungsfreibeträge angehoben.

Ein immerwährendes Thema der CSU waren schon in den Achtzigerjahren – das ist bis heute kaum anders – der Autobahnausbau sowie die Autobahnnutzung, Stichwort »Maut«. Die CSU war damit bisher nicht sonderlich erfolgreich. Die Idee, Bundesbürger nicht zu belasten, sondern nur ausländische Fahrzeughalter, ist schwer umzusetzen. Es gibt rechtliche Grenzen, nicht zuletzt in Europa. Gegen eine Maut als Infrastrukturabgabe wäre nichts einzuwenden, Deutsche könnten über die Kfz-Steuer entlastet werden, ein einfacher Weg. Doch bis auf Weiteres bleibt das Problem ein Dauerbrenner ohne befriedigende Lösung.

Als Landesgruppenvorsitzender war ich Vermittler – zwischen Personen, zwischen Bonn und München und zwischen Fraktionen. Wenn ich die Arbeit der Landesgruppe bei den Jours fixes in München vertreten musste, war es bisweilen schwierig, Strauß zu erklären, was in Bonn ging und was nicht. Die bayerische Landtagsfraktion und der Ministerpräsident hatten manchmal Erwartungen, die nur mit einer absoluten Mehrheit im Bund durchsetzbar gewesen wären. Mein Handwerk war der Ausgleich. Meinen Mitstreitern in der Landesgruppe machte ich dies gelegentlich mit den Worten schmackhaft: »Wir müssen den Laden zusammenhalten.« Und das ist mir und meinen Nachfolgern Wolfgang Bötsch, Michael Glos, Peter Ramsauer, Hans-Peter Friedrich und Gerda Hasselfeldt auch geglückt.

Daher ist mir eines wichtig: Die Gegensätze zwischen CSU und CDU waren in den Achtzigern – auch wenn man das nicht glauben mag – kein bisschen kleiner als heute. Selbst die Flüchtlingspolitik ist in ihrer Dimension kein Thema, das einen Keil zwischen die Fraktionen treiben darf. Uns gelang es damals, respektvoll miteinander umzugehen. Und was damals richtig war, ist heute nicht weniger vonnöten. Zum Miteinander in Fraktion und Koalition gibt es keine Alternative. Man muss als Politiker nicht auf den Putz hauen, um erfolgreich zu sein. Kompromiss und Einigung sind immer das Gebot der Stunde. Bei einem Scheitern sind die Verluste stets größer als der kurzlebige Gewinn, den man erreicht, weil man bedingungslos auf der eigenen Position besteht.

Tausche Ost-Mark und Luft
gegen D-Mark und Waigel
Wende und Wiedervereinigung

Ende September 1989 waren die Demonstrationen auf den Straßen der DDR so groß, der Ruf »Wir sind das Volk« so laut geworden, dass es keiner mehr übersehen oder überhören konnte: Hinter dem Eisernen Vorhang war etwas in Bewegung geraten. Die dramatischen Ereignisse in der Prager Botschaft verstärkten den Eindruck noch. Im oberfränkischen Kloster Banz wurde ich gefragt, wie ich die Zukunft Deutschlands sähe. Da brauchte ich nicht lange zu überlegen: »Die deutsche Frage steht auf der Tagesordnung der Weltpolitik«, entgegnete ich.

Schon brach eine Flut von Beschimpfungen über mich herein. Unrealistisch, blauäugig, gefährlich – das waren noch die milderen Kommentarüberschriften. Wenige Tage nach den Anwürfen reiste ich nach Washington, um den amerikanischen Präsidenten zu treffen. George Bush eröffnete die Unterredung mit der Frage, wie ich einem jungen Deutschen die Zukunft seines Landes erklären würde. Ich gab meiner Hoffnung Ausdruck, dass angesichts der Ereignisse in Osteuropa und der europäischen Entwicklung alle Völker selbstbestimmt leben könnten und die Teilung Deutschlands beendet werden könne. Die damalige stellvertretende Sicherheitsberaterin des Präsidenten, Condoleezza Rice, wunderte sich später, warum ich meine Zuversicht hinsichtlich einer baldigen Wiedervereinigung nicht deutlicher formuliert hatte – doch nach den heftigen Reaktionen zuvor in Deutschland war ich vorsichtig geworden.

Die deutsche Frage war zu diesem Zeitpunkt ungelöst wie auch umstritten. Auf dem Deutschlandtreffen der Schlesier am 2. Juli 1989 hatte ich erklärt: »Unser politisches Ziel bleibt die Herstellung der staatlichen Einheit des deutschen Volkes in freier Selbstbestimmung.« Danach zitierte ich das Bundesverfassungsgericht, wonach das Deutsche Reich in den Grenzen von 1937 rechtlich fortbestehe, die Alliierten weiterhin Verantwortung für Gesamtdeutschland trügen und es nur eine einheitliche deutsche Staatsangehörigkeit gebe. Es brauchte also – so auch die Auffassung des Gerichts – einen völkerrechtlich bindenden Friedensvertrag, unterzeichnet von den Repräsentanten eines deutschen Volkes, das sein Selbstbestimmungsrecht frei auszuüben in der Lage war.

Quer über alle Parteigrenzen hinweg rief meine Rede kritische Resonanz, sogar Empörung hervor. Höhnische Kommentare und Stirnrunzeln kamen selbst aus den eigenen Reihen. Bundespräsident Richard von Weizsäcker äußerte sich indigniert. Vier Monate vor dem Mauerfall verstieß ich mit meiner Äußerung über die rechtlichen Tatsachen der Deutschlandpolitik noch gegen die Political Correctness. Erst die Wiedervereinigung brachte eine für unsere Nachbarn und uns staats- und völkerrechtliche Klärung.

Als ich im April 1989 mein neues Amt als Bundesminister der Finanzen antrat, wagte noch niemand von der Wiedervereinigung zu träumen. Zwar war viel von Glasnost und Perestroika die Rede. Polen und Ungarn, schon immer Unruheherde im nur scheinbar monolithischen Ostblock, strebten in dem von Michail Gorbatschow geschaffenen offeneren Klima nach mehr Bewegungsspielraum. Und auch in der DDR spürten die

Menschen, dass Veränderungen in naher Zukunft möglich sein könnten.

Was aber dann wirklich innerhalb der nächsten Wochen geschah, konnte niemand vorhersagen. Zwischen dem 21. April, meinem Start im Finanzministerium, und der gefälschten Kommunalwahl in der DDR am 7. Mai 1989 lagen gerade einmal zwei Wochen. Diese Wahl wird heute als Beginn der friedlichen Revolution der Deutschen in der DDR gewertet. Die Menschen hatten es satt, sich immer wieder dreist von den Funktionären des kommunistischen Regimes hinters Licht führen zu lassen, und sie nutzten die neuen Spielräume. Die Kirchen gewährten den Oppositionellen ein schützendes Dach. Friedensgebete und Montagsdemonstrationen nahmen von hier ihren Ausgang.

Wir in der CSU zählten mit der Überzeugung, dass über die deutsche Teilung noch nicht das letzte Wort gesprochen war, zu einer bedeutenden, aber klaren Minderheit. Was 40 Jahre überdauert hatte, war für viele unverrückbare Realität geworden. Ein Ende des Kalten Krieges schien nicht absehbar, Kommunismus und freiheitliche Wirtschafts- und Gesellschaftsordnung standen sich nach Jahrzehnten der Teilung unversöhnlich gegenüber. Man wusste zu wenig darüber, was hinter dem Eisernen Vorhang vor sich ging, und die DDR international zu isolieren, wie es in der Hallstein-Doktrin formuliert worden war, hatte man längst aufgegeben. »Wandel durch Annäherung« hieß das neue Konzept. Egon Bahr hatte es in seiner Tutzinger Rede 1963 erstmals vorgestellt. So gab es ab 1973 ständige Vertretungen in Ostberlin und in Bonn, man verkehrte auf politischer Ebene fast wie zwischen normalen Staaten, SPD und SED führten sogar Strategiegespräche.

Noch im Herbst 1989 stieß der Gedanke der Wiedervereinigung in breiten Teilen der SPD auf Skepsis. In einer Korrespondenz mit Willy Brandt erinnerte ich 1990, fast ein Jahr nach der Maueröffnung, an die zwiespältige Rolle seiner Partei im Einigungsprozess. Ich schrieb:»Sie, sehr geehrter Herr Brandt, werden mir doch sicherlich zustimmen, wenn ich feststelle, dass in der SPD maßgebliche Kräfte die Offenheit der deutschen Frage abgelehnt und eine staatsrechtliche Anerkennung der Teilung befürwortet haben. Wer das Wort von der Wiedervereinigung [...] in den Mund nahm, musste sich sofort den Vorwurf des historischen Unsinns und der geistigen Umweltverschmutzung, des Friedenstörers und des Ewiggestrigen gefallen lassen ...«

Für mich rückte die deutsche Frage ab Mai 1989 immer stärker in den Mittelpunkt, auch in meinen öffentlichen Reden und schriftlichen Beiträgen. Immer wieder fielen in dieser Zeit längere Passagen zur Tagespolitik dem Rotstift zum Opfer. Sie mussten meinen Gedanken über die vor uns liegenden historischen Aufgaben weichen.

Friedensdemonstrationen und Kundgebungen, das Zerschneiden des Eisernen Vorhangs in einem symbolischen Akt zwischen Ungarn und Österreich und nicht zuletzt die Tatsache, dass der Kreml diese Veränderungen geschehen ließ und eben nicht eingriff – all das waren Signale, die uns hoffnungsvoll stimmten. Auch die Machthaber in der DDR konnten die Zeichen des Wandels nicht länger negieren. Und doch machten wir uns in Bonn ernste Sorgen: Wie würde ein eventueller Konflikt zwischen Bevölkerung und bewaffneter Führung enden? Würde sich ein Bürgerkrieg entwickeln? Wie würden sich die über eine Million Sowjetbürger – Soldaten, Angehörige und Zivilisten – verhalten, die auf deutschem Boden lebten? Die DDR strotzte vor Waffen, keine Region in Mitteleuropa war besser bewaffnet – und gleichzeitig befand sie sich in wirtschaftlich prekärer Lage. Über Jahrzehnte hatten die Bundesrepublik und die internationale Finanzwelt ihr Kredite gewährt, ohne die die sozialistische Volkswirtschaft vielleicht schon früher bankrottgegangen wäre. Das konnten wir damals freilich nicht wissen.

Der DDR-Regierung aber war die desolate Wirtschaftslage spätestens Ende der Achtzigerjahre bekannt. Schon im Frühjahr 1988 hatte sich Gerhard Schürer, einer der Chefökonomen, an Erich Honecker gewandt. Er sagte dem Regierungschef eine dramatische Entwicklung voraus: Die Nettoverschuldung werde erheblich ansteigen, die Investitionen würden zurückgehen, die industrielle Warenproduktion liege unter den Leistungskennziffern, die Lohnpolitik sei nicht mit dem Wachstum der Arbeitsproduktivität verbunden. Sollte die gegenwärtige Politik fortgesetzt werden, sei die DDR 1991 zahlungsunfähig.

Schürers Vorschläge zur Konsolidierung hätten eine spürbare Senkung des Lebensstandards der Bürger zur Folge gehabt. Die Parteiführung hatte aber weder die Kraft noch den Willen, nötige Kursänderungen durchzuführen. Noch einmal wurden Wahlen gefälscht und Zustimmung geheuchelt. Noch einmal belog Erich Honecker zum 40. Jubiläum der Staatsgründung am 7. Oktober 1989 die Menschen in der DDR. Doch wenige Tage später wurde er abgesetzt, und die Wirtschaftsexperten, darunter Gerhard Schürer, konfrontierten den neuen Generalsekretär Egon Krenz mit der bitteren Wahrheit: Nur noch massive Kapitalhilfe aus dem Westen könne die DDR-Wirtschaft retten. Aus eigener Kraft könne sie sich nicht mehr stabilisieren.

Im Rückblick könnte man meinen, wir wären gut auf die Wiedervereinigung vorbereitet gewesen. Das stimmte im Hinblick

auf die Wirtschafts- und Finanzdaten in der Bundesrepublik –
aber nicht, was Analysen der Situation in Ostdeutschland und
die Rezepte für den Übergangsprozess anging. Zwar gab es
wissenschaftliche Institute, die sich mit der Situation in der
DDR und im Ostblock befassten, zum Beispiel das Deutsche
Institut für Wirtschaftsforschung (DIW) in Berlin. Doch kamen
die Experten zu unterschiedlichen Ergebnissen. Es gab auch
kluge Zeitgenossen, die nach der Öffnung von Mauer und Sta-
cheldraht behaupteten, man habe nur offenen Auges durch
Ostberlin oder die ostdeutsche Provinz fahren müssen, um zu
sehen, dass das Land völlig verarmt war. Aber leider haben sie
ihre Einschätzung vor dem Zusammenbruch der DDR der Öffentlichkeit nicht mitgeteilt.

Ein Kommentar in der *Süddeutschen Zeitung* vom 13. November stellte unter der Überschrift »Die Schubladen in Bonn sind
leer« die provokante Frage, ob denn die Regierung »nicht einmal eine Gedankenskizze zum ›Tag X‹ in der Schublade« gehabt hätte. Tatsächlich gab es kein Konzept für den Fall der
Wiedervereinigung. Dass ein solcher Plan fehlte, kann man im
Nachhinein beklagen, politisch allerdings ist diese Zurückhaltung erklärbar. Es wäre national und international der Teufel
los gewesen, hätte die Bundesregierung in den Achtzigerjahren
unter Hinzuziehung einschlägiger Experten einen wirtschaftlichen, sozialen und finanzpolitischen Zusammenschlussplan
erarbeitet. Sobald mehr als zwei Personen daran beteiligt gewesen wären, wäre es früher oder später publik geworden. Und
dann hätten wir uns aussuchen können, ob wir uns wahlweise
als Kriegstreiber, Ewiggestrige, Kalte Krieger, Störer des internationalen Friedens oder Imperialisten beschimpfen lassen
wollten.

Die Bundesrepublik hatte immer wieder ihre Bereitschaft
erklärt, der DDR zu helfen und sie zu unterstützen – voraus-

gesetzt, die DDR wäre ihrerseits bereit, Reformen anzugehen und die Freiheitsrechte der Menschen zu verwirklichen. Der neue Generalsekretär der SED, Egon Krenz, sprach die Probleme am 4. November in einer Grundsatzrede an: »Wir nehmen die Unzufriedenheit der Bürger mit zahlreichen Mängeln in der Versorgung, mit der ungenügenden Kontinuität der Produktion und ausufernder bürokratischer Gängelei sehr ernst [...]. Die Lage erfordert zugleich eine grundsätzliche Änderung der Wirtschaftspolitik, verbunden mit einer umfassenden Wirtschaftsreform.« Damit machte er deutlich: Seine Reformen zielten auf den gesellschaftlichen und, in Ansätzen, auf den ökonomischen Bereich, an den politischen Grundsätzen wollte er nicht rütteln. Das Machtmonopol der SED sollte unangetastet bleiben. Für uns aber galt die Devise: Die Freiheit ist unteilbar. Politische, gesellschaftliche und ökonomische Freiheit bedingen einander. Das eine ohne das andere war nicht hinnehmbar.

Am 6. November 1989 formulierte ich einige Punkte für notwendige Änderungen in der DDR: Die Basis sollten freie Wahlen sein. Die Löhne müssten auf das Leistungsprinzip umgestellt werden. Betriebliche Einheiten sollten dezentralisiert werden und nach wirtschaftlichen Erwägungen, also gewinnbasiert, arbeiten. Es sollte ein System freier Preise eingeführt werden, das sich zwangsläufig am Weltmarkt orientieren müsste. Und nicht zuletzt müssten private Handwerksbetriebe und Genossenschaften aufgebaut, Betriebsaktien ausgegeben und ein Aktienmarkt etabliert werden. Im Bundesfinanzministerium wurden meine Gedanken erweitert und in einem Strategiepapier auf die gut ausgebildeten Arbeitskräfte in der DDR verwiesen. Was fehle, seien Kapital und Know-how. All das könne mit umfassenden Reformen erreicht werden – etwas anderes war selbst wenige Tage vor dem 9. November nicht vorstellbar. Und selbst wenn: Es gab keine Blaupause. Noch nie zuvor war eine Planwirtschaft komplett abgewickelt und in eine weltoffene Marktwirtschaft überführt worden.

Die Einheit Deutschlands war zwar steter Bestandteil unseres Denkens, doch in greifbarer Nähe erschien sie nicht. Bis zu jenem Abend, an dem Günter Schabowski die Grenzöffnung verkündete und damit den Anfang vom Ende der DDR einläutete. Ich war gerade auf einer Veranstaltung in Illerberg in meinem Wahlkreis Neu-Ulm, wo mir ein Zettel mit der Information gereicht wurde, die Mauer sei gefallen. Sofort fuhr ich nach Oberrohr und telefonierte mit einigen Vertrauten. Helmut Kohl erreichte ich über einen seiner Mitarbeiter in Warschau. Mit einem solch weltumstürzenden Ereignis hatte auch der Bundeskanzler nicht gerechnet. Im Einvernehmen mit der polnischen Regierung unterbrach er seinen offiziellen Besuch und reiste nach Berlin. Dort nahmen wir am nächsten Tag gemeinsam an einer Kundgebung teil. Vor dem Schöneberger Rathaus wurde der Bundeskanzler lautstark ausgepfiffen. Für mich entstand der Eindruck, die Zuhörer sähen die CDU als ungerechtfertigten Nutznießer der historischen Entwicklung. Ich hatte da eher Zweifel: Die Wiedervereinigung war aus meiner Sicht nicht so populär, dass sich aus ihr ein politischer Vorteil ziehen oder gar Wahlerfolge erzielen ließen. Doch dass die Einheit kommen würde, davon war ich unter dem Eindruck dieses Tages fest überzeugt. Ich wunderte mich über den Westberliner Bürgermeister Walter Momper, der in seiner Ansprache feststellte: »Es geht ums Wiedersehen, nicht um Wiedervereinigung.« Der Satz schien mir vollkommen aus der Zeit gefallen.

Am Abend sprachen Kohl und ich an der Gedächtniskirche. Schon da erwiesen sich meine Befürchtungen als unbegründet: Über 100 000 Menschen warteten auf uns. Die Hoffnung auf ein geeintes Deutschland hatte sie zusammengeführt. In meiner Rede zitierte ich Martin Walser: »Aus meinem historischen Bewusstsein ist Deutschland nicht zu tilgen. Ich weigere mich, an der Liquidierung von Geschichte teilzunehmen.« Und ich erinnerte an Reiner Kunze, der nach seiner Übersiedlung in die Bundesrepublik 1977 gefragt worden war, ob dies sein neues Vaterland sei. Kunze antwortete: »Nein, das ist mein neues Zuhause – mein Vaterland ist Deutschland.« Später flog ich nach Bonn. Hinter mir saß Egon Bahr. Er beugte sich nach vorn und meinte: »Wissen Sie, dass hier gerade Weltgeschichte geschrieben wird?« Ich konnte nur bejahen.

Von nun an ging es Schlag auf Schlag. Zwei Tage nach dem Mauerfall berichtete Kohl im Kabinett von seinen Gesprächen mit dem amerikanischen Präsidenten George Bush, dem französischen Präsidenten François Mitterrand, der britischen Premierministerin Margaret Thatcher und mit Moskau. Noch am selben Tag führte er ein Telefonat mit Egon Krenz. Dem neuen Regierungschef gegenüber habe er seine Genugtuung über die Öffnung der Grenzen zum Ausdruck gebracht, erzählte er später. Ziel sei es, die Bedingungen so zu gestalten, dass die Menschen in der DDR bleiben wollten und könnten. Mir war klar, dass mit dieser Intention eine gewaltige finanzielle Herausforderung auf uns zukam. Noch in der Kabinettssitzung entwarf ich eine erste Gedankenskizze.

In der CSU waren wir bis dahin nicht untätig gewesen. Bereits Anfang November 1989 hatte ich eine parteiinterne Studie vorbereitet, wie wir auf mögliche Entwicklungen in der DDR reagieren sollten. Ich war sicher, dass eine Politik der halbherzigen Zugeständnisse, wie Krenz sie verfolgte, den Druck auf der Straße und die Fluchtwelle noch verstärken würde. Eine Defensivstrategie, nämlich die Stabilisierung des gegenwärtigen politischen Systems, kam für mich nicht in Betracht. Unverzichtbar waren aus der Sicht meiner Partei politische Reformen in der DDR, die Zulassung eines Mehrparteiensystems, demokratische Wahlgesetze, die Schaffung demokratischer Legitimität, die Gewährung des Selbstbestimmungsrechts der DDR-Bevölkerung mit freien Wahlen. Ziel waren letztlich freie Wahlen in Gesamtdeutschland, bei denen dann auch über die Wiedervereinigung entschieden würde.

Damit nicht genug, mussten die politischen Reformen gut begleitet werden. Es brauchte einen Grundrechtekatalog mit Meinungs-, Presse- und Reisefreiheit. Als Finanzminister war mir bewusst, dass die DDR eine neue Ordnung des Geldwesens benötigte. Der Geldüberhang musste abgebaut und eine konvertible Währung geschaffen werden. Die Zulassung der D-Mark als Parallelwährung stand als Option im Raum. Vor allem musste die Wirtschaft der DDR umgestellt werden, es bedurfte einer Dezentralisierung der Entscheidungsstrukturen, der Zulassung privater Eigentumsformen, der leistungsorientierten Entlohnung, des Abbaus der Monopolstellung der Kombinate und der Herstellung eines Systems freier Preise bei gleichzeitigem Abbau der Subventionswirtschaft. Ich vertraute auf die Kräfte der Marktwirtschaft und erwartete einen Leistungsschub in der DDR, vergleichbar dem Wirtschaftswunder Ludwig Erhards in den Fünfzigerjahren. Die wirksamste Wirtschaftshilfe für die DDR, so dachte und formulierte ich auch später im Bundestag, sei der Export unseres Konzepts der Sozialen Marktwirtschaft. Die eigentlichen Reformen aber würde die DDR selbst durchführen müssen.

Gleichwohl hielt ich ein Gesamtkonzept über die künftige Form eines geeinten Deutschlands für notwendig. Grundlage musste das Selbstbestimmungsrecht sein, wie es die CSU bereits seit Jahren forderte. Auch bei der Sitzung des CSU-Landesvorstands am 11. Dezember 1989 ging es darum. Ich begrüßte in meiner Rede ausdrücklich das Zehn-Punkte-Programm des Bundeskanzlers. Aus meiner Sicht war es ein geeigneter Ansatz, um die Einheit herzustellen. Es schien mir in diesem Zusammenhang wichtig, der spürbaren Distanz unserer Verbündeten, die aus der ungeheuren Dynamik der historischen Entwicklung resultierte, die bestehenden Abmachungen und Zusagen entgegenzusetzen. Schließlich hatten sich die Westmächte im Deutschlandvertrag 1952 zum Ziel eines wiedervereinigten Deutschlands bekannt.

Im Dezember 1989 traf ich mich mit Bürgerrechtlern aus der DDR und mit einigen Persönlichkeiten, von denen ich wusste, dass sie dem kommunistischen System ablehnend gegenüberstanden. Es ging vor allem um die künftige parteipolitische Struktur in der DDR. Die Frage war: Würden die bisherigen Blockparteien noch genügend Akzeptanz bei den Bürgern finden – oder bedurfte es der Gründung von neuen Parteien, um das politische Willensbild der DDR darzustellen?

Ich war zunächst noch der Meinung, dass Neugründungen, die unabhängig agierten – sowohl vom bisherigen Parteiensystem der DDR als auch von den etablierten Parteien der Bundesrepublik Deutschland –, die besten Aussichten für die Zukunft besäßen. Was für ein Irrtum! Überall in der DDR, vor allem aber in Sachsen und Thüringen, entstanden spontane Parteigründungen unter besonderer Hinwendung und Nähe zur CSU. Obgleich große Teile der DDR nach 40 Jahren Sozialismus atheistisch geprägt waren, minderte das »C« im Namen die Anziehungskraft unserer Partei keineswegs. Im Gegenteil: Über die CSU wollten die neu formierten politischen Kräfte auch in der DDR von der Strahlkraft des »Modells Bayern« profitieren. Einzelpersonen und Gruppen unterschiedlichster Prägung suchten damals die Landesleitung in München oder Bundeswahlkreisgeschäftsstellen vor allem in Grenznähe auf. Zahlreiche Mitglieder neuer Gruppierungen und alter Parteien wollten in eine nicht sozialistische Partei übertreten. Wir sicherten ihnen zu, dass die CSU Bayern alle politischen Strömungen in der DDR unterstütze, die für den demokratischen Rechtsstaat, die Soziale Marktwirtschaft und die bundesstaatliche Einheit Deutschlands eintraten.

Auch uns war daran gelegen, die Kontakte zur Bürgerrechtsbewegung in der DDR zu vertiefen. Der 6. Januar 1990 wurde als Termin für ein erstes informelles Treffen angesetzt, zu dem unterschiedliche Gruppierungen eingeladen waren. An dem Tag wurde im katholischen Pfarrhaus in Leipzig-Wiederitzsch zunächst eine CSU-FDU gegründet. Zwei Wochen später zählte diese Neugründung zu dem Dutzend christlich-konservativer Basisgruppen und Parteien, die sich in Leipzig zur DSU (Deutsche Soziale Union) zusammenschlossen, einer Partei mit großer politischer und weltanschaulicher Nähe zur CSU.

Nach dem Leipziger Gründungskongress der DSU am 20. Januar war für 17 Uhr eine Kundgebung angesagt. Eine Stunde vor Beginn waren auf dem großen Platz vor dem Theater nicht mehr als eine Handvoll Menschen zu sehen. Ich machte noch einen Spaziergang zum Bahnhof und rechnete mit einem überschaubaren Andrang. Doch immer mehr Bürger machten sich auf den Weg, am Ende hatten sich fast 70 000 versammelt. In der Menschenmenge sah ich ein großes Plakat, das in die Höhe gehalten wurde: »Tausche Ost-Mark und Luft gegen D-Mark und Waigel.« Es gefiel mir ausnehmend gut, dass die Menschen der D-Mark und meiner Person mehr Vertrauen schenkten als ihrer Wirtschaftsministerin Christa Luft und der Mark der DDR. Als CSU-Repräsentant erwartete man von mir klare politische Aussagen. Andererseits konnte niemand vorhersagen, wie sich die Dinge in den nächsten Monaten entwickeln würden. Ich wog also meine Worte genau, um das mir entgegengebrachte Vertrauen und die große Zustimmung zu rechtfertigen.

Im Vorfeld der März-Wahlen erklärte sich die DSU zu einem Wahlbündnis »Allianz« mit dem »Demokratischen Aufbruch« (DA) und der Ost-CDU bereit. Das Bündnis unterstützte Helmut Kohl, der nach Auffassung der drei Parteien auch erster gesamtdeutscher Bundeskanzler werden sollte. Das gelang: Die CDU erreichte fast 41 Prozent und wurde damit zur weitaus stärksten Partei in die Volkskammer gewählt. Der DA aber blieb mit nicht einmal einem Prozent weit hinter seinen Erwartungen zurück. Die DSU konnte mehr als sechs Prozent verbuchen und wurde damit zu einem wichtigen Koalitionspartner der CDU.

Doch schon beim Parteitag der DSU im Juli 1990, bei dem ich zum Ehrenvorsitzenden der Partei ernannt wurde, zeigten sich erste Probleme. Wichtige Akteure verließen die Partei und wechselten mehrheitlich zur CDU, da sie erwarteten, ihre politischen Ambitionen dort besser verwirklichen zu können. In der Folge kam es zu Streitigkeiten um den künftigen Kurs.

Nachdem eine Verbindung der Listen von CSU und DSU für die Bundestagswahl Ende des Jahres vom Bundesverfassungsgericht gekippt worden war, beschleunigte sich der Niedergang der DSU. Die inneren Auseinandersetzungen und einige Ausflüge der DSU ins rechte Spektrum der deutschen Politik veranlassten mich, den Ehrenvorsitz zurückzugeben.

Mit dem Erfolg der DSU bei den Volkskammerwahlen hatte die CSU ihren Beitrag zum politischen Prozess in der DDR im Jahr 1990 geleistet. Sie verzichtete allerdings darauf, sich in der DDR oder den neuen Bundesländern als Konkurrenz zur CDU darzustellen. Für mich war 1990 die Haltung bestimmend, die ich schon 1976 beim Kreuther Trennungsbeschluss vertrat. Hätten CDU und CSU in den neuen Bundesländern in gegenseitiger politischer Konkurrenz gestanden, wäre diese Auseinandersetzung auch in der übrigen Bundesrepublik nicht ausgeblieben. Der lachende Dritte wäre die Sozialdemokratische Partei gewesen.

Im Interesse der Einheit der Union verzichteten wir damals auf eine mögliche Ausdehnung nach Sachsen und Thüringen. Diese Entscheidung war richtig und für CDU wie CSU von Bedeutung. Die CSU behielt ihre bayerische Identität, und die CDU blieb die politische Interessenvertretung der christlichen Demokraten in den übrigen Bundesländern.

Während mich die Parteipolitik beschäftigte, war ich als Finanzminister nicht weniger gefordert. Zwar bargen die Reformkonzepte der Regierung Modrow noch ein Programm für eine selbstständige DDR, doch die meisten Menschen wollten die Einheit. Die DDR zu stabilisieren, dafür war es am Ende des Schicksalsjahrs 1989 und in den ersten Monaten 1990 längst zu spät. Daran änderte auch die Machtübernahme durch Egon Krenz nichts mehr. Der Exodus von DDR-Bürgern hielt weiter an. Neue politische Gruppierungen und Parteien bildeten sich. Die Kirchen luden zu Gesprächen, in denen die Teilnehmer Vorkehrungen für eine freie Wahl trafen.

Mit der Regierung Modrow führten wir in diesen Tagen intensive Gespräche. Naturgemäß sah man die Dinge in Ostberlin etwas anders als in Bonn, gerade in der Währungsfrage. Bei einem Treffen zwischen Ministerpräsident Hans Modrow, der DDR-Finanzministerin Uta Nickel und mir erklärte Modrow in aller Offenheit, er wisse, dass er lediglich einer Übergangsregierung vorstände, sei jedoch in einem Punkt ganz sicher: Er sage Ja zu einer Preisreform, aber Nein zu einer Währungsreform.

Wenn es nach dem Willen Modrows gegangen wäre, hätte es niemals eine Wiedervereinigung gegeben. Und was dann mit der DDR geschehen wäre, hat kaum jemand so treffend beschrieben wie der Leipziger Maler und Grafiker Wolfgang Mattheuer. In einem Interview mit der Zeitung *Die Welt* erklärte er im Januar 1990: »Solange es die DDR mit ihrem ineffektiven Wirtschaftssystem gibt, wird unvermeidlich Ausverkauf sein. Auch jede andere DDR wird nur künstlich zu erhalten sein oder neu eingemauert. Sie ist abgewirtschaftet und taugt vielleicht nur als Billiglohnland [...].« Es gab keine wirkliche Alternative zur Währungsreform, und so galt es, die Hindernisse zu überwinden.

Am 28. November 1989 stellte der Bundeskanzler im Bundestag sein Zehn-Punkte-Programm zur Überwindung der Teilung Deutschlands und Europas vor. Er erklärte: »Der Weg zur deutschen Einheit ist nicht vom grünen Tisch oder mit einem Terminkalender in der Hand zu planen [...]. Aber wir können, wenn wir nur wollen, schon heute jene Etappen vorbereiten, die zu diesem Ziel hinführen.« In diesem historischen Moment war kein Raum für Zaudern und Zagen. Kohl sprach in der gebotenen Souveränität. Hans-Dietrich Genscher, der neben mir saß, würdigte Kohls Rede unverhohlen als »groß«. (Wenige Tage später äußerten sich einige FDP-Politiker öffentlich allerdings ganz anders.)

Finanziell war die Bundesrepublik für den Einigungsprozess gut gerüstet. Im Jahr 1989 hatte sie ihren Gesamthaushalt konsolidiert, die öffentlichen Haushalte wiesen einen kleinen Überschuss aus. 1990 hätte ich nach 21 Jahren endlich wieder einen ausgeglichenen Bundeshaushalt vorlegen können. Bekanntlich kam es anders. Doch bei aller Genugtuung, die ich angesichts der guten Haushaltslage zu jener Zeit empfand, ist die Freude über die gelungene Wiedervereinigung im Rückblick doch weit größer, als es ein finanzielles Plus des Staats je hätte sein können.

In lebhafter Erinnerung ist mir noch die Euphorie, die kurz nach dem Mauerfall überall im Land zu spüren war. Die Deutschen beidseits der Grenzen schwelgten im Freudentaumel. Ein großes Ziel war in Reichweite. Wenn Helmut Kohl bildreich von den »blühenden Landschaften« sprach, die künftig in Ostdeutschland zu besichtigen seien, so wurde er dafür zwar manches Mal kritisiert und verspottet. Für mich aber zeugt sein mutiges Vorangehen von staatsmännischer Weitsicht. Die Geschichte gab Kohl am Ende recht: Heute ist fast alles besser als damals; die Wirtschaft in Ostdeutschland steht auf eigenen Füßen. Und doch denke ich manchmal: War es ein Fehler, den Menschen in der DDR den Offenbarungseid zu ersparen? Hätten wir ihnen 1989/90 nicht besser die ganze Wahrheit zumuten sollen? Womöglich wäre es klüger gewesen, die erschreckenden Zahlen und Fakten, die wir einsehen konnten, stärker öffentlich zu machen. So hätte jeder verstanden: Die Volkswirtschaft der DDR, die nach außen hin immer noch stabil wirkte, lag in Wirklichkeit am Boden. Vielleicht würde es heute leichter fallen, die sichtbaren Erfolge wertzuschätzen, welche die Wiedervereinigung einem Großteil der Menschen der ehemaligen DDR gebracht hat. Und damit auch die große Leistung der Ostdeutschen zu würdigen, welcher der Wohlstand vieler Regionen in Sachsen, Thüringen oder Brandenburg ganz wesentlich zu verdanken ist.

Zur Ehrlichkeit sah ich mich als Bundesfinanzminister in der Währungspolitik herausgefordert. Denn der Dreh- und Angelpunkt auf dem Weg zur Einheit war die Einführung der D-Mark in der DDR, das zeigte sich immer deutlicher. Meine Mitarbeiter Horst Köhler und Gerd Haller hatten schon früh die Vor- und Nachteile einer baldigen Währungsumstellung analysiert. Sie hatten mir auch Thilo Sarrazin als Grundsatzreferenten für die Einigungsfragen vorgeschlagen. Der Staatsrechtler und Grundgesetzkommentator Bruno Schmidt-Bleibtreu, der die Rechtsabteilung des Bundesfinanzministeriums leitete, leistete mit seiner Expertise einen wertvollen Beitrag.

Wie ein Mantra wiederholte ich in diesen Tagen: »Die wirtschaftliche Zusammenarbeit mit der DDR und die Wiedervereinigung haben ihren Preis. Wir dürfen den Menschen keinen Sand in die Augen streuen.« Trotzdem wiesen wir alle Anfragen im Hinblick auf die Gesamtfinanzierungslasten im Zusammenhang mit der Deutschen Einheit als unbeantwortbar zurück. Denn eine konkrete Zahl zu nennen wäre fahrlässig gewesen: Niemand konnte das Risiko tatsächlich bis ins Letzte kalkulieren. Trotzdem wurde diese Karte politisch ausgespielt. Vor allem der damalige SPD-Kanzlerkandidat Oskar Lafontaine zielte auf die Angst der Menschen und malte die möglichen Belastungen in den schrillsten Farben an die Wand.

Unterstützung erfuhr ich dagegen von einem meiner Vorgänger im Bundesfinanzministerium, dem ehemaligen SPD-Minister Karl Schiller. In einem Interview mit der *Wirtschaftswoche* vom 2. März 1990 sagte er: »Wir haben 1948 bei der Währungsreform auch nicht gefragt, wie viele Milliarden wir für Wohnungsbau, Autobahnen, Krankenhäuser oder Wiedergutmachung brauchen. Wenn wir das damals gemacht hätten, dann hätten wir gleich einpacken können.« Und bei anderer Gelegenheit fügte Schiller hinzu, er hätte unter den gegebenen Umständen nicht anders gehandelt.

Solchen Rückhalt zu spüren tat gut. Die Deutschen waren

ein Volk. Die Bundesrepublik war in der Lage, die ihr zuge-
wachsene Aufgabe zu schultern. Ich erzählte in diesem Zusammenhang gern eine Anekdote, die mir mein Krumbacher
Parteifreund Karl Kling zugetragen hat. Kling war als Inge-
nieur in Afrika tätig gewesen. Einmal beobachtete er, wie ein
Bub seinen kranken Bruder den Berg hinauftrug. Besorgt fragte er den schmächtigen Jungen: »Ist das nicht eine zu große
Last für dich?« Der antwortete schlicht: »Es ist keine Last, es
ist mein Bruder.« Später trug ich diese Geschichte auch auf
einem Parteitag der CSU vor und erntete dafür minutenlangen
Beifall. Genau das war der Geist, mit dem wir den Menschen
im Osten Deutschlands begegnen mussten.

Am 6. Februar 1990 kam es zu einem Gespräch zwischen den
Vorsitzenden der Koalitionsparteien CDU, CSU und FDP –
Helmut Kohl, Otto Graf Lambsdorff und mir – im Kanzleramt.
Über das Ziel waren wir uns alle drei einig: Die Wirtschafts-
form und die Währung der Bundesrepublik sollten in abseh-
barer Zeit auch in der DDR etabliert werden. Modrow aber
stellte sich stur, verlangte stets mehr Geld, ohne damit konkrete Reformen zu verbinden. Um der Regierung in Ostberlin
den Wind aus den Segeln zu nehmen, vereinbarten wir, der
DDR die Währungsunion anzubieten.
Schon tags zuvor war Bundesbankpräsident Karl Otto Pöhl
zu einem Vieraugengespräch ins Finanzministerium gekommen, um mit mir die anstehenden Entscheidungen zu diskutieren. Als Erstes war aus meiner Sicht die Währungsfrage
zu klären. Ich war überzeugt, dass die Wirtschafts- und Währungsunion die Grundlage für ein wiedervereintes Deutschland bildete. Und ich fügte hinzu: »Lieber Herr Pöhl, Sie werden sehen, es geht wie in der Fernsehserie. Irgendwann wird
es heißen: ›Kobra, übernehmen Sie!‹«

Zur Vorbereitung des Treffens zwischen Kohl und Modrow kamen am 9. Februar 1990 der Bundeskanzler, die beteiligten Minister und der Bundesbankpräsident zusammen. Pöhl wies darauf hin, jegliche Entscheidungen seien momentan »gefährlich wie Dynamit«. Ich erwiderte, das Dynamit komme aus der Chronologie der Ereignisse: In wenigen Wochen standen in der DDR Wahlen an. Eine neue Regierung würde zunächst Handlungsspielraum in Anspruch nehmen und sich nicht unter Druck setzen lassen. Zudem würden die künftigen Abgeordneten der Volkskammer kaum die Kraft haben, unpopuläre Entscheidungen mitzutragen und durchzusetzen.

Pöhl, der anfangs der Meinung gewesen war, die ganze Diskussion über die Währungsunion käme verfrüht, erklärte am selben Tag vor der Bundespressekonferenz in Bonn, die Bundesbank werde das Vorgehen der Bundesregierung unterstützen. Es gehe um die Schaffung eines vereinigten Wirtschafts- und Währungsgebiets zwischen der Bundesrepublik Deutschland und der Deutschen Demokratischen Republik und damit um eine Vorstufe für die Vereinigung der beiden deutschen Staaten. Dies könne nur durch einen völkerrechtlichen Vertrag zwischen zwei selbstständigen Staaten, der von beiden Parlamenten ratifiziert werden müsse, geschehen. Danach ging Pöhl auch auf die europäische Dimension der deutschen Entwicklung ein: Der Prozess in Richtung einer Europäischen Wirtschafts- und Währungsunion sei nun noch dringlicher. Ihn fortzuführen sei wichtig, um die Nachbarn zu beruhigen und ihre Befürchtung einer wirtschaftlichen und währungspolitischen Dominanz Deutschlands einzuhegen.

Im Anschluss nahm ich Pöhl beiseite, um ihn auf die politische Dynamik der Situation einzustimmen: Möglicherweise würden wir unter dem Druck der Ereignisse sehr schnell reagieren müssen. Es sei fraglich, ob uns unter diesen Umständen noch die Zeit für ein graduelles und abgestimmtes Vorgehen bliebe. Die Geschichte lasse sich nicht prognostizieren. Ein internes Papier im Finanzministerium griff meine Bedenken auf. Darin hieß es wörtlich, es erscheine erforderlich, »als weiteres Szenario auch eine rasche Ad-hoc-Lösung ins Auge zu fassen, die unter den gegebenen Umständen wohl nur auf die unmittelbare Übernahme der D-Mark als Einheitswährung in der DDR hinauslaufen würde«. Und weiter: »Angesichts des zunehmenden Drucks in Richtung einer schnellen Lösung wird man sich verstärkt mit den Anpassungsprozessen nach einer raschen Währungsvereinheitlichung auseinandersetzen müssen.« Es galt also, die verfassungsrechtlichen Fragen eines gemeinsamen Wirtschafts- und Währungsgebiets zu klären – der erste Schritt zur Herstellung der staatlichen Einheit nach Artikel 23 Grundgesetz.

Am 7. Dezember 1989 waren in Ostberlin erstmals die Vertreter von DDR-Regierung, SED, Blockparteien, Oppositionellen und Kirchen am zentralen »Runden Tisch« zusammengetroffen, um über die Zukunft der DDR zu sprechen. Bunt, wie die Versammlung zusammengesetzt war, hatten die Gruppen jeweils ihre eigenen Vorstellungen von der Zukunft. Etliche Szenarien wurden entwickelt und wieder verworfen. Einig aber waren sich alle im Wunsch nach einem bundesdeutschen Solidarbeitrag zwischen zehn und fünfzehn Milliarden D-Mark, über dessen Verwendung eine gemeinsame deutsche Kommission entscheiden sollte. Eine vorschnelle Preisgabe der Finanzhoheit der DDR lehnte der runde Tisch ab. Die Regierung wurde nicht legitimiert, bereits zu diesem Zeitpunkt eine Währungsunion oder einen Währungsverbund zu vereinbaren.

Es war an mir, der neuen Wirtschaftsministerin Christa Luft

klarzumachen, dass die Bundesrepublik die Forderung nach einem Solidarbeitrag nicht akzeptieren konnte. Ohne entscheidende Reformen war jeder Finanztransfer wie Saatgut auf gefrorenem Boden, fasste ich unsere Haltung in einem Bild zusammen. Später ließ ich Modrow unter vier Augen wissen: Die DDR müsse endlich anerkennen, dass die humanitäre Hilfe laufe, für Umweltschutzprogramme und Verkehrsprojekte bereits Gelder bereitgestellt würden und eine Unterstützung aus dem Sondervermögen des ERP (Marshallplan, offiziell European Recovery Program, abgekürzt ERP) schon in Aussicht stehe. Ein ungebundener Finanzkredit hingegen sei kein Hoffnungssignal für mehr Vertrauen und Investitionen in der DDR. Das könne allein ein überzeugendes Wirtschaftsprogramm schaffen, und daran würden wir arbeiten. Wir wussten, dass jede Mark für die Wiedervereinigung, richtig ausgegeben, eine Investition in die Zukunft sein würde.

Doch machte ich mir keine Illusionen: Modrow galt zwar als »besserer Kommunist«, war aber in seinem Denken und Handeln zutiefst der DDR verhaftet. Die Soziale Marktwirtschaft einzuführen lag ihm fern. Er wollte das staatliche Eigentum an den Betrieben erhalten und seine eigenen Reformvorstellungen verwirklichen. Das Dilemma also blieb bestehen: Wie konnten wir den Menschen in Ostdeutschland helfen, ohne zugleich das alte System zu stabilisieren?

In diesen Wochen und Monaten reiste ich mehrfach in die künftigen neuen Bundesländer. Oft war ich im sächsischen Dresden, Leipzig oder dem damaligen Karl-Marx-Stadt, heute Chemnitz. An einem Samstagvormittag sollte in Chemnitz eine öffentliche Kundgebung stattfinden. Es schüttete schon den ganzen Vormittag, und ich konnte mir nicht vorstellen, dass bei diesem Wetter mehr als 500 Menschen zu einer Kundgebung im Freien kommen würden. Es waren aber über 50 000, die völlig durchnässt im Regen ausharrten und auf meine Rede warteten. Als ich in die erwartungsvollen Gesichter sah, spürte ich den Druck, der auf uns als Regierung lastete. Vier Jahrzehnte Sozialismus waren genug – wir durften die Hoffnung dieser Leute nicht enttäuschen.

Angesichts der desolaten Wirtschaftslage, in der sich die DDR befand, war das kein leichtes Unterfangen. Wiederum zu Besuch in Chemnitz, blätterte ich abends im Foyer des Hotels in einer Touristenbroschüre. Ihr konnte man entnehmen, dass vor den Toren der Stadt, in Hartmannsdorf, Diamant-Fahrräder produziert würden. Sofort fiel mir das Fahrrad meines Bruders ein, mit dem ich viele Jahre von Oberrohr nach Krumbach zur Schule gefahren war – ein Diamant-Rad aus Chemnitz. Es hatte einen schön geschwungenen Lenker, der es von anderen Rädern unterschied.

Neugierig machte ich mich am nächsten Morgen auf, um den Diamant-Werken einen Besuch abzustatten. Es war Samstag, doch ich sah, auf dem Fabrikgelände wurde gearbeitet. Auf mein Läuten hin rührte sich längere Zeit nichts, bis endlich ein mürrisch gelaunter Mann öffnete und nach meinem Begehren fragte. Es war der Leiter des Werks, der nicht wenig erschrak, als er den Bundesfinanzminister vor sich sah und wohl befürchtete, dass eine Razzia bevorstand. Als ich ihm erzählte, ich wolle nur vorbeikommen, um zu sehen, woher mein erstes Fahrrad gekommen sei, hellten sich seine Gesichtszüge merklich auf. Ich bestellte schließlich ein Fahrrad, um die alte Verbundenheit zu erneuern. Der Produktionschef ließ auf dem Fahrrad meinen Namen anbringen und zeigte es so bei der Zweiräder-Ausstellung in Köln. Daraufhin erbot sich ein bayerischer Fahrradverkäufer, 500 Stück davon abzunehmen – wettbewerbsrechtlich nicht ganz unproblematisch, aber wichtig, um den Glauben an das erfolgreiche Zusammenwachsen zu stärken.

Das Schicksal der Diamant-Werke hat mich noch nachhaltig beschäftigt. Denn es zeigte auch: Selbst ein modernes, in der DDR hochgelobtes Unternehmen konnte nach marktwirtschaftlichen Gesichtspunkten nur durch entscheidende Umstrukturierungen konkurrenzfähig gemacht werden – ein kleiner Ausblick auf die Größe der Aufgaben, die noch vor uns lagen.

Die DDR als politisches Gebilde hatte zunächst noch Bestand. Doch die Wirtschaftsordnung und die Währung der Bundesrepublik Deutschland sollten so bald wie möglich auch dort gelten. Dafür brauchte es eine umfassende Zuständigkeit der Bundesbank. Für die DDR bedeutete dieser Schritt einen schwerwiegenden Souveränitätsverlust. Er war aber unverzichtbar, um die Stabilität der D-Mark und das Vertrauen in die Währungsumstellung zu gewährleisten.

Auf meinen Vorschlag hin wurde Hans Tietmeyer zum Sonderbeauftragten des Bundeskanzlers für die Verhandlungen zur Währungsunion ernannt. Es ging um die Frage: Wie viel war die DDR-Mark wert, in welchem Verhältnis zur D-Mark sollte die ostdeutsche Währung umgetauscht werden? Selbst ein in seinem Ordnungsdenken überzeugter Mann wie Tietmeyer musste erkennen, dass eine Umstellung bei Löhnen, Gehältern und Renten im Verhältnis 1:2 nicht durchzusetzen war. Zwar führte der Zentralbankrat etliche ökonomisch überzeugende Gründe an. Die Verhandlungspartner der DDR, die nach der Volkskammer-Wahl vom 18. März 1990 ins Amt gekommen waren, und viele Stimmen in der Bundesrepublik Deutschland hätten einem solchen Umstellungssatz aber niemals zugestimmt. Stromgrößen, wie zum Beispiel Einkünfte, wurden daher im Verhältnis 1:1 umgestellt. Die Bundesbank schloss sich intern dieser Einschätzung an. Schließlich tausch-

ten wir auch kleinere Sparbeträge der DDR-Bürger 1:1, damit
den Menschen etwas von ihrem Ersparten verblieb. Das machte etwa 35 Milliarden D-Mark aus, ein im Verhältnis zu den
sonstigen Kosten vertretbares Volumen. Die Verbindlichkeiten
nämlich wurden 1:2 und die Auslandsschulden 1:3 umgestellt,
sodass sich gesamtwirtschaftlich ein Umtauschkurs von 1,81
ergab.

Als ich am 18. Mai 1990 im Palais Schaumburg im Beisein von
Bundeskanzler Helmut Kohl, Ministerpräsident Lothar de Maizière und Finanzminister Walter Romberg den Staatsvertrag
unterzeichnete, übergab ich dem Kollegen im DDR-Finanz-
ressort eine der Ausfertigungen mit den Worten: »Gott segne
unser Vaterland.« Als überzeugter Lutheraner antwortete Romberg: »Gott segne es.« Diese Abschlussworte werde ich nie
vergessen. Sie stehen für mich sinnbildlich für all die ereignisreichen Wochen und Monate, die dieser Zeremonie vorausgegangen waren.

Mit dem Staatsvertrag zur Währungs-, Wirtschafts- und Sozialunion, der am 30. Juni 1990 in Kraft trat, begann der staatsrechtliche Prozess der Deutschen Einheit. Die Entscheidung
für die Wiedervereinigung war damit gefallen, der Prozess war
irreversibel. Er fand seine Fortsetzung im Vertrag zwischen
der Bundesrepublik Deutschland und der Deutschen Demokratischen Republik über die Herstellung der Einheit Deutschlands, den Wolfgang Schäuble und Günther Krause aushan-
delten. Was hier geschah, machte das Jahr 1990 zum wohl
besten für Deutschland in der Geschichte des letzten Jahrhunderts.

Als am 1. Juli der Umtausch und die Ausgabe der D-Mark
in Ostberlin und der DDR begannen, war die Bundesbank akribisch vorbereitet: Die Geldtransporte gelangten ohne Zwi-

schenfälle an die Ausgabestellen; am Tag der Währungsunion setzte die Bundesbank etwa 250 ihrer Mitarbeiter ein, um den Ansturm zu bewältigen; 900 Mitarbeiter der Staatsbank der DDR wurden mit zunächst befristeten Anstellungsverträgen weiterbeschäftigt; fast 25 Millionen Konten wurden umgestellt; aus etwa 180 Milliarden Mark der DDR auf den Sparkonten ihrer Bürger wurden rund 120 Milliarden D-Mark-Guthaben – eine logistische Meisterleistung, die noch dazu in kürzester Zeit erbracht wurde. Der von manchen befürchtete Inflationsstoß trat nicht ein.

Bei der noch am selben Tag stattfindenden Pressekonferenz in Ostberlin fragte ein US-amerikanischer Korrespondent nach dem Fortgang der Dinge. Zufrieden konnte ich vermelden: »Everything is under control« – ein Wort, das am Abend weltweit über den Äther ging. Geleitet wurde die Pressekonferenz übrigens von einer zurückhaltenden jungen Frau, der stellvertretenden Pressesprecherin von Ministerpräsident Lothar de Maizière. Ihr Name: Angela Merkel. Auch daran sieht man, wie schnell sich die Dinge ändern: Die junge Frau von damals ist mittlerweile in aller Welt bekannt und seit über einem Jahrzehnt Bundeskanzlerin.

Mit der Einführung der D-Mark in der DDR war die Mammutaufgabe der Währungsunion geschafft. Doch zum Zurücklehnen blieb keine Zeit. Die historische Chance, die sich unserer Generation mit der Wiedervereinigung eröffnete, durften wir nicht verspielen.

In dieser Dynamik einen klaren Kopf zu behalten und grundlegende Regeln der Finanzpolitik nicht außer Acht zu lassen war mir vorrangiges Anliegen. Denn nichts wäre schädlicher gewesen als ein handlungsunfähiger Staat. Gerade die deutsche Geschichte lehrt, wie schnell steigende Arbeitslosenzahlen politischen Verführern Tür und Tor öffnen. Eine Wirtschaft, die der Belastung nicht standhielt und ins Wanken geriet, hätte all unsere Erfolge wieder zunichtegemacht. Die Entstehung des nationalsozialistischen Unrechts-, Unterdrückungs- und Gewaltstaats war mir dafür mahnendes Beispiel. Heute können wir feststellen: Eine Überforderung der deutschen Volkswirtschaft konnte verhindert werden, die Dämme haben gehalten.

Am Ende lagen gerade einmal 327 Tage zwischen dem Fall der Mauer und dem großen Ziel, auf das wir all die Monate unermüdlich hingearbeitet hatten. Am 3. Oktober schließlich war es so weit: Zum offiziellen Akt versammelten sich der Bundespräsident, der Bundeskanzler, der Ministerpräsident der DDR und einige Kabinettskollegen auf der Terrasse des Reichstags. Mir gegenüber standen Willy Brandt und Oskar Lafontaine. Als sich nach den Reden alle verabschiedeten, blieben Willy Brandt und ich zurück. Brandt kam auf mich zu, Tränen rannen über sein zerfurchtes Gesicht. Schweigend drückte er mir die Hand. – Ein Tag der Freude über Parteigrenzen hinweg.

Schaue ich heute zurück auf das Erreichte, so bin ich nicht überrascht, dass eine große KfW-Studie 2014 zu dem Ergebnis kam: Keines der anderen osteuropäischen Transformationsländer hat derart beeindruckende Fortschritte erzielen können wie der Osten Deutschlands. Er gehört heute zum ökonomischen Mittelfeld Europas. Das Gutachten wählt in diesem Zusammenhang einen interessanten Vergleich: Wenn man das Wirtschaftswunder der Nachkriegszeit von 1950 bis 1956 mit der Entwicklung in Ostdeutschland von 1991 bis 1997 vergleicht, ist ein etwa ebenso starker Anstieg des Bruttoinlandsprodukts pro Kopf zu verzeichnen – 60 Prozent sind ausgewiesen, eine beachtliche Zahl. Vieles davon war möglich, weil der Westen in den Osten transferierte: Geld, Know-how, Unternehmergeist. Die Gesamtkosten über drei Jahrzehnte werden auf circa 2500 Milliarden Euro geschätzt. Doch wenn man den Transfer von West nach Ost bilanziert, muss auch eine Gegenrechnung aufgemacht werden: Von 1949 bis 2014 sind etwa vier Millionen Deutsche in die alten Bundesländer migriert. Rechnet man das auf, kommt man zu einer durchaus ausgewogeneren Einigungsbilanz.

Was die Deutschen in Ost und West mit der Wirtschafts- und Währungsunion schufen, war unvergleichlich und nur möglich durch den Mut vieler. Die Wiedervereinigung ist eine beeindruckende Erfolgsgeschichte, daran zweifelt heute niemand mehr. Nur hat mancher für diese Einsicht etwas länger gebraucht – so wie der amerikanische Manager, der mich im Jahr 2000 mit den Worten ansprach: »Theo, to buy the DDR, I think, was a bad acquisition?« Ich ärgerte mich über die dreiste Bemerkung nicht wenig; es verschlug mir förmlich die Sprache. Dann aber fand ich die Antwort, die den Spott des Managers umgehend versiegen ließ: Nein, die DDR war keine »schlechte Übernahme«, sondern die Wiedervereinigung gilt heute als geglückte Fusion. Vielleicht hat sie länger gedauert und mehr gekostet, als wir anfangs dachten. Doch Freiheit und Demokratie entstanden nicht nur für 17 Millionen Menschen in Ostdeutschland, sondern für die Bürger in ganz Osteuropa einschließlich des Baltikums. Berlin ist heute ein Symbol für Einheit und Versöhnung, Deutschland ein neues Kraftwerk im Zentrum Europas. – Sooft ich den skeptischen Amerikaner heute noch treffe, erinnert er sich an die Episode, lacht und beeilt sich zu sagen: »I will never repeat the question.«

Normalerweise bekommt man ja 100 Tage Einarbeitungszeit nach Übernahme einer verantwortlichen Position. Diese Zeit hatte ich nicht und habe sie auch nicht gefordert. Dafür war meine Freude, an der Neugestaltung unseres Landes an entscheidender Stelle mitwirken zu können, viel zu groß. Zum Glück ahnte ich damals noch nicht, was alles auf uns zukommen würde und welche Summen zu bewegen waren. Doch die Verwirklichung der Deutschen Einheit war keine Frage von Soll und Haben in einer imaginären Bilanz. Es war schlicht unsere Aufgabe, ein kategorischer Imperativ. Und für mich persönlich war es auch eine Verpflichtung aufgrund meiner Herkunft, meiner Heimat und meiner Überzeugung, diese vielleicht einmalige Chance in der deutschen Geschichte zu nutzen.

Was mir in all den aufregenden und aufreibenden Jahren immer wieder Kraft gab, waren nicht zuletzt die menschlichen Begegnungen, waren Erlebnisse, die mit Politik vordergründig nur wenig zu tun hatten. So erinnere ich mich an einen Abend mit Ministerkollegen aus Österreich, der Schweiz, Polen und Tschechien in der Dresdner Semperoper im Juli 1991. Der *Barbier von Sevilla* stand auf dem Programm. In einer Szene am Ende sagte der in der Liebe enttäuschte Bartolo, das Einzige, was bleibe, seien Erinnerung und Geld. An diesem Punkt drehte sich Bartolo um, blickte kurz zu mir hinauf in die Loge und ergänzte: »... und das freut den Minister.« Minutenlanger Beifall folgte. Später ging ich in die Garderobe und lud die Künstler zum Essen ein. Der Tenor, der den Grafen Almaviva gegeben hatte, entschuldigte sich. Er könne leider nicht mitkommen, er habe seinen Personalausweis nicht dabei. Ich verstand nicht recht, was er meinte. Wozu brauchte er beim Abendessen seinen Ausweis? Der Sänger wurde sichtlich verlegen, die Sache kam ihm offenbar erst in diesem Moment richtig zu Bewusstsein. Seine Erklärung stieß mir ins Herz: Er habe in der DDR als unzuverlässig gegolten und sei in steter Gefahr gewesen, von der Staatssicherheit kontrolliert zu werden. – Da war also die Wiedervereinigung schon Wirklichkeit geworden, und trotzdem beherrschte die Furcht vor der Stasi ihre Opfer noch immer. Durch Begebenheiten wie diese lernte ich zu verstehen, wie stark die Menschen in der DDR unter den Repressionen des Regimes gelitten hatten. Und was Freiheit in einem ganz alltäglichen Sinn für sie bedeutete.

Mit Schweiß und Tränen zum Erfolg

Die Treuhandanstalt

Wie beim biblischen Hiob kam für die DDR-Betriebe alles Übel auf einen Schlag: Nicht nur, dass nach der Währungsunion ihre Produkte nicht mehr gefragt und ihre Preise nicht mehr kostendeckend waren. Geht man von einem an Marktgesichtspunkten orientierten Austauschverhältnis von D-Mark und Mark der DDR von eins zu vier aus, hätte die Währungsumstellung am 1. Juli 1990 eine Aufwertung für die DDR-Wirtschaft von 400 Prozent bedeutet – ein Todesurteil.

Mit der Auflösung des Rats für gegenseitige Wirtschaftshilfe, dem sozialistischen Pendant zur Europäischen Union, brachen fast alle bisherigen Absatzmärkte zusammen, die Verträge wurden ungültig. Hatte die Sowjetunion in den ursprünglichen Absprachen noch darauf bestanden, alle Lieferverpflichtungen aus dem alten Planungssystem einzuhalten, gab es kurz danach weder die Sowjetunion noch ein Interesse an ostdeutschen Waren.

Ohne massive Sanierungshilfe aus dem Westen wäre das Beitrittsgebiet innerhalb kürzester Zeit zur Industriebrache verkommen. 1990 war mir klar: Die Kraft des Markts allein würde nicht ausreichen, den Wandel in den Beitrittsgebieten auszulösen. Die Einführung marktwirtschaftlicher Regeln und Freiheiten allein hätte wenig ausgerichtet. Dennoch ahnte damals keiner, wie viel Schweiß und Tränen es kosten würde, die Volkseigenen Betriebe der DDR nach den Grundsätzen der Sozialen Marktwirtschaft zu privatisieren.

Die Treuhandanstalt war in diesem Prozess ein so umstrittenes wie letztlich doch erfolgreiches Instrument. Sie war aber keine Idee der »Kapitalisten« aus dem Westen, wie gelegentlich kolportiert wird, sondern noch vor der Währungsunion und der Wiedervereinigung errichtet worden. Schon das Gründungsdatum im März 1990 sagt es aus: Letztlich verdankt die Treuhand ihre Entstehung der späten Einsicht der sozialistischen Regierung Modrow/Luft, wonach nur durch eine schrittweise Öffnung der DDR-Wirtschaft das notwendige Erneuerungskapital gewonnen werden konnte. Auf die Anstalt wurden daher alle Kombinate und andere im Staatsbesitz befindlichen Betriebe übertragen und schließlich im Juli 1990 in Kapitalgesellschaften umgewandelt.

Noch in ihrer Gründungsphase schossen Spekulationen über das von der Treuhand verteilbare Volksvermögen ins Kraut. Diese unrealistischen und überhöhten Vorstellungen kursieren zum Teil noch heute; sie argumentativ zu entkräften machte uns im Wiedervereinigungsprozess schwer zu schaffen. Doch selbst seriöse Schätzungen über den Zustand der Betriebe und ihren Unternehmenswert kamen zu unterschiedlichen Ergebnissen. In einem aber waren sich alle einig: Keiner konnte sich der Illusion hingeben, es würde sich in größerem Maße um weltmarktfähige Betriebe handeln. Noch ernüchternder als die Bilanzen waren nur die Fakten, die den technologischen Rückstand der DDR-Wirtschaft gegenüber dem Westen beschrieben: So hatte die DDR 1989 unter riesigem Entwicklungsaufwand einen 256-Kilobyte-Chip entwickelt, während Japan schon drei Jahre vorher den Megabyte-Chip auf den Markt gebracht hatte. Das DDR-Produkt verschlang in der

Herstellung 536 Ostmark, wurde aber für 16 Ostmark verkauft, während ein vergleichbares Produkt in der Bundesrepublik mit Gewinnspanne sechs D-Mark kostete.

Sehr viele Erzeugnisse der DDR-Betriebe hatten also nicht nur ein Kosten- und Preisproblem, sondern waren derart veraltet, dass sie außerhalb der Mangelwirtschaft überhaupt nicht vermarktbar waren. Niemand – außer vielleicht nostalgische Autosammler – wollte einen umweltverpestenden Zweitakter der Marke Trabant erwerben. Auch der etwas größere Wartburg war ab 1990 kaum noch verkäuflich, es half auch nicht, dem Stinker einen VW-Motor einzupflanzen. In den Übergangsmonaten nach der Währungsunion machte man mit jedem dieser »Hybridfahrzeuge« im Verkauf rund 7000 D-Mark Verlust.

Den fast kompletten Unternehmensbestand einer ganzen Volkswirtschaft zu privatisieren und zu sanieren ist eine gewaltige, vor allem finanzpolitische Aufgabe. Darauf mussten wir reagieren und die Strukturen im Bundesministerium für Finanzen entsprechend anpassen.

Noch zu Beginn meiner Amtszeit führte die bundesdeutsche Beteiligungsverwaltung, die sich mit Privatisierungen von Staatsunternehmen in den alten Bundesländern befasste, allenfalls eine Randexistenz. Die einst einflussreiche Abteilung VIII, die in den frühen Achtzigerjahren noch über wichtige Industriebeteiligungen wachte, war aus dem Geschäftsverteilungsplan verschwunden. Übrig war nur noch eine kleine Unterabteilung in der Grundsatzabteilung für Finanzpolitik.

Im Zuge der Wiedervereinigung war mit der Treuhandanstalt eine eigene Verwaltungseinheit entstanden. Über die wieder eingerichtete Beteiligungsabteilung im Bundesfinanzministerium konnten wir die notwendigen Zuarbeiten in fachlich versierte Hände legen. Mit Eckart John von Freyend gewannen wir einen erfahrenen Manager für die Leitung dieser zentralen Aufsichtsstelle.

Als Präsident der Treuhandanstalt folgte Reiner Maria Gohlke am 15. Juli 1990 auf Peter Moreth, der noch von der letzten DDR-Regierung eingesetzt worden war. Am 1. September übernahm Detlev Karsten Rohwedder das Ruder. Seine Prinzipien für die Arbeit der Treuhandanstalt hatte er so formuliert: schnelle Privatisierung – entschlossene Sanierung – behutsame Stilllegung. Konkret hieß das: alle einigermaßen gesunden Unternehmen so schnell wie möglich in private Hand zu überführen, damit durch Initiative und privates Kapital – auch mithilfe staatlicher Investitionshilfen – überlebensfähige und arbeitsplatzsichernde Einheiten entstehen konnten. Gerade bei den etwa 30 000 kleinen Versorgungs-, Handwerks- und Dienstleistungsbetrieben hat das hervorragend funktioniert. Von »Turbokapitalismus« konnte keine Rede sein. Mit »behutsamer Stilllegung« meinte Rohwedder, dass die Arbeitnehmer der Betriebe, die keine realistische Zukunftschance hatten, nicht ihrem Schicksal überlassen werden sollten. Auffang- und Beschäftigungsgesellschaften kümmerten sich um die Umschulung und begleiteten die Vermittlung in andere Stellen.

Der Schutz vor Fehlsteuerung genoss oberste Priorität. Von den Interessenten verlangte man Investitions- und Beschäftigungsverpflichtungen, die im Kaufvertrag mit Vertragsstrafen bei Nichterfüllung verbunden wurden. Dort, wo eine Privatisierung im gegebenen Zustand unmöglich war, jedoch auf längere Sicht Hoffnung auf ein Überleben im Markt bestand, wurden erhebliche Mittel darauf verwendet, »die Braut schöner zu machen«. Das betraf unter anderem die als erhaltenswert eingestuften »industriellen Kerne«, zum Beispiel das Chemiedreieck um Halle, Merseburg und Bitterfeld oder den Hochtechnologie-Cluster um Jena. In diesen Zentren wurde ganz

massiv mit Staatsmitteln investiert und saniert, weil man hoff-
te, sie würden auf die Umgebung abstrahlen und die starke
Abwanderung von qualifizierten Arbeitskräften und damit die
Entleerung der Kulturräume verhindern. Ich hatte zu diesem
Zweck schon im Sommer 1990 einen sogenannten Leitungs-
ausschuss bei der Treuhandanstalt einrichten lassen, der Emp-
fehlungen zur Sanierungsfähigkeit von Kombinaten vorlegte.
Die Voten dieses unabhängigen Ausschusses bildeten die
Grundlage für die Entscheidungen des Treuhand-Vorstands.

Das Bundesfinanzministerium konnte die Arbeit der Treuhand nicht im Detail steuern und überwachen. Ich habe mich
deshalb für eine mittelbare, abgestufte Beteiligungsführung
entschieden, der Treuhandanstalt wurde somit ein weitgehen-
der operativer Handlungsspielraum eingeräumt. Nur in gewichtigen Fällen, wie eben bei der Zukunft der industriellen
Kerne, nahmen wir als Ministerium aktiv Einfluss. Ansonsten
beschränkten wir uns auf die Kontrolle über unsere Mitgliedschaft im Verwaltungsrat und in den Fachausschüssen der Treuhand.

Im Rückblick stellt sich die Privatisierung der DDR-Wirtschaft als eine große, aber klar strukturierte Sanierungsauf-
gabe dar, wie sie auch im marktwirtschaftlichen System bei
gefährdeten oder insolventen Unternehmen ansteht. Doch
noch nie zuvor in der Geschichte musste ein so großer Unternehmensbestand bewertet werden, noch dazu in kurzer Zeit.
Jeder einzelne Betrieb benötigte eine maßgeschneiderte Lösung – und das mit einer Organisation, die selbst erst im Aufbau war.

Birgit Breuel, 1991 Nachfolgerin Rohwedders bei der Treuhand, erzählte mir später, er hätte sie im September 1990 mit
den Worten begrüßt: »Sie haben kein Büro und keine Mitarbeiter, aber Tausende von Firmen warten auf Entscheidungen.

Mehrere Postsäcke stehen für Sie bereit. Fangen Sie einfach an.«

Gleichwohl: Wer arbeitet, macht auch Fehler. Natürlich gab es unter den Tausenden Bewerbern um die zu privatisierenden Unternehmen auch Betrüger, die sich mit staatlichen Investitionszuschüssen oder mit Mitteln aus Grundstücksverkäufen aus dem Staub machten und eine Firmenruine hinterließen. Aber das waren Ausnahmefälle. Das Bild der vielen ehrlichen Investoren, die sich oft weit über eine betriebswirtschaftlich gebotene Kosten-Nutzen-Rechnung hinaus in Ostdeutschland engagierten, vermögen sie nicht zu trüben.

Ich weiß, diese Meinung teilen nicht alle. Für manche ist die Treuhandanstalt die hässliche Fratze des Kapitalismus: profitgierig und kaltherzig. Daran hat sich bis heute nichts geändert. Schon im April 1991 fanden diese hasserfüllten Anwürfe ihr tragisches Opfer: Detlev Karsten Rohwedder wurde von einem Scharfschützen ermordet. Die linksterroristische Rote Armee Fraktion (RAF) bekannte sich später zu der Tat. Rohwedder zu Ehren trägt der Sitz des Bundesministeriums der Finanzen heute seinen Namen. Es war mir ein Anliegen, die bedeutenden Verdienste dieses Mannes im Wiedervereinigungsprozess zu würdigen.

Rohwedders Nachfolge in solch schwierigen Zeiten zu übernehmen war ein ausgesprochen mutiger Schritt der früheren Finanzministerin aus Niedersachsen Birgit Breuel. Manch andere hatten aus Angst um ihre persönliche Sicherheit und vor öffentlichen Anfeindungen zurückgezuckt. Die Treuhandanstalt fungierte vielfach als Blitzableiter für diejenigen, die glaubten, im Prozess der Wiedervereinigung mehr verloren als gewonnen zu haben. Anerkennung für die Leistungen der Treuhand gab es für alle Beteiligten, wenn überhaupt, erst im Nachhinein.

Noch viel zu oft ist heute zu hören, der Westen hätte die Vermögenswerte in der DDR verschleudert, Kriminelle hätten sich bereichert und die frühere DDR wäre so zur Beute des Kapitals geworden. Nichts davon ist wahr. Tatsächlich ging es darum, die jahrzehntelangen Fehlsteuerungen des Sozialismus aufzudecken und zu korrigieren. Für die Menschen in Ostdeutschland sollte die Transformation so verträglich wie möglich gestaltet werden. Die Treuhandanstalt, so wie wir sie ab dem 3. Oktober 1990 geführt und überwacht haben, diente in Wahrheit als Schutzschild vor Oligarchen und Abenteurern, die sich in anderen Ländern des früheren Ostblocks die Übergangswirren zunutze machten und gewaltige Vermögen anhäuften. Als die Treuhand Ende 1994 in die kleinere Bundesanstalt für vereinigungsbedingte Sonderaufgaben, BvS, übergeleitet wurde, konnte sie eine eindrucksvolle Bilanz vorlegen: Über 50 Prozent der Staatsbetriebe waren durch Verkauf oder Übergabe in private Hände transferiert und 28 000 Liegenschaften veräußert worden. Die Investoren hatten 190 Milliarden D-Mark an Investitionen zugesagt und dadurch etwa 1,8 Millionen Arbeitsplätze in eine bessere Zukunft geführt. Diese Zahlen haben Bestand – auch wenn sie die bitteren Entscheidungen über Stilllegungen und Entlassungen für die damals Betroffenen nicht erträglicher machen.

Fakten schaffen

Architekt der Wirtschafts- und Währungsunion

Wenn man die fünfzig erreicht, steht man vor der Frage, welchen Herausforderungen man sich im Leben noch stellen will. Zwar gibt es gerade in jüngster Zeit Schnellstarter, die schon deutlich früher höchste Karrierestufen in Politik, Wirtschaft und Gesellschaft erklimmen – man denke nur an den französischen Staatspräsidenten Emmanuel Macron oder den österreichischen Kanzler Sebastian Kurz. Andere etablieren sich erst später im Leben und steigen noch jenseits der sechzig in höchste Verantwortung auf. Im Allgemeinen aber markieren die Jahre um die fünfzig mit ihrer reichen Erfahrung und ungebrochenen Vitalität einen wichtigen Scheidepunkt in vielen Biografien. So auch bei mir.

Als Franz Josef Strauß am 3. Oktober 1988 plötzlich und unerwartet starb, war ich knapp fünfzig Jahre alt. Zu diesem Zeitpunkt arbeitete ich seit sechs Jahren als Chef der CSU-Landesgruppe im Deutschen Bundestag, war also bereits in der Gruppe der Spitzenpolitiker in Bonn angekommen. Noch im November des Jahres wurde ich zum Nachfolger von Franz Josef Strauß als CSU-Vorsitzender gewählt. Von dieser Position aus war der Eintritt ins Bundeskabinett nur eine Frage der Zeit.

Die Zeiten waren allerdings nicht die besten: Die Regierung Kohl war schon über sechs Jahre im Amt. Anfang 1989 zeigten wichtige Wahlen in einigen Bundesländern schwere Rückschläge für die CDU, so in Berlin und Hessen. Die »geistig moralische Wende« – mit der ab 1982 sowohl die Hinwendung zu mehr marktwirtschaftlicher Wachstumspolitik als auch die Erneuerung des christlich-konservativen Gerüsts beschrieben wurden – hatte ihren Schwung verloren. Zwar war vieles an Reformen geschafft und die Wirtschaft wieder in Gang gekommen. Doch wie so oft erlahmten die Reformkräfte, es gab ein »Weiter so«. Das reichte nicht länger aus.

Von Helmut Kohl erwartete man deutliche Signale, um die in Umfragen zurückfallende Union wiederaufzurichten. Diejenigen, die ihm das nicht mehr zutrauten, wetzten im Hintergrund schon die Messer. Kohl aber bäumte sich auf: Zu Ostern 1989 plante er eine Kabinettsumbildung. So wollte er seiner Regierung rechtzeitig vor der Bundestagswahl im Herbst 1990 neues Leben verordnen. Die Unterstützung der bayerischen Schwesterpartei war ihm wichtig. Einen entscheidenden Impuls erwartete er von meiner Einbeziehung in das Kabinett. Den Gedanken an die Enttäuschung, die er verdienten Kollegen aus der Ministerriege auf diese Weise bereitete, schob er beiseite. Schließlich ging es um das Überleben: Wollte er die Regierung unter seiner Führung über die volle Legislaturperiode hinwegretten und die anstehende Wahl gewinnen, musste er jetzt handeln.

Auf einem gemeinsamen Flug nach Leipheim zu einem Treffen mit Staatspräsident Mitterrand in Günzburg bat mich Kohl, in sein Kabinett einzutreten. Einen bestimmten Posten nannte er noch nicht. Es lag aber auf der Hand, dass ich als CSU-Vorsitzender nur auf eine zentrale Position rücken würde, in der ich zugleich die Interessen Bayerns zur Geltung bringen konnte.

Zu der Zeit gab es vier CSU-Minister im Kabinett. Ein weiteres Ressort konnte meine Partei aufgrund ihrer Stärke nicht beanspruchen. Nach den damals wie heute ungeschriebenen Gesetzen der Koalitionszusammenarbeit hätte ich als Parteichef das Innenministerium wählen können, wollte diesen Weg aus Rücksicht auf Friedrich Zimmermann aber nicht gehen. Außen- und Wirtschaftsministerium waren von der FDP in Beschlag genommen. Also kam aus meiner Sicht nur eine Lösung in Betracht: das Bundesfinanzministerium. Das war der Ort, an dem man größtmögliche Gestaltungsfreiheit besaß.

Der Finanzminister ist verantwortlich für die Haushaltsaufstellung und den Haushaltsvollzug, hat damit Zugriff auf die Aktivitäten aller anderen Ressorts. Darüber hinaus hat er ein grundgesetzlich verankertes Vetorecht im Kabinett in Haushaltsfragen, das nur mit der Stimme des Bundeskanzlers ausgehebelt werden kann. Salopp gesagt: Den Geldhahn verantwortungsbewusst auf- und zudrehen zu können bedeutet einen direkten Einfluss in vielen Politikbereichen.

Das Finanzministerium hat auch die Entscheidungskompetenz über die staatlichen Ausgaben, die Steuern und die Staatsunternehmen sowie Einfluss auf die gesamtwirtschaftliche Entwicklung im sektoralen und regionalen Bereich. Hinzu kommt die Zuständigkeit für alle internationalen Finanzbeziehungen, zum Beispiel für den Internationalen Währungsfonds (IWF), die Bankenaufsicht und die Geld- und Währungspolitik, soweit sie nicht der unabhängigen Bundesbank zugeordnet ist. Schließlich ist man als Finanzminister auch der erste Ansprechpartner für die wirtschaftlich kompetenten Minister fast aller anderen Industrieländer, die das deutsche Modell des ordnungspolitisch orientierten Wirtschaftsministeriums nicht kennen, sondern neben dem übermächtigen Finanzressort kleinere Häuser wie zum Beispiel ein Handelsministerium oder ein Industrieministerium unterhalten.

Eine solche Position, in der alle Fäden des Regierungsgeschäfts zusammenliefen, sagte mir sehr zu. Schon damals hatte ich einen Vers des österreichischen Schriftstellers Franz Grillparzer im Sinn:

Der Minister des Äußern
Will sich nie äußern.
Der Minister des Innern
Kann sich nicht erinnern.
Der Minister der Kriege
Kennt keine Siege.
Nur nach der Pfeife des Ministers der Finanzen
Müssen sie alle tanzen.

Als ich Grillparzer später im Kabinett zitierte, hielt sich der Beifall verständlicherweise in Grenzen.

Zu all den genannten Vorzügen kam für mich aber noch ein weiterer: Meine Partei, die CSU, hatte im Finanzressort positive Erfahrungen gemacht. Der erste Finanzminister in der Regierung Adenauer war zwischen 1949 und 1957 der CSU-Politiker Fritz Schäffer gewesen – ein klassischer sparsamer Hausvater ohne Anspruch auf währungspolitischen Einfluss, der den Erwartungen breiter Wählerkreise entsprach. Später, in den ausgehenden Sechzigerjahren, war Franz Josef Strauß in die ehemaligen Kasernen in der Graurheindorfer Straße eingezogen, die das Ministerium beherbergten. Zusammen mit dem damaligen Wirtschaftsminister Karl Schiller (SPD) hatte er ein Doppel gebildet, das sich bei der Bewältigung der ersten Wirtschaftskrise der jungen Bundesrepublik 1966/67 einige Verdienste erworben hatte. Nebenbei war es Strauß 1969 sogar gelungen – letztmalig für Jahrzehnte –, einen Überschuss im Bundeshaushalt und im staatlichen Gesamthaushalt zu erreichen. Sollte mein Wunsch in Erfüllung gehen, befand ich mich also in einer guten Tradition.

Ich wusste, Kohl würde mir weit entgegenkommen, und so stellte ich eine Bedingung: Die ungeliebte Quellensteuer auf Zinseinkünfte sollte abgeschafft werden. Kohl erklärte sich einverstanden und beauftragte seine rechte Hand, Kanzleramtsminister Wolfgang Schäuble, mir offiziell das gewünschte Angebot zu unterbreiten. Während mein Eintritt ins Kabinett weder als überraschend noch als unangemessen angesehen wurde, waren die Auswirkungen beträchtlich. Der amtierende Finanzminister Stoltenberg war hinter Kohl die tragende Säule des Kabinetts. Erwartungsgemäß war er nicht eben erfreut, im Interesse der Koalitionsraison sein bedeutendes und auf ihn zugeschnittenes Haus räumen zu müssen, beugte sich aber dem Wunsch seines Kabinetts- und Parteichefs. Dafür bestand er auf einer Kompensation durch ein anderes »klassisches« Ressort. Kohls Wahl fiel auf das Verteidigungsressort. Stoltenberg war in jungen Jahren Soldat gewesen, und das Bundesverteidigungsministerium umfasste über 5000 Mitarbeiter.

Wo es Verlierer gibt, gibt es auch Gewinner. So konnte Wolfgang Schäuble sich das Innenministerium sichern, was gegenüber dem zwar zentralen, aber vom Kanzler direkt abhängigen Posten des Kanzleramtschefs einen Aufstieg bedeutete. Auch für Gerda Hasselfeldt und Horst Seehofer war das Revirement ein Glücksfall, sie wurde Bauministerin, er Parlamentarischer Staatssekretär im Sozialministerium. Ob ich mich auch zu den Gewinnern zählen durfte, war mir anfangs nicht vollkommen klar. Später erkannte ich: Es war so. Meine Amtszeit fiel mit dem Anbruch einer neuen Weltordnung zusammen – und ich durfte aktiv an deren Gestaltung mitwirken.

Der Einzug in die grauen Kasernenbauten an der Bonner Graurheindorfer Straße, einen Tag vor meinem fünfzigsten Geburtstag, war ein tiefer Einschnitt in mein Leben. Zunächst galt es, sich in der Mammutbehörde zurechtzufinden: Zwar kannte ich mich mit der Bürokratie aus. Aber die Schwelle einer Behörde mit rund 2000 Mitarbeitern allein im Ministerium zu überschreiten und von nun ab die Kommandos zu geben erfüllte mich mit leichtem Bangen. Mein bisheriger Posten als CSU-Landesgruppenchef hatte viel Freiraum für selbst gewählte Initiativen gelassen, weniger Pflichttermine und bürokratische Routine mit sich gebracht. Das würde sich ändern.

Stoltenberg führte mit mir das übliche Übergabegespräch, das sich um anstehende Probleme und Termine drehte. Dann wechselte er in Würde auf die Hardthöhe, den riesigen Sitz des Bundesministeriums der Verteidigung. Als ich danach meine neuen Räume in der ersten Etage des Bundesministeriums im abgeschotteten Ministerflügel betrat, machte sich gähnende Leere breit. In den Zimmern des etwas vernachlässigten, im Stil der Sechzigerjahre gehaltenen Gebäudes fand sich kaum noch eine Menschenseele. Mein Vorgänger hatte das gesamte Personal mitgenommen: den Büroleiter, den Kabinettsreferenten, den persönlichen Referenten, die Vorzimmerchefin und den zweiten Mann aus der Presse- und Informationsabteilung. Es gab lediglich einen Flurpförtner, eine zweite Vorzimmersekretärin, den Pressechef und einen verschüchterten Redenschreiber, der wohl nicht mehr in den Dienstwagen zum Verteidigungsressort gepasst hatte.

Ich etablierte als Erstes meine kleine Mannschaft, die ich aus der Landesgruppenleitung im Bundestag mitbrachte. Da war meine langjährige Vertraute, Ida Maria Aschenbrenner. Wir entschieden uns für sie als Büroleiterin, über deren

Schreibtisch praktisch alle Vorgänge, die den Minister errei-
chen sollten, liefen. Ebenfalls begleitete mich Franz Josef
Schweikart, der all meine Reden und Aufsätze in der Fraktion
betreut hatte und mit der Tonlage und den politischen Inhal-
ten der CSU vertraut war wie nur wenige andere. Kabinetts-
und Parlamentsreferent wurde Werner Klotz, ein langjähriger
Berater in der Fraktion und ausgewiesener Steuerexperte. Die
Vierte im Bunde war Gabriele Kappel, die im Vorzimmer die
Termine managte und mich vor unerwünschten Anrufen und
Besuchern abschirmte.

Am Anfang und am Ende einer jeden Ministerkarriere steht
eine Personalversammlung mit der Verabschiedung des bisherigen Amtsinhabers und der Begrüßung des neuen. Das
sind Veranstaltungen, die oft gewisse Spannungen mit sich
bringen. Bekanntermaßen nutzt der Personalratschef gern die
Chance, dem neuen Minister alle Anliegen vorzutragen, die er
seit Jahren gesammelt hat.

Die Veranstaltung verlief ausgesprochen harmonisch. Der
Wechsel vom norddeutschen Stoltenberg zum bayerischen
Schwaben bot nur wenige Reibungsflächen. Zum Aufwärmen
warf ich den Spruch in die Runde: »Wenn du fünfzig bist und
du stehst morgens auf und es fehlt dir nichts, dann bist du
schon gestorben.« Der erste Lacher. Und die Begeisterung war
groß, als ich in der restlos überfüllten Mensa zu Beginn meiner kurzen Ansprache ausführte: »Nun ist mein Bedauern
groß, dass so viele von Ihnen stehen müssen. Bei einer ähnlich
bedeutenden Veranstaltung vor einigen Monaten habe ich angeboten, dass ich all denen, die ohne Schuld stehen müssen,
eine Brotzeit bezahle. Wenn die Haushaltsabteilung des Hauses das mit entsprechend genauen Kontrollmitteilungen eru-
ieren könnte, wäre ich bereit, mich als sparsamer Schwabe
noch mal in ein solches Abenteuer zu stürzen ...«

Natürlich mussten sich Ministerium und Minister erst aneinander gewöhnen. Als CSU-Vorsitzender wollte ich das eindrucksvolle und einflussreiche Ministerium auch für die politischen Ziele der Union nutzen. Wesentliche Kriterien für Personalfragen waren aber stets Qualität und Leistung, nicht das Parteibuch.

Ich brachte auch einige Vorlieben mit, die nicht jedem gleich geläufig waren. Ein Beispiel: Der Germanist und Literaturkritiker Paul Konrad Kurz hatte mir erklärt, Nebensätze, die mit einem »dass« begännen, würden den Satzfluss unterbrechen und seien tunlichst zu vermeiden. Diese und andere formale Regeln für Vorlagen an den Minister wurden flugs in eine allgemeine Verwaltungsanweisung umgesetzt.

Zudem war es mir nicht immer möglich, pünktlich zu internen Besprechungen zu kommen, da ich als Parteichef auch viele andere Dinge außerhalb der reinen Finanzpolitik zu regeln hatte. Die Beamten warteten im Sitzungssaal geduldig und erkundigten sich höchstens im Vorzimmer, wie lange es denn noch dauern würde. Hinter vorgehaltener Hand wurde gelästert und alsbald eine neue Zeiteinheit geschaffen: ein »Waigel« für eine Viertelstunde Ministerverspätung, später inflationiert zu einem »Waigel« für eine halbe Stunde.

Viele Sachthemen des Hauses waren mir anfangs neu. Umso dankbarer war ich für die engagierte Unterstützung der Mitarbeiter in der Führungsebene des Hauses, die schon unter Stoltenberg Karriere gemacht hatten. Das war einmal mein Staatssekretär Hans Tietmeyer, den ich bereits 1982 meinem Vorgänger Stoltenberg empfohlen hatte. Bei meinen ersten Gehversuchen auf dem glatten Pflaster der internationalen Finanzbühne war er eine echte Stütze und Hilfe. Dabei war er sich, trotz seines ausgeprägten Selbstbewusstseins und seiner westfälischen Hartnäckigkeit, seiner Rolle bewusst. Während manche altgediente Staatssekretäre den Fehler machten, einen frisch ins Amt eingeführten Minister mit ihrem Detailwissen zu überrollen, war ihm klar, dass er in der zweiten Reihe stand. Diese gelassene Haltung fiel ihm umso leichter, weil schon abgemacht war, dass er in einigen Monaten ins Direktorium der Bundesbank wechseln würde und dort später Chef werden konnte.

Aus dem Kreis der wichtigen und mir auch menschlich sehr nahestehenden Persönlichkeiten ist das Doppel Horst Köhler und Gerd Haller herauszuheben. Der spätere Bundespräsident war von meinem Vorgänger Stoltenberg entdeckt worden und diente ihm schon in der Kieler Staatskanzlei, als Stoltenberg noch Ministerpräsident war, als Redenschreiber. Später wurde er Büroleiter und Leiter der Grundsatzabteilung im Bundes-finanzministerium. Sein Freund und Nachfolger auf allen Positionen war Gerd Haller. Schon während Tietmeyers »Rest-zeit« im Finanzministerium, aber vor allem danach standen sie mir ohne Rücksicht auf die Tageszeit sowohl in Fragen der nationalen als auch vor allem der internationalen Finanzpolitik zur Seite. Sie verschonten mich nicht mit konstruktiver Kritik, wenn ich spontan, meist aus allgemeinem politischen Kalkül heraus, Themen in Angriff nahm, die nicht zu ihrem ökono-mischen Denken passten.

Andere bekannte Persönlichkeiten wie Jürgen Stark, später Mitglied im Direktorium der Europäischen Zentralbank, oder Klaus Regling, heute Chef des sogenannten Euro-Rettungs-schirms, gehörten in der Folge zum »Team Waigel«, ebenso wie der legendäre Haushaltsstaatssekretär Manfred Overhaus, sein Vorgänger Peter Klemm oder der respektierte Steuer-experte und spätere »Vize« der Bundesbank Franz-Christoph Zeitler. Dazu zählte auch Walther Otremba, mein langjähriger

Redenschreiber und späterer Staatssekretär bei den Ministern Michael Glos, Karl-Theodor zu Guttenberg und Wolfgang Schäuble. Eine unverzichtbare Hilfe waren mir meine Pressesprecher Karlheinz von den Driesch und Barbara Schädler. Sie haben mir alle sehr geholfen, das Finanzressort neuneinhalb Jahre durch turbulente Zeiten zu lenken.

Außerhalb des Hauses lag mir immer die Zusammenarbeit und Freundschaft mit den »Haushältern«, den mächtigen und gefürchteten Mitgliedern des Bundestagshaushaltsausschusses, am Herzen.

Zu meinen ersten Amtshandlungen gehörte es, meine Vorgänger im Amt zu einem Erfahrungsaustausch einzuladen. Dass sie alle der SPD angehörten, störte mich nicht. Sie kamen gerne: Hans Matthöfer, Hans Apel, Helmut Schmidt und Karl Schiller. Ich bin für diese Gespräche dankbar und habe aus ihnen viel gelernt.

Viele fähige und zugewandte Mitarbeiter zu haben erwies sich in den nächsten Monaten und Jahren als existenziell. Denn schon nach kurzer Eingewöhnung wartete mit dem Mauerfall und der Einheit die größtmögliche – und denkbar schönste – Herausforderung überhaupt. In kurzer Zeit waren im Bundesfinanzministerium Entscheidungen zu treffen, bei denen sich die Zusammenarbeit bewähren musste.

Ein Beispiel dafür war der im Frühjahr 1990 aufgelegte »Fonds Deutsche Einheit« zur Sanierung der Finanzen in den fünf neuen Bundesländern nach der Wiedervereinigung, solange diese nicht in den allgemeinen Länderfinanzausgleich eingebunden waren. Nach mehreren Anpassungen hatte der Fonds ein Gesamtvolumen von rund 160 Milliarden D-Mark. Er wurde zum größten Teil über eine Kreditaufnahme und zum kleineren Teil durch Zuschüsse aus dem Bundeshaushalt und den Länderhaushalten finanziert. Das entsprach dem damals – wie auch heute in der Rückschau – richtigen Prinzip, die Kosten der Einheit dauerhaft vor allem durch Einsparungen zu decken. Dabei handelt es sich nur auf den ersten Blick um einen Widerspruch zur Kreditfinanzierung. Letztere kann nach meiner festen Überzeugung immer nur eine zeitlich begrenzte Alternative sein. Sie ist gut und berechtigt zur Überbrückung von Konjunktureinbrüchen, zur Finanzierung Ertrag bringender Investitionen oder unabweisbarer, überraschend sich ergebender Ausgaben. Bei der Finanzierung der Einheit war sie unumgänglich.

Tatsächlich gab es mittelfristig Möglichkeiten für Einsparungen in den öffentlichen Haushalten, die ich auf keinen Fall ungenutzt lassen wollte. Zum zweiten Nachtragshaushalt im Juni 1990 erklärte ich, dass wir am »Kurs der Haushaltskonsolidierung« festhalten würden und »Ausgabendisziplin« Vorrang habe. Manche Lasten entfielen beispielsweise ganz automatisch mit dem deutsch-deutschen Annäherungs- und Einheitsprozess: die Aufwendungen für den Häftlingsfreikauf, für die Förderung der Arbeitsaufnahme in Westberlin, die Bundeshilfen für den Westberliner Haushalt, die Ausgaben für die Stationierung der westlichen Alliierten in Berlin und für die zahlreichen Steuersubventionen in Berlin und im Zonenrandgebiet. Als größte Einsparposition erwiesen sich die Verteidigungsausgaben. Allerdings standen diese Entlastungen nicht sofort zur Verfügung. Die Einschnitte wären verheerend gewesen: Hätten wir zum Beispiel die Hilfe für den Berliner Haushalt 1991 gestrichen, hätte der Berliner Senat die Hälfte seiner Einnahmen verloren. Auch die Zonenrandförderung konnte nur langsam reduziert werden.

Die haushaltspolitische Grundsatzfrage war, wie schnell die ostdeutschen Bundesländer zum Westen aufschließen und sich so zumindest teilweise selbst finanzieren könnten. Es ging also um die Entscheidung: Anschubfinanzierung oder finanzpolitische Daueraufgabe? Uns war nach erster Prüfung der Lage im Beitrittsgebiet schnell klar: Hoffnungen auf ein nachgeholtes schnelles Wirtschaftswunder waren illusorisch. Vor allem nach den Entscheidungen zum Umtauschkurs im Rahmen der Währungsunion und nach ersten Bestandsaufnahmen der noch von der letzten Regierung der DDR errichteten Treuhandanstalt für das Staatsvermögen musste jedem finanzpolitisch Sachverständigen bewusst sein: Das wird kein Spaziergang.

Schon im Februar 1990 hatten Helmut Kohl und ich mit dem Angebot der Wirtschafts-, Währungs- und Sozialunion den Weg zu einem ungeteilten Deutschland eingeschlagen. Auch die führenden Köpfe der SPD wie Hans-Jochen Vogel, Willy Brandt, Helmut Schmidt und mein Vorgänger Hans Apel sprachen sich bald für einen raschen Weg zur staatlichen Einheit aus. Die Ablehnung des Einigungsprozesses aufgrund der drohenden Kostenexplosion und des von Lafontaine und anderen befürchteten wirtschaftlichen Zusammenbruchs im Osten empfanden viele in der CDU und CSU, aber auch in der SPD, als kleinkariert und egoistisch – vor allem angesichts des Muts und der Zuversicht, mit denen die Menschen im Osten Deutschlands die Fesseln der Diktatur abgeworfen hatten.

CDU und CSU gewannen die Bundestagswahl deutlich. Damit war auch meine Politik bestätigt. Doch nur zwei Monate später waren wir mit der »Steuerlügen-Kampagne« Oskar Lafontaines konfrontiert. Diese zündete zwar nicht beim Publikum, dafür aber in der Presse. Einige Journalisten spielten das bekannte »Können Sie ausschließen, dass ...?«-Spiel, das den Befragten immer in ein Dilemma bringt. Nach der Verneinung der Ausschlussfrage hieß es: »Finanzminister Waigel schließt Steuererhöhungen nicht aus.« Danach mutierte diese Überschrift: »Der Finanzminister bereitet Steuererhöhungen vor.« Schließlich war zu vernehmen: »Waigel: Steuererhöhungen unvermeidbar.« Ehe ich mich versah, war ich der »Steuerlügner« – ein böses Etikett, das später nur vom wenig schmeichelhaften Titel des »Herrn der Löcher« übertroffen wurde.

Diesen Vorwürfen begegnete ich gelassen. Ich hielt es mit dem früheren amerikanischen Finanzminister Robert B. Anderson. Über unseren Berufsstand pflegte er zu sagen: »Der Finanzminister, der beliebt sein will, hat seinen Job verfehlt.« Populär war ich nicht und wollte ich nicht sein. Es ging darum, die richtigen Entscheidungen zu treffen, der mediale Rummel war zweitrangig.

Dass die finanzpolitische Bewältigung des Wiedervereinigungsprozesses schon unter den Vorzeichen der auf die Einführung der Europäischen Währungsunion gerichteten Konvergenzprozesse stand, machte die Situation für mich nicht einfacher. 1993 musste ich für unsere europäischen Partner überprüfbar darlegen, wie Deutschland die Grenzwerte des Maastricht-Vertrags zur wirtschaftlichen und finanzpolitischen Stabilität einhalten wollte. Es gelang mir, im Inland wie im Ausland Zuversicht zu verbreiten. Tatsächlich schafften wir es bis zum Stichjahr für die Aufnahme in die Währungsunion, die Grenzwerte von 3 Prozent für das Defizit und 60 Prozent für den Schuldenstand einzuhalten. Das war eine enorme Leistung angesichts des Stresstests, den unser Land durch die Finanzierung der Deutschen Einheit durchlief.

Aber nicht jeder Plan ging auf. Die Weltpolitik machte uns einen Strich durch die Rechnung. Auslöser war der erste Golfkrieg: Der amerikanische Finanzminister Nicholas Brady hatte mich anlässlich eines G7-Treffens zur Seite genommen und mir unverblümt mitgeteilt, dass man von Deutschland einen

Beitrag zu diesem Befreiungskrieg erwarte. »Out of Area«-Einsätze der Bundeswehr waren damals verfassungsrechtlich noch nicht möglich. Und so entschloss man sich, auch auf Druck der Verbündeten, internationale Solidarität in Form eines finanziellen Beitrags von fast 17 Milliarden D-Mark zu leisten. Damit wurde allerdings der Rahmen der durch Einsparungen und Kreditaufnahme vernünftigerweise zu deckenden Kosten gesprengt. Schon zu Beginn des Nachwahljahrs musste der zunächst vorübergehende Solidaritätszuschlag auf die Lohn-, Einkommen- und Körperschaftsteuer erhoben werden. Und damit nicht genug: Über den Solidaritätszuschlag hinaus wurden die Versicherung-, Mineralöl- und Tabaksteuer angehoben, und schließlich mussten auch noch die Beiträge zur Arbeitslosenversicherung erhöht werden, um die Kosten der vor allem in Ostdeutschland stark steigenden Arbeitslosigkeit auszugleichen. Die Presse schäumte. Der *Spiegel* schrieb am 4. März 1991: »Das Versprechen, die Einheit zum Nulltarif finanzieren zu können, galt nur einen Wahlkampf lang: Nun wird kassiert – mit den massivsten Steuererhöhungen der Geschichte.« Diese Reaktion war verständlich, schoss aber weit über das Ziel hinaus. Die Zukunft gab uns recht: erstens Kreditaufnahme wegen der schnellen Verfügbarkeit, zweitens Einsparungen wegen der Nachhaltigkeit und drittens Steuer- und Abgabenerhöhung wegen des Ausgleichs von Belastungsspitzen. Es war ein ausgewogener Finanzierungsmix, der alle Schultern gleichmäßig belastete.

Eine meiner größten Herausforderungen war es, einen Länderfinanzausgleich zu organisieren, der die fünf neuen Bundesländer einschloss. Die föderale Finanzverfassung der alten Bundesrepublik beruhte auf der Solidarität der ursprünglich zehn westdeutschen Bundesländer und Westberlins auf der einen und auf der Verantwortung des Bundes für eine möglichst gleichmäßige Finanzausstattung der Länder auf der anderen Seite. Durch einen komplizierten Regelmechanismus wurde erreicht, dass die Finanzausstattungen der Länder pro Kopf nur wenige Prozentpunkte voneinander abwichen. Letztlich funktioniert dieses Prinzip bis heute. Der Länderfinanzausgleich ist Hilfe und Verpflichtung zugleich. Er gibt denjenigen Ländern mit schlechterer Ausgangslage oder mit strukturellen Verwerfungen die Chance, ihren Bürgern in etwa die gleichen Lebensbedingungen zu gewährleisten, wie sie in anderen Teilen der Bundesrepublik vorzufinden sind. Die Empfängerländer sollen die Chance behalten, sich durch Regional- und Strukturpolitik sowie den Ausbau von Infrastruktur selbst wieder auf ein höheres Wohlstandsniveau zu begeben. Bayern ist dafür das beste Beispiel: In den Nachkriegsjahren noch Empfängerland, ist es seit Jahrzehnten unter den größten Einzahlern im Länderfinanzausgleich zu finden. Daran haben sparsame und verantwortliche Haushaltswirtschaft, politische Stabilität und eine stetige Verbesserung der Standortqualität für Zukunftsbranchen einen hohen Anteil.

Bei der Finanzierung der Einheit erinnerten sich die westdeutschen Länder an diese Prinzipien und Erfolgsrezepte des bisherigen Finanzausgleichs nicht mehr so gern. Ihre Grundidee war, die Wiederherstellung der Einheit sei vor allem eine zentralstaatliche Aufgabe, die sie gerne wohlwollend und mit guten Ratschlägen begleiten wollten. Sie hatten gründlich nachgerechnet und waren zu dem Schluss gekommen, dass ein Länderfinanzausgleich mit nun 16 Bundesländern keine kluge Lösung für sie sei. So wurde der »Fonds Deutsche Einheit« geschaffen, mit dem die Unnachgiebigkeit der Länder verschleiert wurde. Ich hatte den Schuldentopf nicht erfunden, musste ihn aber verwalten und verteidigen.

Wie sagte doch schon der kluge Anderson? Wer als Finanzminister beliebt sein will ... Dass ich in diesem Amt Entscheidungen treffen musste, mit denen nicht jeder einverstanden sein konnte, war mir bewusst. Aber es blieb nicht bei Kritik und scharfen Worten. Als Politiker war ich an Leib und Leben bedroht.

Die persönliche Sicherheit von Personen des öffentlichen Lebens war in Deutschland lange kein Thema gewesen. Die tödlichen Attentate auf John F. und Robert Kennedy in den USA sah man als tragische Einzelfälle, für die man in erster Linie die amerikanischen Verhältnisse verantwortlich machte. 1961 fuhren John F. Kennedy, Konrad Adenauer und Willy Brandt im offenen Auto durch Berlin. Als Königin Elisabeth II. 1962 zu Besuch in München weilte, taten sie und Ministerpräsident Alfons Goppel das Gleiche. Erst Mitte der Siebzigerjahre veränderte sich die Sicherheitslage in Deutschland dramatisch. Auslöser waren die Anschläge der RAF auf Spitzenleute der Wirtschaft, auf Repräsentanten der Banken- und Finanzwelt und auf hohe Staatsbeamte.

Ich hatte mich schon in meiner Zeit als Landesgruppenvorsitzender mit der RAF beschäftigen müssen. Weil ich die Zusammenlegung von RAF-Häftlingen entschieden abgelehnt hatte, galt ich als gefährdet. Bereits damals begleiteten mich bei öffentlichen Veranstaltungen von Zeit zu Zeit Sicherheitskräfte des Bundeskriminalamtes. Als Bundesfinanzminister aber stand ich plötzlich im Fadenkreuz der RAF. Wie meinem Vorgänger Gerhard Stoltenberg wurde mir ein ständiges Sicherheitskommando zugeteilt. In Oberrohr wurde ich rund um die Uhr von der Landespolizei bewacht. Dafür mussten auf meinem Bauernhof umfangreiche Sicherheitsvorkehrungen getroffen werden: Kameras überwachten die Eingänge, schusssicheres Glas wurde in allen Fenstern angebracht, ein

Raum für die örtlichen Sicherheitskräfte eingerichtet. Wie notwendig die Maßnahmen waren, zeigte nicht zuletzt der – glücklicherweise erfolglose – Anschlag auf meinen Staatssekretär Tietmeyer.

Mit dem Prozess der Deutschen Einheit und der Tätigkeit der Treuhandanstalt verstärkte sich die Wut der radikalen Kräfte. Der Anschlag auf die US-Botschaft am 13. Februar 1991 und der Mord an Detlef Rohwedder am 1. April des Jahres in Düsseldorf gaben davon Zeugnis. Es hat mich tief getroffen, als aus Kreisen der RAF verlautete, man habe Rohwedder erschossen, weil man an Waigel nicht herangekommen sei. Auf Münchner Stadtplänen, die im Mai 1990 bei Durchsuchungen gefunden wurden, fand man Markierungen ganz in der Nähe meiner Stadtwohnung. Eine Ausspähung wurde vermutet. Bei einer Zellenrevision tauchte eine handschriftliche Aufzeichnung auf, wonach ich »noch schlimmer als Strauß« einzuschätzen sei. In einem der Kassiber wurden viele Details genannt. Diese Leute wussten über meine Lebensgewohnheiten genau Bescheid. Vieles wies darauf hin, dass in nächster Zeit mit weiteren Anschlägen zu rechnen war. Die RAF selbst gab als Grund die »Zellensteuerung« an. Demnach steuerten die RAF-Gefangenen in den Hochsicherheitstrakten die Anschläge ihrer aktiven Genossen. Man wollte signalisieren: Solange es keine Zusammenlegung der Inhaftierten gäbe, werde es zu weiteren Anschlägen kommen.

Mein Name wurde von der RAF explizit genannt. Daher verstärkte man die laufenden Sicherheitsmaßnahmen: Für meinen Bereich wurden mehrere Kommandos gebildet und in Oberrohr wie auch in Bonn meine Fahrstrecken und Aufenthaltsorte durch ständige Aufklärungsmaßnahmen beobachtet. Das Wachkommando hatte ich im Wesentlichen von meinem Vorgänger Stoltenberg übernommen. Es waren meist

Rheinländer oder Norddeutsche, die Bayern, das Schwabenland und das Allgäu kaum kannten. Sie gewöhnten sich aber
schnell an die neue Umgebung und waren mir treue Begleiter
in der Heimat wie auch im Urlaub in Südtirol, sommers beim
Wandern und winters beim Skifahren. Obgleich die meisten
von ihnen protestantisch waren, begleiteten sie mich als Katholiken in die Kirche. An Fronleichnam 1989 nahmen sie in
Ursberg an der Prozession teil. Ich sang im Kirchenchor mit.
Meine Begleiter versuchten mehr oder weniger unauffällig,
sich in meiner Nähe zu postieren. Niemand hatte sie gewarnt,
dass während der Wandlung kräftige Böllerschüsse ertönen
würden; darauf waren sie nicht gefasst. Sie fürchteten einen
Anschlag und zogen blitzschnell ihre Schusswaffen. Die anwesenden Ordensschwestern waren nicht wenig erstaunt. Ich
brauche nicht zu sagen, welch heitere und spöttische Bemerkungen dieser spontane Griff zu den Waffen nach sich zog.

Ein anderes Mal mussten mich meine Personenschützer in
die Stadtpfarrkirche St. Michael in Krumbach zum Gottesdienst begleiten. Sie sollten sich möglichst unauffällig verhalten und so tun, als ob sie zum Kreis der Gläubigen gehörten.
Ministranten mit dem Klingelbeutel gingen umher und sammelten von den Kirchenbesuchern das Opfergeld ein. Der
Kommandoführer Cornelius Bieschke trug 5 D-Mark bei. Als
Bieschke diese Spende später als „Berufsausgabe" vom Bun-
deskriminalamt, seiner Dienststelle, zurückhaben wollte, bot
ihm der genervte Referatsleiter schließlich das Geld aus eigener Tasche an – es gab keine passende Kostenstelle für solche
Ausgaben. Der Kommandoführer lehnte entrüstet ab. Ich weiß
bis heute nicht, wie der Konflikt ausgegangen ist.

Einmal wurde für Oberrohr ein ganzer Zug Bereitschafts-
polizei eingesetzt, um die Wege und Zufahrten zum Ort für
einige Tage zu kontrollieren. Bei dieser Gelegenheit verloren

56 Bürger ihren Führerschein. Wie viele Wählerstimmen würde mich dieses energische Durchgreifen wohl kosten? Der zuständige Sicherheitsbeamte versicherte, seine Truppe hätte nur eingegriffen, wenn ihr die Fahrer beim Öffnen der Wagentür sichtbar alkoholisiert »entgegengekommen« seien.

Und auch diese Geschichte hat sich so ereignet: Im Norden von Oberrohr gab es eine Waldverbindung vom Mindel- zum Kammeltal. Der Weg wurde von Fahrern benutzt, die sich auf der Bundesstraße 300 zwischen Oberrohr und Krumbach keiner Kontrolle aussetzen wollten, es handelte sich um einen »Promillepfad«. Eines Nachts patrouillierten Kräfte des Bundeskriminalamts auf dieser Strecke. Man vermutete, in den Wäldern könnten sich Akteure der RAF verborgen halten. Ein Wagenlenker traf auf eine Kontrolle. Er weigerte sich zunächst auszusteigen und ließ sich die Ausweise des Bundeskriminalamts zeigen, erkannte sie aber nicht an. Als die Beamten ihn aufforderten, im rückwärtigen Teil des Fahrzeugs Platz zu nehmen und sich nach Hause fahren zu lassen, erschien dies dem Fahrer dann doch zu gefährlich. Mit einem Satz verschwand er im Unterholz. Die Sicherheitsleute sahen keinen Anlass, ihm zu folgen, sondern fuhren den Wagen samt Beifahrer zum Haus des Autobesitzers. Der bedankte sich am nächsten Tag überschwänglich, dass man den Vorfall nicht zur Anzeige gebracht hatte. Als die Beamten mich fragten, ob sie wohl richtig gehandelt hätten, stimmte ich ausdrücklich zu.

Die Lage war ernster, als es den Anschein hatte: Es war die Zeit, da mich Justizminister Klaus Kinkel nach fast jeder Sitzung des Bundeskabinetts zur Seite nahm und mich zu größter Vorsicht bei Heimfahrten und beim Aufenthalt zu Hause ermahnte. Besorgt meinte er: »Lieber Herr Waigel, bei Ihnen kracht es demnächst.« Ich war mittlerweile auf Gefährdungsstufe eins gesetzt. Seit dem Mord am Vorstandsvorsitzenden der Deutschen Bank, Alfred Herrhausen, Ende November 1989 tauchte mein Name mehrfach in sichergestellten Unterlagen nach Zellendurchsuchungen auf. Es wurde angeordnet, mich ständig zu begleiten und überall Objektschutz sicherzustellen. Ich bin sicher: Nur dank dieser Maßnahmen und des Einsatzes der Sicherheitsbehörden von Bund und Land bin ich von einem Anschlag verschont geblieben.

Die Finanzierung der Einheit hat noch viele Sonderkapitel. Wichtiger an dieser Stelle ist mir eine persönliche Gesamtbilanz.

Auch wenn wir heute zufrieden auf dieses letztlich erfolgreiche Kapitel der deutschen Geschichte zurückblicken können, führten die Maßnahmen in den Neunzigerjahren zu heftigen Diskussionen. Schließlich war die Regierung Kohl in den Achtzigerjahren mit dem Ziel angetreten, den Weg in den Schuldenstaat unter sozialliberaler Regentschaft zu verlassen und den Staat wieder nachhaltig mit den verfügbaren Mitteln zu finanzieren. Bis 1988 waren wir auch auf dem besten Weg. Die Einheit veränderte alles. Vielen Bürgern schien es nachgerade als Tabubruch, plötzlich mit Milliarden zu jonglieren – Ausnahmesituation hin oder her. Und für die Opposition war es natürlich ein gefundenes Fressen, von der »Wiedervereinigung auf Pump« zu fabulieren. Aber hatten wir als Entscheidungsträger eine andere Wahl?

Der beschriebenen Entwicklung lag kein Masterplan zugrunde. Von Entscheidung zu Entscheidung befassten wir uns mit immer neuen Tatsachen, außerökonomischen Weichenstellungen und sich ändernden wirtschaftlichen Bedingungen. Wir fuhren, wie man so sagt, auf Sicht. Rundherum aber saßen viele kundige Beobachter, die jeweils unter ihrem speziellen Blickwinkel alles anders, ihrer Meinung nach besser gemacht und im Nachhinein immer die treffsicherere Zukunftseinschätzung gehabt hätten. Allein: Ich war in der politischen Verantwortung, und ich nahm sie wahr.

Viele Kulturgüter und Denkmäler in den neuen Bundesländern waren es wert, erhalten und restauriert zu werden. Nicht jedem Anliegen konnten wir sogleich gerecht werden. Ein Projekt, das mir besonders am Herzen lag, war der Wiederaufbau der Frauenkirche in Dresden. Eines Tages erhielt ich ein Schreiben, das von Hans-Jochen Vogel, Wolfgang Mischnick und weiteren Initiatoren unterzeichnet war. Sie baten mich, eine Sondermünze für den Wiederaufbau der Frauenkirche prägen zu lassen und den Erlös dem großen Aufbauwerk zur Verfügung zu stellen. Die Prüfung des Finanzministeriums ergab, dass das nicht möglich war, Münzgewinne mussten dem Haushalt zugeführt werden. Ich ordnete eine erneute Überprüfung an, die das Ergebnis der ersten bestätigte. Gegen den Rat des Hauses gab ich den überraschten Ministerialen die Weisung, die Sondermünze trotzdem prägen zu lassen und den Erlös dem Wiederaufbau zur Verfügung zu stellen. Für die gute Sache war ich bereit, das Jahrhunderte alte Privileg des staatlichen Münzregals zu durchbrechen und auf die Zuführung der Erlöse in die Bundeskasse zu verzichten. Ein Betrag von über 40 Millionen D-Mark floss nach Dresden. Noch heute freue ich mich über diese Entscheidung. Der Wiederaufbau der Dresdner Frauenkirche war nicht nur ein Ereignis für die Stadt, sondern für ganz Deutschland. »Auferstanden aus Ruinen« wurde die Frauenkirche zu einem sichtbaren Symbol der Wiedervereinigung – jenseits von Angebot und Nachfrage, von D-Mark und Marktwirtschaft. Die Menschen in Ost und West zeigten durch gemeinsames Engagement, wie aus der leeren Formel der alten DDR-Nationalhymne ein neues, lebendiges Ganzes entstehen kann. Ich bewundere den Mut derer, von denen schon früh der erste Impuls zu diesem großartigen Werk ausging – namentlich Ludwig Güttler, der als Sprecher der Bürgerinitiative 1989 den Anstoß zum Wiederaufbau gab und sich als Künstler unermüdlich für das Leben in dem 2005 wiedergeweihten Gotteshaus engagiert.

Als ich mir nach meiner Amtszeit mit mehr Zeit und Ruhe den auch Ende 1998 noch nicht ganz abgeschlossenen Prozess ansah, stellte ich fest: Die Gesamtbilanz war positiv. Das war nur möglich, weil wir Leitlinien folgten und auch nach unvermeidbaren Abweichungen vom Erfolgskorridor wieder dorthin zurückfanden. Die Planungen waren stets belastbar: 1990 und 1991 war Deutschland unter den sieben großen Industrienationen neben Japan das einzige Land, das seine Budgetplanung bei den Defiziten im Ergebnis einhielt oder sogar unterschreiten konnte. Niemals in meiner Amtszeit – und zum Glück auch nicht danach – ist Deutschland in eine Lage gekommen wie später in der Finanzkrise die Länder Irland, Griechenland, Spanien und Portugal.

Aber der Ehrlichkeit halber möchte ich nicht verschweigen, dass die Entwicklung im damaligen Beitrittsgebiet deutlich hinter unseren Erwartungen zurückblieb. Es gab Rückschläge und Enttäuschungen. Dazu muss man verstehen: Unsere Generation war geprägt von den Wirtschaftswunderjahren der Bundesrepublik ab 1950. Wir hatten gesehen, wie ein in der Substanz zerstörtes, von einem großen Teil seiner Jugend und seiner Eliten beraubtes Land innerhalb weniger Jahre wieder Anschluss an die großen Industrieländer fand. Aus dieser Erfahrung schöpften wir. Wir konnten dabei auf Ludwig Erhard zurückgreifen: »In politischer, wirtschaftlicher und menschlicher Beziehung wird die Wiedervereinigung Deutschlands Kräfte entfesseln, von deren Stärke und Macht sich die Schulweisheit der Planwirtschaft nichts träumen lässt.« Jetzt im Jahr

2019 sehen wir: Das mit dem Aufholen ist ein mühsamer Prozess. Das Bruttoinlandsprodukt pro Kopf liegt in den fünf neuen Bundesländern bei circa 75 Prozent der westlichen Wirtschaftskraft und die Arbeitslosigkeit mit heute rund 7,5 Prozent bei ungefähr dem Anderthalbfachen der westdeutschen Quote. Aber wir sind auf dem besten Weg, denn zwischen 1989 und 1998 haben wir die Weichen richtig gestellt.

Nicht jede D-Mark, nicht jeder Euro ist sinnvoll verwendet worden, aber die finanziellen und ideellen Einsätze in ihrer Gesamtheit haben wertvolle Frucht getragen. Wenn einige im Osten wie im Westen das bis heute nicht einsehen wollen, liegt das wohl in der Natur des Menschen, das Schlechte stärker wahrzunehmen als das Gute. Ich hingegen sehe mich in guter Tradition der deutschen Finanzpolitiker, die sich als Anwälte des Staats und vor allem seiner Bürger empfunden haben.

Die Wiedervereinigung war das prägende Thema meiner Ministerzeit. Sie beschäftigte mich nicht nur auf wirtschaftlicher und finanzieller Ebene, sondern auch auf logistischer. Was bislang getrennt war, sollte auch symbolisch wieder ein Ganzes werden. Der Regierungssitz der Bundesrepublik wurde aus Bonn nach Berlin zurückverlagert – an sich eine großartige Sache, die aber viele praktische Fragen nach sich zog. Für die Ministerien etwa die, wo sie denn mit ihren zahlreichen Mitarbeitern unterkommen würden.

Ich hatte bereits 1990 Detlev Karsten Rohwedder, dem Chef der Treuhand, zugestanden, das intakte sogenannte Haus der Ministerien der DDR für die Treuhand zu nutzen. Mit dem Hauptstadtbeschluss 1991 war mir aber klar, dass dieses Haus später zum Bundesfinanzministerium des wiedervereinigten Deutschland werden sollte. Viele maßgebliche Mitarbeiter hätten lieber ein neues Gebäude bezogen, doch ich entschied mich für dieses – trotz und gerade wegen seiner belasteten Vergangenheit als Reichsluftfahrtministerium unter Hermann Göring.

Als ich eines Tages dem Haus einen Besuch abstattete, entdeckte ich in einer Ecke eine kleine Ausstellung über den mir bis zu diesem Zeitpunkt nicht bekannten Harro Schulze-Boysen. Er war Offizier im Luftfahrtministerium gewesen, hatte früh das Verbrecherische in der Politik Hitlers erkannt und über die Widerstandsgruppe Rote Kapelle Informationen ins Ausland geliefert. Er wurde entdeckt und mit seiner jungen Frau hingerichtet. Die Briefe aus der Haft an seine Eltern sind bewegend. In Reden und bei Festakten wies ich auf dieses Zeugnis an diesem Ort hin. Eines Tages besuchte mich der Bruder von Harro Schulze-Boysen, der im Auswärtigen Dienst Botschafter geworden war. Er umarmte mich, Tränen in den Augen, und dankte mir für die Erwähnung. Nur eines hätte er sich gewünscht: »Wie schön wäre es gewesen, wenn meine Eltern Ihre Reden noch gehört hätten.«

In Harro Schulze-Boysens Zelle im ehemaligen Strafgefängnis Berlin-Plötzensee fand man später einen Zettel mit nachfolgendem Vers, der sich mir tief eingeprägt hat:

Die letzten Erdendinge
sind Strang und Fallbeil nicht.
Und unsere heut'gen Richter
sind nicht das Weltgericht.

Sparen und Gestalten
Aus dem Leben eines Finanzministers

Auf Einnahmen in erheblicher Höhe verzichten, um dafür etwas Dauerhaftes zu schaffen – niemand hätte vermutet, dass ein solcher Impuls ausgerechnet vom Finanzminister kommen würde. Doch so war es: Im Oktober 1989, zu Beginn meiner Amtszeit, ging es um die Salzgitter AG, ein Stahlproduzent in Niedersachsen und eines der bedeutendsten Unternehmen, die noch in staatlicher Hand verblieben waren.

Nicht nur in der DDR, auch in der Bundesrepublik gab und gibt es staatliche Unternehmen. Die Konzerne agieren in einem marktwirtschaftlichen Umfeld und befinden sich aus historischen Gründen im Staatsbesitz. So ist Volkswagen eine staatliche Gründung von 1930, später ging das Unternehmen auf die Bundesrepublik und einzelne Länder über. Gerhard Stoltenberg hatte in den Achtzigerjahren begonnen, diese Staatsbeteiligungen zu hinterfragen und zahlreiche Unternehmen zu privatisieren. Ich setzte diese Politik fort, etwa bei der Lufthansa, der DSL-Bank oder der Post. Nicht immer ging es um einen Verkauf: Bestimmte Infrastrukturaufgaben oder Schlüsselindustrien sollten besser unter Staatsregie verbleiben – diese Haltung gilt noch heute, etwa im Fall der Deutsche Bahn AG.

Was die Salzgitter AG betrifft, so kam der Vorschlag, das

Unternehmen an die Preussag AG zu veräußern. Es gab kein originäres Interesse des Staats an einer Beteiligung in der Stahlproduktion mehr. Ich wollte den Erlös, nach heutiger Rechnung knapp 1,3 Milliarden Euro, nicht einfach im großen Topf des Bundeshaushalts verschwinden lassen. Stattdessen hatte ich gemeinsam mit Hans Tietmeyer die Idee, mit diesen einmaligen Einnahmen die Deutsche Bundesstiftung Umwelt (DBU) zu errichten. Aus den Stiftungserträgen sollten Forschungsvorhaben aus allen Teilen von Wirtschaft und Gesellschaft, die dem Umweltschutz dienten, gefördert werden, und dies – zumindest in meiner Amtszeit – unter der Ägide des Finanzministeriums. Ich hatte also die Privatisierung unter der Prämisse vorgeschlagen, dass die Stiftung beim Finanzministerium verblieb. Das Bundeskabinett stimmte zu. Eine reizvolle Aufgabe nicht nur für mich, sondern auch für meinen Staatssekretär Hans Tietmeyer, der über ein Jahrzehnt erfolgreich die Geldanlagen der Stiftung betreute. Bis heute stehen für den Stiftungszweck jährlich bedeutende zweistellige Millionenbeträge zur Verfügung.

Der Verkauf der Salzgitter AG und die Gründung der DBU stehen für eine moderne Finanzpolitik, wie ich sie über meine gesamte Amtszeit hinweg verfolgt habe: die Verantwortung für die Zukunft wahrzunehmen, finanzielle Stabilität nachhaltig zu sichern und für die heutige und die nachfolgenden Generationen zu investieren.

1995 war es an der Zeit, eine langfristige finanzpolitische Strategie anzugehen. Die vielfältigen nationalen und internationalen Aufgaben hatten Deutschland in nie da gewesener Intensität beansprucht. Wenn wir nicht aktiv wurden, würden sie auf lange Sicht zu Spannungen in der Finanzarchitektur unseres Landes führen.

Ich gab eine Studie in Auftrag, die sich mit unserer Finanzpolitik, vor allem der Senkung der Staatsquote mit Blick auf
die Jahrtausendwende, beschäftigte. Die darin entwickelten
Leitlinien waren nicht neu, aber angesichts der Wiedervereinigung in den letzten Jahren zeitgerecht anzupassen: Wenn
wir es schafften, das Ausgabenwachstum nachhaltig unter dem
Zuwachs des Bruttoinlandsprodukts zu halten, gewännen wir
Spielraum, um sowohl die staatliche Kreditaufnahme als auch
die Steuerbelastung der Bürger und Betriebe absenken zu können. Tatsächlich wollte ich das Rad nicht neu erfinden, sondern schloss an Gerhard Stoltenbergs bewährte Strategie an.
Was in den Achtzigerjahren richtig war, würde auch in den
Neunzigerjahren zum Erfolg führen.

Die Rede zur Einbringung des Bundeshaushalts 1996 im
Bundestag stellte ich unter das Leitmotiv »Sparen und Gestalten«. Mir kam es darauf an, den Doppelcharakter der Konsoli-
dierungsstrategie zu betonen. Deshalb nannte ich das Programm
»Symmetrische Finanzpolitik«. Es war ein ausbuchstabierter
Plan – ambitioniert, aber durchaus realistisch. Im Rückblick darf
man sagen: Er ist größtenteils aufgegangen. Im Jahr 2000 war
die Staatsquote um vier Prozent gesunken, der staatliche Finan-
zierungssaldo – also das Staatsdefizit – halbierte sich auf eineinhalb Prozent.

In der Steuerpolitik wurden unter meiner Regie die Weichen
neu gestellt, und zwar dauerhaft. Den Auftakt bildete die Abschaffung der Zinsertrags-Quellensteuer, die Ende der Achtzigerjahre im Zusammenhang mit der dreistufigen Steuerreform als eines von mehreren Finanzierungsinstrumenten
eingeführt worden war. Die neue Steuer trat bei meinem Amts-
antritt im April 1989 in Kraft. Fachleute wie Bundesbankpräsident Karl Otto Pöhl hatten zuvor gewarnt, diese Maßnahme
treibe die Zinsen hoch, die D-Mark gerate unter Abwertungs-

druck und Kapital werde ins Ausland flüchten. Dass Pöhl mit diesen Befürchtungen richtiglag, ließ sich schon kurz nach der Ankündigung beobachten. Und so stellte ich als Bedingung für meinen Eintritt ins Kabinett, diese in der Bevölkerung – vor allem bei vielen Sparern – verhasste Steuer wieder zu kassieren. Ich wollte damit gleich in den ersten Wochen eigene Akzente in der Steuerpolitik setzen.

Die Debatte um die Quellensteuer verlief ziemlich emotional. Denn beim Thema Steuern geht es immer auch um Gerechtigkeit – und die wird bekanntlich von jedem anders empfunden. Mein Vater sagte beispielsweise im Wirtshaus gern »Die Steuern machen uns hin«, obwohl er als Nebenerwerbslandwirt fast keine Steuern zahlen musste. In Bundestag und Bundesrat ging es um die zentrale Frage, ob es gerecht sei, dass Menschen, die sehr viel Steuern zahlen, von einer prozentual gleichen oder sogar unterproportionalen Steuerentlastung in absoluten D-Mark- oder Euro-Beträgen stärker profitieren. 1993 führten wir eine neue Form der Zinsbesteuerung ein, verzehnfachten allerdings die Sparerfreibeträge, sodass für etwa 80 Prozent der Sparer die Zinseinkünfte völlig freigestellt wurden.

Dieser gelungene Aufschlag war für mich die Feuerprobe in der Steuerpolitik. Seitdem weiß ich, wie man Steuern abschafft.

1993 verabschiedeten wir als Investitionsanreiz das Standortsicherungsgesetz. Wir senkten dadurch die Steuern auf einbehaltene Gewinne und den Höchststeuersatz für gewerbliche Einkommen. Zudem unterstützte das Gesetz den Mittelstand, denn hier führten wir eine steuersparende Ansparabschreibung ein, die es kleinen und mittleren Betrieben erlaubte, Gewinne unversteuert vor einer größeren Investition anzusammeln.

Ein Störfeuer eröffnete die FDP, indem sie ein »Niedrigsteuergebiet Neue Bundesländer« forderte. Ohne eine entsprechende Einigung gebe es keine Kanzlerwahl, tönte der damalige Parteivorsitzende, Otto Graf Lambsdorff. Jeden Tag mussten meine Mitarbeiter neue Argumente gegen eine erneute – diesmal steuerliche – Teilung Deutschlands in die Öffentlichkeit bringen. Denn es hätte keinen Sinn gemacht, innerhalb des deutschen Staats eine Steueroase zu schaffen. So sahen es alle Steuerexperten – und ich meinte das auch. Nach strittigen Debatten in den Koalitionsgesprächen wurde die Forderung auf Eis gelegt. Danach beschäftigte mich ein besonders heikler Fall, die Abschaffung der Vermögensteuer. Unter normalen Umständen ist ein solches Unterfangen politisches Harakiri. Nur größere Unternehmen und der sehr gehobene Mittelstand profitieren davon. Und die Erfahrung zeigt, dass man mit den Argumenten der Wirtschaftsförderung nicht gegen den allgemeinen Eindruck »Alles immer nur für die Reichen« ankommt. Das Bundesverfassungsgericht brachte schließlich 1995 den Ball ins Rollen. Es erklärte die Steuer in der damaligen Form für verfassungswidrig, da sie Grundbesitzer bevorzugte. An einer möglichen gesetzeskonformen Fortführung hatten meine steuerpolitischen Verbündeten und ich natürlich kein Interesse, und so verschied die deutsche Vermögensteuer Ende 1996 ohne offizielle Beerdigung – und kaum jemand hat sie seither vermisst.

1997 widmete ich mich dann der Gewerbesteuer. Ihre Reform gilt als hohe Kunst der Steuerpolitik. Man hat es auf der Zahlerseite mit gut organisierten Unternehmen und auf der Empfängerseite mit 16 Ländern, über 100 kreisfreien Städten, fast 300 Kreisen und mehr als 11 000 Gemeinden zu tun. Vor allem für die kommunalen Haushalte ist die Gewerbesteuer neben der Grundsteuer die wichtigste selbst beeinflussbare Einnahmequelle, die Rolle des Finanzministeriums bei der

Regulierung ist daher eine schwierige. Im September 1997 war es nach langen Verhandlungen geschafft: Die Gewerbekapitalsteuer als Teil der Gewerbesteuer würde zum Jahresbeginn 1998 auf dem Friedhof der Steuergesetze landen. Allerdings war die Einigung für den Bund nicht umsonst zu haben, ab sofort musste der Bund einen Teil der Umsatzsteuer an die Kommunen abtreten. Die Rechnungen, die solchen Kompensationsgeschäften zugrunde liegen, sollen nicht nur insgesamt einen Ausgleich zwischen dem Bund und seinen nachgeordneten Einheiten sicherstellen. Gefordert wird regelmäßig, keine Gemeinde und kein Land dürfe schlechter als vor der Reform gestellt werden. Steuerreformen sind für den Bund also immer am teuersten und wollen daher gut überlegt sein.

Die Abschaffung der Gewerbekapitalsteuer war eine der Maßnahmen, die ich trotz des engen Haushaltsrahmens zur Sicherung unserer internationalen Wettbewerbsfähigkeit durchsetzen konnte. Dieser Erfolg war mir mit Blick auf Deutschlands Zukunft und den europäischen Einigungsprozess besonders wichtig.

Andere Gründe hatte mein Wirken zur Abschaffung von Bagatellsteuern, Abgaben mit geringem Aufkommen und meist historischem Hintergrund. So verabschiedeten wir uns von der Leuchtmittel-, der Börsenumsatz-, der Salz-, der Tee- und der Zuckersteuer und leisteten so einen Beitrag zur Steuervereinfachung. Gemeinsam mit Steuerstaatssekretär Zeitler konnte ich eine Biermengenstaffelsteuer zum Schutz mittelständischer Brauereien durchsetzen. Leider wurde sie einige Jahre später mit Zustimmung des bayerischen Finanzministers dem Subventionsabbau geopfert.

Keineswegs um Bagatellen ging es bei der Aufgabe, das individuelle Existenzminimum von der Einkommensteuer freizustellen. Als Erblast aus früheren steuerpolitischen Versäumnissen hatte uns das Bundesverfassungsgericht im September 1992 aufgegeben, die Grundfreibeträge für Erwachsene und Kinder bis zum Jahr 1996 kräftig anzuheben. Wieder einmal – und zu Recht – hatte das Verfassungsgericht steuerpolitische Weichen gestellt und notwendige Änderungen erzwungen. Zur Umsetzung wurde eine Expertenkommission eingesetzt, deren Reformvorschläge für einen Sturm der Entrüstung sorgten: »voller menschlicher Kälte«, »ungerecht«, »unsozial« waren nur einige Vorwürfe, die damals unter anderem von Oskar Lafontaine und Norbert Blüm in die Welt gesetzt wurden. Ich war durch meine Mitarbeiter vorgewarnt gewesen und hatte vorsorglich im Ministerium einen alternativen Lösungsvorschlag erarbeiten lassen. So wollte ich das Existenzminimum steuerlich freistellen, diese Entlastung aber nicht auch allen höheren Einkommen zukommen lassen. In einprägsamer Übersetzung des grafischen Verlaufs der Steuerbelastung entstand das despektierliche Wort vom »Waigel-Buckel«, das meiner Lösung des Verfassungsgerichtsauftrags keineswegs gerecht wurde und das ich mit einem Hinweis auf die diskriminierende Sprache abwehrte.

Das letzte größere Steuerreformvorhaben meiner Amtszeit blieb aus politischen Gründen unvollendet. Seit der dreistufigen Steuerreform der Achtzigerjahre war das Einkommen- und Körperschaftsteuerrecht nicht mehr grundsätzlich überarbeitet worden. Ohne ständige Anpassung von Steuertarif und Steuersätzen steigt die Steuerbelastung von Bürgern stetig. Steigende Einkommen und Inflation sorgen dafür, dass immer mehr Steuerzahler aufgrund des progressiven Steuermodells in höhere Besteuerungsbereiche hineinwachsen. Hält der Gesetzgeber sich eine Legislaturperiode zurück und justiert nicht nach, dann erhöhen sich die Steuereinnahmen automatisch um etwa 32 Milliarden Euro. Damit kann man unter normalen Bedingungen eine Steuerreform finanzieren, ohne durch allzu viele Gegenfinanzierungsmaßnahmen die Steuerzahler zu verärgern. In der zweiten Hälfte der Neunzigerjahre brauchten wir die Mehreinnahmen allerdings dringend, um die Kreditaufnahme zu minimieren. Wir wollten schließlich die Maastricht-Kriterien für den Beitritt zur Währungsunion erfüllen.

Trotzdem, so war mir klar, brauchte es ein positives Signal: Steuersenkung und -vereinfachung waren die nötigen Schlagworte. So wollten wir auch zeigen, dass das vierte Kohl-Kabinett noch sehr wohl handlungsfähig war. Ich war mir des Risikos voll bewusst und berief im Juni 1996 16 Experten in eine Steuerreformkommission. Unter den Mitgliedern befanden sich politische Schwergewichte wie Wolfgang Schäuble und Otto Solms, Vertreter der Länder wie der sächsische Finanzminister Georg Milbradt und weitere Steuerfachleute. Nach sechs Monaten harter Arbeit war es Anfang 1997 so weit: Die Steuerreformkommission trat zu ihrer abschließenden Sitzung auf dem Bonner Petersberg im damaligen Gästehaus der Bundesregierung zusammen. Ich zögerte die Beschlussfassung bis nach 20 Uhr hinaus, damit die Presse nicht vor den Gremien informiert war. Dann verkündeten wir die Petersberger Beschlüsse: Der Spitzensteuersatz bei der Einkommensteuer würde von 53 auf 39 Prozent sinken. Der Eingangssteuersatz sollte von 25,9 auf 19,5 Prozent reduziert werden. Die Körperschaftsteuer sollte nur noch 35 Prozent für ausgeschüttete Gewinne und 25 Prozent für einbehaltene Gewinne betragen. Und: Das gesamte Entlastungsvolumen würde sich auf rund 80 Milliarden D-Mark belaufen, wovon etwa 50 Milliarden gegenfinanziert würden.

In den darauffolgenden Tagen kam, was ich befürchtet hatte. Wenn es um den Abbau von Steuervergünstigungen geht, verteidigt jede Partei ihre eigene Klientel. Bundesarbeits-minister Norbert Blüm von der CDU drohte mit Rücktritt, und Rudolf Dreßler von der SPD meinte, man könne nicht »50-Mark-Scheine mit der Mehrwertsteuer einsammeln, um dann 1000-Mark-Scheine für die Senkung des Spitzensteuersatzes zu verschleudern«. Anderen wiederum ging die Bereinigung des Steuerrechts von Ausnahmen nicht weit genug. Auch der Nachwuchs der Union, bekannt als der Andenpakt, sparte nicht mit Kritik. Roland Koch, Christian Wulff, Peter Müller, Ole von Beust und Günther Oettinger hatten in der Steuerreform ein neues Thema gefunden, um sich an Helmut Kohl und mir zu reiben und damit Profil zu gewinnen – eine ernst-hafte Debatte um die Vor- und Nachteile unserer Steuervor-schläge führten sie nicht.

Wolfgang Schäuble hat der damalige Aufstand seiner jun-gen Freunde bewogen, in seiner achtjährigen Amtszeit als Fi-nanzminister jede Anstrengung zu unterlassen, um eine Steu-erreform auf den Weg zu bringen. Ganz im Gegenteil: Jahr für Jahr stieg die Steuerquote, was letztlich half, Koalitionskonflik-te mit staatlichen Zusatzausgaben zu entschärfen.

Ungeachtet aller Kritik beschlossen im Frühjahr 1997 zuerst das Kabinett und später auch der Bundestag dieses letzte gro-ße Steuerreformkonzept der Ära Kohl. Doch der Wahlkampf machte uns einen Strich durch die Rechnung: Ein Jahr vor der Bundestagswahl wollte die Opposition aus SPD und Grünen keinen Erfolg der Regierung. Der Bundesrat lehnte deshalb mit der Mehrheit der von Rot-Grün regierten Länder den Bun-destagsentwurf ab. Auch mehrere Vermittlungsbegehren und parteiübergreifende Gespräche brachten keinen Durchbruch. Ende September 1997 wurde unser Gesetzentwurf schließlich endgültig im Vermittlungsausschuss abgelehnt. Dass unsere Steuerreformvorschläge jedoch so falsch nicht gewesen sein können, bestätigte 2001 Hans Eichels Steuergesetz, das im Wesentlichen auf unserem Entwurf aufbaute.

Ein folgenschwerer Fauxpas unterlief mir in einem Interview, das ich 1997 auf der Kappeler Alp gab. Der Journalist fragte mich, wie lange man denn solch einen mörderischen Job überhaupt aushalte. Ich sei doch bereits der längstgediente Finanzminister seit 1949. Arglos stimmte ich zu: »Ja, länger als neun oder zehn Jahre kann man das nicht machen. Dann hat man genug getan für sein Vaterland.« Einige Wochen später, ich befand mich mit meiner Familie im Urlaub auf Usedom, grub ein anderer Journalist genau diesen Satz wieder aus. Und nun ging es in den Medien erst richtig los: »Der Finanzminister ist amtsmüde«, »Der Finanzminister will gehen«, »Der Finanzminister verlässt das sinkende Schiff«. Mein Hotel wurde von morgens bis abends von Fernsehteams belagert. Erst als ich wahrheitswidrig erklärte, ich könne mir nichts Schöneres vorstellen, als weitere vier Jahre Bundesfinanzminister zu bleiben, beruhigte sich die stürmische See. Dabei war ich längst schon der Meinung, für die Bundestagswahl 1998 sei eine Regierungsumbildung mit neuen Gesichtern notwendig. Nach dem Machtwechsel schied ich dann aus dem Amt aus.

Wenn ich im Rückblick über meine Zeit im Bundesfinanzministerium spreche, verwende ich manchmal den Ausdruck »Hundejahre«. Das hat auch mit den harten, unpopulären Entscheidungen zu tun, die man als Finanzminister mitunter treffen muss. Den Ruf, den ich damals in manchen Kreisen genoss, spiegelt die folgende kleine Anekdote: Ein Sommerinterview des ZDF führten wir in malerischer Umgebung auf 2000 Meter Höhe bei den Zirmtaler Seen in Südtirol durch. Nach dem Interview traf ich auf einen deutschen Wanderer, der mich durchdringend ansah und vorwurfsvoll bemerkte:

»Sie sehen doch aus wie der Waigel.« Da mir seine Zudringlichkeit auf die Nerven ging, antwortete ich: »Ja, das passiert mir immer wieder, dass ich mit dem verwechselt werde. Dabei will ich mit dem Kerl nichts zu tun haben.« Darauf die Antwort: »Kann ich gut verstehen.« Nach dieser entwaffnenden Bemerkung fiel mir nichts mehr ein.

Doch ungeachtet der Härten des Amtes kann ich heute ehrlich sagen: So anstrengend die »Hundejahre« waren, bin ich doch dankbar für die vielen prägenden Erfahrungen, die mir gerade dieses Amt ermöglichte. Wenn ich heute noch einmal vor der Wahl stünde, würde ich jederzeit wieder Finanzminister werden.

EUROPA UND DIE WELT

Deutschland wird souverän

Verhandlungen mit Moskau

Noch am 13. Juli 1990 hatte ich auf einem Parteitag der CSU in Nürnberg über die drängenden Entscheidungen gesprochen, die innen- und außenpolitisch für Deutschland anstanden. Damals konnte ich mir nicht vorstellen, wie schnell wir tatsächlich Entschlüsse von historischer Tragweite für unser Land würden treffen müssen. Doch die Ereignisse überstürzten sich. Grund war die dramatische ökonomische Lage, in der sich die Sowjetunion befand.

Zweifelsohne war die Verabschiedung des deutschen Währungsvertrags ein großer und richtiger Schritt in Richtung deutsche Einheit gewesen. Doch die sowjetische Regierung stellte er vor riesige Probleme: Die DDR konnte die notwendigen Stationierungskosten für die sowjetischen Truppen nicht mehr bezahlen. Das sogenannte Transfer-Rubel-System, durch das finanzielle Verbindlichkeiten unter den sozialistischen Staaten beglichen wurden, funktionierte nicht mehr. Diese und noch weitere Fragen mussten wir dringend mit der Regierung in Moskau besprechen.

Am Samstag, dem 14. Juli, nahmen Bundeskanzler Helmut Kohl, Außenminister Hans-Dietrich Genscher, Pressechef Hans »Johnny« Klein und ich eine Sondermaschine der Luftwaffe. Nur wenige Vertraute begleiteten uns. Um meine Teilnahme hatte Kohl ausdrücklich gebeten, da von uns auch finanzielle Zusagen erwartet wurden. Als wir kurz vor 23 Uhr in Moskau landeten, empfingen uns Außenminister Eduard Schewardnadse und weitere Regierungsmitglieder sowie der deutsche Botschafter Klaus Blech. Am folgenden Tag begannen die Parallelgespräche zwischen Kohl und Gorbatschow, Genscher und Schewardnadse sowie Finanzminister Valentin Pawlow, dem stellvertretenden Ministerratsvorsitzenden Stepan Sitarjan und mir.

Zunächst informierte ich unsere sowjetischen Gesprächspartner über die Ergebnisse des Europäischen Gipfels von Dublin und das G7-Treffen in Houston. Es gab Erfreuliches zu berichten: Die G7 waren zu technischer Hilfe bereit. Weltbank und EG-Kommission hatten zugestimmt, das Reformprogramm der Sowjetunion zu unterstützen. Zugleich verwies ich auf den deutschen Fünf-Milliarden-Kredit und stellte klar, dass dieser nicht unbegrenzt ausgedehnt werden könne.

Bei dem erwähnten Kredit handelte es sich um eine Vereinbarung vom Juni 1990. Dabei hatte ein Konsortium deutscher Kreditinstitute unter der gemeinsamen Federführung der Deutsche Bank AG und der Dresdner Bank AG das benötigte Geld der Bank für Außenwirtschaft der UdSSR bereitgestellt. Die Bundesregierung hatte die Bürgschaft übernommen. Als zuständiger Minister war ich für die Transaktion verantwortlich. Die Art und Weise, wie Helmut Kohl mich einbezog, war jedoch einigermaßen ungewöhnlich: Eines Sonntags rief er an und bat mich, unverzüglich nach Bonn zu kommen. Da schwante mir schon Schlimmes – und ich sollte recht behalten. Umstandslos eröffnete mir Kohl, dass Michail Gorbatschow in ernsten ökonomischen und finanziellen Problemen stecke. Es gab mittlerweile große Versorgungsengpässe im Land, und der sowjetische Präsident erwartete von uns einen ungebundenen Finanzkredit. Meine Antwort war klar: Einen solchen Kredit könne ich nur gewähren, wenn ich zu 99 Prozent sicher sei, dass er auch zurückgezahlt würde. In diesem Fall allerdings wäre ich mir zu 99 Prozent sicher, dass wir unser Geld niemals wiedersehen würden. Aber ich wusste auch: Geld war nicht allein ausschlaggebend. Es ging um mehr. Gorbatschows mutige Reformpolitik überzeugte mich, in seine Person hatte ich ein Grundvertrauen. Trotz aller Bedenken entschieden wir uns am Ende für den Kredit. (Gorbatschow sollte unser Vertrauen später in vollem Umfang rechtfertigen, ebenso wie sein Nachfolger Jelzin. Nach dem Anstieg der Energieeinnahmen zahlte Russland den Kredit zurück.)

Doch zurück zu den Verhandlungen in Moskau. Minister Sitarjan sprach zunächst die Punkte an, die für die Sowjetunion entscheidend waren: Einmal ging es um weitere Hilfen westlicher Staaten und dann um die wirtschaftlichen und technischen Fragen, die sich im Zusammenhang mit der deutschen Wiedervereinigung stellten. Er sagte zu, mit dem bereits gewährten Kredit alle Zahlungsrückstände gegenüber deutschen Firmen zu begleichen. Vor allem war ihm aber wichtig, die Sowjetunion so zu stellen, dass sie ohne Schaden aus der Wiedervereinigung herauskomme. Dabei gestand er ein, dass sein Land vor einem Berg nicht bezahlter Rechnungen stand und dringend unterstützt werden musste. Für den Zahlungsbilanzausgleich konnte nicht auf eine spätere Hilfe des Internationalen Währungsfonds gewartet werden. Erst wenn kurzfristige Problemlagen gelöst seien, könne weitergedacht werden ...

Die offensichtliche Bedrängnis, in der sich die sowjetische Seite befand, leuchtete mir ein. Zugleich war ich überzeugt: Ohne grundlegende Strukturreformen und eine erfolgversprechende marktwirtschaftliche Konzeption würde es keinen Fortschritt geben. Erst wenn diese Voraussetzungen geschaffen wären, könnte eine Kreditfinanzierung erfolgen. Welche Projekte und in welcher Höhe, würde man dann gemeinsam besprechen. Diesen Standpunkt machte ich unmissverständlich klar.

Ich bot Gespräche zu einem Überleitungsvertrag an, um die finanziellen Auswirkungen der Einführung der D-Mark in der DDR zu regeln. Uns war bewusst, dass die D-Mark den gesamten Außenhandel zwischen Deutschland und den Ländern des RGW (Rat für Gegenseitige Wirtschaftshilfe) tangieren würde. Das Vertrauen, das wir der Sowjetunion mit der Kreditgewährung ausgesprochen hatten, sollte geschützt, aufrechterhalten und auf eine vertragliche Basis gestellt werden.

Beim anschließenden offiziellen Mittagessen trat Gorbatschow souverän und selbstbewusst auf. Er war gut informiert. Kundig und klug sprach er über völkerrechtliche Fragen, besonders über die Rechte der Sowjetunion in der DDR und gegenüber der NATO. Es war erkennbar, dass er sich mit der Wiedervereinigung mehr oder weniger abgefunden hatte – sofern die finanziellen Rahmenbedingungen stimmten.

Als ich ihn später einige Minuten unter vier Augen im Gästehaus sprechen konnte, erinnerten wir uns gemeinsam an den Besuch von Franz Josef Strauß Ende 1987: Diese Begegnung lag noch keine zwei Jahre zurück, und doch hatte sich die Welt seither komplett verändert. Gorbatschow versicherte, das Gespräch mit Strauß werde immer einen besonderen Platz in seiner Erinnerung einnehmen. Aber die Herausforderungen der Gegenwart forderten uns auf, nach vorn zu blicken. Wir müssten sowohl »philosophisch als auch pragmatisch« denken. Eine in diesem Sinne pragmatische Unterstützung war der deutsche Kredit: Gorbatschow bedankte sich, dass er rechtzeitig angekommen sei. Zum Dialog äußerte er sich positiv. Der Anfang sei voll guter Hoffnung. Das Fazit müsse später gezogen werden.

Anschließend umriss Gorbatschow in großer Runde, wie die innenpolitischen Veränderungen in der Sowjetunion auf die ganze Welt wirkten. Der Parteitag hatte trotz heftiger Debatten weitere marktwirtschaftliche Entscheidungen gebracht. Ein Gesamtunionsvertrag wurde vorbereitet, um den Vielvölkerstaat umzugestalten. Umfassende Änderungen auf fast allen Gebieten würden stattfinden. Dabei seien auch Ideen aus der Bundesrepublik Deutschland hinsichtlich der Wirtschaftsbeziehungen, der Konversion im Ural und des Einsatzes für einen Mittelstand sehr willkommen.

Helmut Kohl dankte für das konstruktive Gespräch. Er sagte: »Wir stehen vor einem historischen Augenblick in der Welt. Die Entwicklungen drängen zu Entscheidungen mit langen positiven Wirkungen. Wir sind übereingekommen, sie nicht zu verschlafen.«

Unumwunden nannte der Bundeskanzler den aus deutscher Sicht eigentlichen Grund dieses wichtigen Besuchs: die Wiedervereinigung. Er betonte, die von Deutschland gewünschte Einheit sei keineswegs vergleichbar mit der von 1871, als wichtige europäische Partner außen vor gelassen worden seien. Im Gegenteil: 1990 fände die Wiedervereinigung in Übereinstimmung mit den deutschen Nachbarn statt. Konkret schlug Kohl vor: Das vereinigte Deutschland und die Sowjetunion sollten spätestens innerhalb eines Jahres einen umfassenden Vertrag miteinander abschließen. Alle bisherigen Verträge sollten überprüft und Zukunftsorientiertes geschaffen werden. Dazu gehörten auch ein Gewaltverzicht und ein Nichtangriffspakt.

Gorbatschow antwortete auf Kohls Ausführungen mit einem knappen »Gut«. Auf der anschließenden Pressekonferenz milderte er seine Zustimmung etwas ab: »Alles ist im Fluss. Alle Nüsse sind zu knacken.«

Damit waren die geschichtsphilosophischen Fragen erörtert. Beim gemeinsamen Abendessen wandte sich Gorbatschow wieder den pragmatischen Themen zu. Er erwähnte unter anderem, sein Land brauche Brauereien. Deutsche Investitionen seien sehr erwünscht. Ich ergriff die Chance, um dem mir am Herzen liegenden bayerischen Brauereiwesen neue Märkte zu eröffnen.

Am Nachmittag des 15. Juli flogen wir mit Gorbatschow in einer Sondermaschine des Präsidenten nach Stawropol im Kaukasus. Dort hatte Gorbatschow seine ersten politischen Erfolge erzielt und war für die regionale Landwirtschaftspolitik verantwortlich gewesen. Als wir ankamen, hatte man den beiden Finanzministern den kleinsten und PS-schwächsten Wagen zugedacht. Unser Chauffeur hatte es daher schwer, in der Kolonne der mächtigen Limousinen Schritt zu halten. Nur durch eine rallyeartige Kurventechnik schaffte er es, den Anschluss an die übrige Delegation zu halten. Stolz zeigte uns Gorbatschow seinen ehemaligen Amtssitz. Später flogen wir nach Archys, die Gegend, aus der er stammte. Helmut Kohl hatte um einen gemeinsamen Besuch in dieser Region gebeten.

Der stellvertretende Ministerratspräsident Sitarjan nutzte die Reisezeit, um erneut über die schon bekannten pragmatischen Fragen zu sprechen. Die Sowjetunion brauchte dringend drei bis fünf Milliarden Rubel, damals waren das zwischen sieben und acht Milliarden US-Dollar, um Weizen für die Lebensmittelversorgung kaufen zu können. Sie musste bereits Goldreserven verkaufen oder verpfänden, was volkswirtschaftlich eine große Gefahr darstellte. Die Energiepreise waren zu niedrig, der Konsumverbrauch zu hoch. Kredite aus den Ölstaaten, die zwischen 200 bis 300 Millionen Dollar betrugen, waren zu wenig. Er hoffte deshalb auf das Gespräch mit dem EU-Kommissionspräsidenten Delors, ohne ein Konsortium der EU-Länder ginge es nicht ...

Ein Zwischenstopp auf einer großen landwirtschaftlichen Kolchose unterbrach unser Gespräch. Als Gorbatschow erfuhr, dass ich als Jugendlicher bei der Ernte helfen musste, bat er mich zu einem gemeinsamen Foto auf einem Mähdrescher. Zwei Bauernbuben unter sich. Auch Gorbatschow stammte aus einer bäuerlichen Familie. Da aber weit und breit keine Scheune oder ein Lagerhaus zu sehen war, fragte ich, wo das Getreide aufbewahrt werde. Gorbatschow musste einräumen, dass es schlichtweg auf dem Erdboden gelagert wurde. Es gab keine Lastwagen und nicht genügend Treibstoff, um die Ernte angemessen einzulagern. Einer der Gründe für die dramatischen Versorgungsengpässe im Land war an dieser Stelle zu besichtigen.

In Archys waren Kohl und Gorbatschow im zentralen Gästehaus untergebracht, ich in einem kleineren Haus direkt neben einem Gebirgsfluss, der die ganze Zeit geräuschvoll vor sich hin rauschte.

Am Abend machte ich mich mit Pressesprecher Johnny Klein auf den Weg zu dem rund 500 Meter entfernten Konferenzraum. Einige Journalisten schlossen sich uns an. Schon auf halber Strecke wurden sie von den Sicherheitsbeamten aufgehalten. Ich erklärte, sie wären meine Mitarbeiter und ich hätte vor, Gorbatschow die silberne Gedenkmünze von Franz Josef Strauß zu überreichen. Die Münze beeindruckte offenbar. Die Sicherheitsbeamten ließen den gesamten Trupp widerstandslos passieren. Später durfte uns die Presse noch auf dem legendären Spaziergang zu einem trockengelegten Gebirgsfluss in der Nähe begleiten. Wir versammelten uns an einem großen Gästetisch, etliche Fotos zeugen heute noch von dieser historischen Begegnung.

Beim Abendessen wogte das Gespräch munter hin und her. Es ging vor allem darum, eine Atmosphäre des Miteinanders zu schaffen. Gorbatschow kam auf den Zusammenhang von politischer Freiheit und Verantwortung und schließlich auf Kants Philosophie zu sprechen. Seine Gattin Raissa brachte sich lebhaft ein. Gorbatschow meinte lakonisch, es sei nicht einfach, mit einer studierten Philosophin verheiratet zu sein. Doch immerhin trage die Verbindung reiche Früchte für die deutsch-russischen Beziehungen: Raissa Gorbatschowa beschäftige sich nämlich intensiv mit der deutschen Philosophie. Etliche Übersetzungen ins Russische habe sie schon veranlasst.

Später sprach der Präsident schonungslos über die finanziellen Verluste, welche die Sowjetunion durch den weitverbreiteten Alkoholmissbrauch erleide, die Katastrophe von Tschernobyl und das militärische Desaster in Afghanistan. Auch die deutsche Besatzung während des Zweiten Weltkriegs kam zur Sprache: Gorbatschow erzählte mir von einem deutschen Soldaten namens Hans, der im Haus seiner Eltern einquartiert gewesen war.

Der Präsident berichtete auch, wie der real existierende Sozialismus seine Kindheit tief geprägt hatte: Die Mutter war eine fromme Frau, der Vater hingegen überzeugter Kommunist, der Lenin und Stalin huldigte. Aber mit diesem Antagonismus hätten alle Beteiligten gut gelebt. Gorbatschow zeigte auch keine Scheu, politische Witze zum Besten zu geben, wie sie in Moskau gerade kursierten. An einen erinnere ich mich bis heute: Eine lange Menschenschlange steht vor einem Lebensmittelgeschäft. Einer der Wartenden läuft zum Verkäufer und droht die Erschießung der Kerle an, die für die lange Schlange verantwortlich sind. Darauf antwortet der Verkäufer: »Die Schlange dafür ist auf der anderen Seite, die ist aber noch länger als die der Wartenden.«

Dieser Abend war der unterhaltsame Teil der Unternehmung. Morgen aber würden die offiziellen Gespräche beginnen. Also zogen wir uns zu einem letzten Vorbereitungsgespräch zurück. Kohl, Genscher, Klein und ich legten die großen Linien für die Verhandlung am nächsten Tag fest.

Als wichtigstes Ziel formulierten wir: Das vereinte Deutschland müsse berechtigt sein, der NATO beizutreten und deutsche NATO-Verbände auch auf dem Gebiet der ehemaligen DDR zu stationieren. Wenn die sowjetische Seite darauf bestand, auf eine Stationierung ausländischer NATO-Streitkräfte und von Nuklearwaffen auf früherem DDR-Gebiet zu verzichten, würden wir diese Einschränkung in Kauf nehmen. Die entscheidende Frage war, wie diese Absprachen von der Öffentlichkeit aufgenommen werden würden, und zwar nicht nur in Deutschland, sondern vor allem in der Sowjetunion. Dass jetzt nicht die Zeit war, um Jubel oder gar Triumphgefühle zu zeigen, war uns bewusst. Zudem mussten wir dafür sorgen, dass in Berlin kein Ungleichgewicht zwischen den Alliierten entstand. Daher kamen wir überein, dass die amerikanischen, britischen und französischen Truppen bis zum Abzug der sowjetischen in Berlin bleiben sollten.

Etwas erschöpft von dem intensiven spätabendlichen Austausch verließ ich den Raum. Überraschenderweise stieß ich auf Sitarjan: Mein Verhandlungspartner hatte draußen gewartet und hoffte nun, die finanziellen Auswirkungen der Vereinbarungen direkt mit mir besprechen zu können. Ich sah mich jedoch nicht in der Lage, ad hoc den Umfang der Abzugskosten, die Währungskonsequenzen sowie die Übernahme von DDR-Verpflichtungen zu verhandeln. In einer bilateralen

Nachtsitzung konnte man nicht die Weichen für die Zukunft beider Länder stellen. Mit diesem Bescheid musste sich Sitarjan zufriedengeben. Ich bot aber an, eigens nach Moskau zu kommen, um alle Punkte mit ihm zu verhandeln. Schweren Herzens erklärte er sich mit dem Aufschub einverstanden.

Todmüde, aber zufrieden und hoffnungsvoll gelangte ich nach Mitternacht endlich in meine Unterkunft. Ich war aufgewühlt, öffnete die Fenster und hörte das beruhigende Rauschen des nahen Gebirgsbachs. Die angespannte Erwartung angesichts der morgigen Ereignisse, die Deutschlands Zukunft bestimmen würden, hielt mich wach. Unser Land befand sich in einem schier unglaublichen Prozess, den viele Zeitgenossen damals – und so auch ich – kaum fassen konnten. Ich machte mir dazu stenografische Notizen, eine inzwischen lieb gewonnene Gewohnheit, die sich als äußerst wertvoll erwiesen hat. So verfüge ich heute über umfangreiche Mitschriften der historischen Gespräche im Kaukasus und von weiteren, für mich persönlich wichtigen Begebenheiten, die nirgends sonst dokumentiert sind.

Am nächsten Vormittag eröffnete Bundeskanzler Kohl den offiziellen Teil der Verhandlungen mit dem Ziel, innerhalb eines Jahres einen umfassenden Vertrag abzuschließen. Er betonte, dass es nicht allein darum ging, rechtliche Grundlagen zu schaffen, sondern die Dinge mit dem richtigen Gespür und der nötigen Empathie voranzubringen. Ein Vertrag, der alle Bereiche der zwischenstaatlichen Beziehungen umfasste und langfristige Perspektiven für die Zukunft aufzeichnete, könne die Beziehung beider Länder vertiefen und zu einer neuen Qualität im Miteinander führen. Alte Vereinbarungen sollten nicht über den Haufen geworfen, sondern sorgfältig geprüft und gegebenenfalls erneuert werden. Gorbatschows Zustimmung kam wieder auf Deutsch. »Gut!«, lautete sein kurzer Kommentar.

Danach wandte sich die Diskussion den Zwei-plus-Vier-Gesprächen zu. Helmut Kohl verlangte volle Souveränität für das wiedervereinigte Deutschland. Eine Grenzgarantie gegenüber Polen war bereits erfolgt. Die Bundesrepublik sei bestrebt, auch mit dem polnischen Nachbarn einen umfassenderen Vertrag abzuschließen, allerdings zeige sich der bislang nur an der Grenzregelung interessiert.

Genscher betonte, das wiedervereinigte Deutschland müsse das Recht haben, sich einem Bündnis anzuschließen. »Ich will die Mitgliedschaft in der NATO«, fügte er unmissverständlich hinzu. Helmut Kohl ergänzte, die volle Souveränität Deutschlands bedeute auch, ein Bündnis wählen zu können. Und damit stand der nächste heikle Punkt im Raum. In der folgenden langen Debatte wurde unter anderem erörtert, wie Streitkräfte des vereinigten Deutschlands auf dem Gebiet der DDR stationiert werden konnten, denn die territoriale Verteidigung musste auch dort gewährleistet sein. Genscher meinte aber, dass es zunächst keine deutschen NATO-Truppen sein müssten. Und die Bundesrepublik erklärte sich gern bereit, beim Abzug der sowjetischen Truppen zu helfen. Denn die Verlagerung von Mannschaft und Waffen verlangte nicht nur guten Willen von beiden Seiten. Sie bedurfte auch finanzieller Unterstützung, bei der selbst scheinbar nebensächliche Aspekte wie die Umschulung von Soldaten in Zivilberufe sowie der Wohnungsbau für die Rückkehrer in die Sowjetunion zu berücksichtigen waren. Gorbatschow vernahm dieses Angebot mit großer Befriedigung.

Bundeskanzler Kohl oblag es schließlich, die Ergebnisse des Tages zusammenzufassen. In bemerkenswerter Präzision formulierte er 14 Punkte, die zeigten, wie sehr sich beide Seiten in wenigen Stunden angenähert hatten:

1. Deutschland wird für das nächste Jahr eine Einladung zu einem Besuch in Bonn aussprechen.
2. Die deutsch-sowjetischen Beziehungen sind von besonderer Bedeutung.
3. Beide Seiten werden einen grundlegenden Vertrag abschließen.
4. Die äußeren Aspekte der Deutschen Einheit müssen rechtzeitig vor dem KSZE-Gipfel gelöst werden.
5. Die Einigung umfasst die Bundesrepublik Deutschland, die DDR und Berlin.
6. Die Vier-Mächte-Regelung wird von einem abschließenden Dokument abgelöst.
7. Es ist eine souveräne Entscheidung Deutschlands, über ein Bündnis zu entscheiden. Dass die Bundesrepublik Deutschland gemäß Art. 5 und 6 des NATO-Vertrags die Mitgliedschaft in der NATO anstrebt, ist bekannt.
8. Es soll einen zweiseitigen Abwicklungsvertrag über den Truppenabzug geben.
9. Davon getrennt soll die Frage der Überleitung und Auswirkung der deutschen Währungsunion geklärt werden.
10. Die militärische Präsenz in Berlin umfasst alle vier Siegermächte.
11. Die Bundesrepublik erklärt den Verzicht auf die ABC-Waffen und die Einhaltung des Nichtverbreitungsvertrags.
12. Deutsche Streitkräfte außerhalb der NATO können schon vor dem Abzug der sowjetischen Truppen in der DDR und in Berlin stationiert werden. Später muss es auch möglich sein, deutsche NATO-Truppen dort zu stationieren.
13. Die Obergrenze der gesamtdeutschen Streitkräfte in der Bundeswehr wird 370 000 Mann betragen.
14. Weitere Wirtschafts- und Finanzgespräche werden durch die Minister Sitarjan und Waigel geführt.

Gorbatschow erklärte sich erneut mit einem nachdrücklichen »Gut!« einverstanden.

Als der sowjetische Präsident und der deutsche Bundeskanzler am gleichen Tag gemeinsam vor die Presse traten, um die Verhandlungsergebnisse zu verkünden, waren sich alle Anwesenden der Dramatik und der Bedeutung dieses Augenblicks bewusst. Selbst die von Berufs wegen besonders kritischen Journalisten waren ergriffen. Wir verabschiedeten uns sehr herzlich von unseren sowjetischen Gastgebern und waren glücklich über das, was wir gemeinsam erreicht hatten. Wir waren überzeugt, dass diese Vereinbarungen im grundlegenden Interesse beider Staaten waren.

Erst auf dem Flug zurück nach Bonn fühlte ich, wie erschöpft ich nach dem mehrtägigen Verhandlungsmarathon war. Ich stieg in einen kleineren Flieger nach Leipheim um und rekapitulierte die großen Momente der vergangenen Tage, die so viel Positives für Deutschland gebracht hatten.

Schon einen Monat später traf ich am 23. August erneut in Moskau ein. Dort wollten wir die zugesagten Gespräche über Finanzfragen mit dem stellvertretenden Ministerratspräsidenten Sitarjan aufnehmen. Es ging um einen umfassenden Kooperationsvertrag, um Truppenabzug, Aufenthalt und Unterhalt der Truppen der Sowjetunion in der DDR in den Jahren 1991 bis 1993/94, die Auswirkungen der Einführung der D-Mark in der DDR auf die Sowjetunion und um das mir besonders wichtige Überleitungsabkommen.

Ich dankte Sitarjan für die Einladung und zeigte mich hoffnungsfroh, in unseren Gesprächen an den guten Geist von Moskau, Stawropol und Archys anschließen zu können. Gleich zu Beginn wies ich allerdings darauf hin, dass die finanziellen Forderungen das überstiegen, was uns an Hilfen möglich war.

Wir hatten einen Entwurf für ein Abkommen konzipiert, wonach die Sowjetunion für die Kosten ihrer Streitkräfte selbst aufkommen musste.

Ein weiterer Themenbereich war der Transferrubelsaldo. Die DDR würde voraussichtlich Forderungen in Höhe von rund vier Milliarden Transferrubel – das entsprach etwa sechs Milliarden D-Mark – aus Handelsüberschüssen gegenüber der Sowjetunion haben. Denkbar für uns war, diese in D-Mark umgewandelten Schulden einige Jahre zu stunden und danach im Rahmen sowjetischer Erdgaslieferungen abzubauen. Zudem musste ich Sitarjan eröffnen, dass auf Liegenschaften der sowjetischen Truppen und bei der Wismut AG erhebliche Umweltschäden zu beklagen waren. (Die Wismut AG, Uranbergbau war eine sowjetisch-deutsche Aktiengesellschaft, DDR und UdSSR fungierten je zur Hälfte als Eigentümer.) Eine noch zu gründende Kommission sollte eine Bestandsaufnahme vornehmen und eine finanzielle Regelung finden.

Sitarjan betonte seinen grundsätzlichen Standpunkt: Die deutsche Wiedervereinigung sei gut, dürfe aber keine Nachteile für die Sowjetunion bringen. Daher argumentierte er mit den Belastungen, die ohne diesen Schritt nicht entstanden wären. Naturgemäß hatten wir unterschiedliche Ansichten über die Höhe dieser Aufwendungen, aber nach einigem Hin und Her wurden wir uns einig.

Schließlich wollte Sitarjan von mir eine Größenordnung wissen: Wie viel sei Deutschland zu zahlen bereit? Ich zögerte mit der Antwort und fragte leise den neben mir sitzenden Horst Köhler. Der flüsterte mir »3,5 Milliarden« zu. Als ich diesen Betrag laut nannte, fragte Sitarjan entgeistert zurück, ob ich das jährlich meinte. Da ich verneinte, verdüsterte sich sein Gesicht. Und nicht nur er war enttäuscht. Sitarjan informierte Gorbatschow, und dieser rief unverzüglich in Bonn an.

Als ich zurückkam, bedeutete mir Helmut Kohl, dass wir den Betrag aufstocken mussten. Wir kamen schließlich auf acht bis neun Milliarden D-Mark als Höchstleistung. Die letztliche Einigung kostete schließlich noch mehr: zwölf Milliarden D-Mark als Direktzahlung und weitere drei Milliarden als ungebundener Kredit. Für mich war das ein Betrag, den ich nur schwer in meine Finanzplanung einbringen konnte. Im Nachhinein denke ich: Wir sind günstig davongekommen. Aber für den Moment war ich erschrocken.

Einige Jahre später traf ich den früheren Wirtschaftsminister Alexander Schochin und erkundigte mich nach Sitarjans Befinden. Es gehe ihm gut, antwortete Schochin, aber er leide noch immer unter einem »Waigel-Trauma«. Hätte ich angesichts der Leistungen, die die Bundesrepublik insgesamt für die Wiedervereinigung aufgebracht hatte, nicht auch das Zehnfache bezahlen können? Sitarjan bedauere sehr, keine Null hinter die 15 gesetzt zu haben. Schochins Bemerkung ärgerte mich, ich widersprach. Doch insgeheim überlegte ich: Was hätten wir getan, wenn die Sowjetunion auf dieser Forderung beharrt hätte?

Die Sache fand jedenfalls ein glückliches Ende: Während der Einigungsfeierlichkeiten am 3. Oktober 1990 bedeutete mir der russische Botschafter Terechow, dass das Überleitungsabkommen unterschriftsreif war. So kam ich zu der großen Ehre, am 9. November 1990 – an jenem oft als Schicksalstag der Deutschen bezeichneten Tag, der zugleich mein Namenstag ist – den ersten völkerrechtlichen Vertrag des souveränen Deutschlands unterzeichnen zu dürfen. Es war ein bewegender Augenblick in meinem Leben.

Aber Beziehungen entwickeln sich weiter. Und so wurde 1991 zu einem Jahr voller Unwägbarkeiten. Am 12. Juni fanden die ersten demokratischen Präsidentschaftswahlen in der Sowjetunion statt, aus denen Boris Jelzin als Präsident der Russischen Teilrepublik hervorging. Staatspräsident war zunächst noch Michail Gorbatschow, der allerdings im August durch einen – wenn auch misslungenen – Putsch geschwächt wurde. Boris Jelzin bezog öffentlich Stellung gegen die Putschisten und sicherte sich Schlüsselpositionen. Derweil schwand Gorbatschows Autorität. Am 24. September traf ich ihn in Moskau, nun nicht mehr im Kreml, sondern in einem schmucklosen Büro, in das er sich hatte zurückziehen müssen. Als ich ihm sagte, dass in den letzten Wochen und Monaten viele Menschen in Deutschland um ihn gebangt und für ihn gebetet hätten, rannen ihm Tränen über das fahle, müde Gesicht. Er dankte herzlich mit den Worten: »Seine Freunde erkennt man in der Not.« Die Auflösung der Sowjetunion stand unmittelbar bevor.

Jelzins erster Besuch in Bonn am 21. November 1991 fiel daher in eine aufgewühlte Zeit. Die politische Lage war unübersichtlich. Vom 18. bis 21. November hatten sich die Repräsentanten der G7, darunter Staatssekretär Horst Köhler für Deutschland, in Moskau getroffen. Dabei war es vor allem um westliche Liquiditätshilfen und die Zusammenarbeit mit der sowjetischen Außenwirtschaftsbank als Ansprechpartner für Fragen der Auslandsschulden gegangen. Überaus wichtig war, dass die Russische Föderation für sämtliche Altschulden der UdSSR gesamtschuldnerisch haften würde. Damit war die Bedienung der Altschulden nicht nur rechtlich, sondern auch ökonomisch abgesichert. Acht Republiken hatten das Memorandum vorbehaltlos akzeptiert. Noch war jedoch unklar, wie sich der Unionsvertrag insgesamt entwickeln würde und wie sich die verschiedenen Sowjetrepubliken zu diesem Vertrag und einer weiteren Zusammenarbeit stellen würden. Die Klärung war die

Voraussetzung für einen Zahlungsaufschub, für die Bereitschaft zur Aufrechterhaltung kurzfristiger Kredite und die beratende Unterstützung bei der Mobilisierung von Vermögenswerten.

Mir ging es vor allem darum, Präsident Jelzin über den Stand der Verhandlungen der G7 mit der Union und den Republiken zu unterrichten. Jetzt sei eine faire Lastenteilung gefragt, auch andere Wirtschaftsmächte, wie die USA, Großbritannien und Frankreich, müssten sich stärker beteiligen. Außerdem wollte ich wissen, ob künftig die Union oder die selbstständigen Republiken an den internationalen Finanzinstitutionen beteiligt seien, ob es bei einer einheitlichen Währung bleibe und wie sich der Bankensektor in der Föderation gestalten könne. Auf viele dieser Fragen wusste Jelzin noch keine Antwort. Deutlich kristallisierte sich aber bereits ein Problem heraus, das bis heute die Sicherheit Europas gefährdet: Das Ausscheiden der Ukraine aus dem Verbund war für Russland problematisch – nicht zuletzt, weil in diesem Land etwa sechs Millionen Russen lebten.

Doch mir waren nicht nur die Gespräche mit der Russischen Föderation, sondern auch mit den anderen Nachfolgestaaten der Sowjetunion wichtig. Die Stabilität in den früheren Sowjetrepubliken war für Deutschland überaus bedeutsam. Ein besonders wichtiger Partner in diesem Dialog war, wie könnte es anders sein, die Ukraine.

Im Februar 1992 traf ich mich mit Präsident Leonid Krawtschuk auf dem Petersberg bei Bonn, um über die Altschulden zu diskutieren. Krawtschuk versicherte mir, die Ukraine werde ihre Schulden zurückzahlen. Danach wandten wir uns den finanziellen Lasten der Katastrophe von Tschernobyl zu, der Verwirklichung ukrainischer Projekte, der Kernwaffenkontrolle und der Atomwaffenabrüstung. Letztere sollte rasch voranschreiten und bis 1994 abgeschlossen sein.

Unterdessen gingen die Verhandlungen mit Russland weiter. Im Dezember 1992 reiste Helmut Kohl mit einer großen Delegation, zu der auch ich gehörte, nach Moskau und Sawidowo. Präsident Jelzin wurde unter anderem vom stellvertretenden Ministerpräsidenten Alexander Schochin und von Ministerpräsident Viktor Tschernomyrdin begleitet. In seiner Eröffnungsrede nannte Jelzin Kohl einen weisen Politiker. Kohl bedankte sich, indem er das Treffen als eine historische Stunde bezeichnete. Wichtig seien aber nicht nur die politischen Treffen, sondern auch die Gespräche mit deutschen Unternehmern, die den Bundeskanzler nach Moskau begleitet hatten.

Mit Hubschraubern flogen wir nach Sawidowo. Das frühere Jagdrevier von Breschnew war etwa 180 Kilometer von Moskau entfernt. Ein üppiges russisches Mittagessen wartete auf uns im frisch renovierten Ensemble. Der ebenfalls anwesende Wirtschaftsminister Sergej Netschajew fragte mich unvermittelt auf Deutsch: »Waigel, hascht a Geld?« Netschajew hatte in Konstanz studiert und sprach ausgezeichnet Deutsch.

Da es aber in der Politik wie in der Wirtschaft immer auch um Atmosphärisches geht, lud Jelzin zu einem Ausflug ins eisige Freie. Er und Kohl waren in der Kälte dick bekleidet und sahen aus wie große Bären. Kohl wurde eine Angel gereicht, da er Fischen jedoch verabscheute, drückte er sie mir in die Hand. Zusammen mit Jelzin versuchte ich mein Glück, und siehe da: Wir fingen mehrere Forellen. Am Nachmittag erlegten Jelzin und Kohl auf der Pirsch drei Hirsche und einen Keiler.

Horst Köhler und ich hatten schwierige Gespräche zu bewältigen, Außenminister Klaus Kinkel war ebenfalls anwesend. Es gab eine erbitterte Auseinandersetzung um die Höhe und die Berechnung des Transferrubelsaldos sowie darum, wie angebliche Aufwendungen in den Kasernen entschädigt werden sollten. Die russische Seite wollte von ursprünglich durch Gorbatschow geforderten 18 Milliarden D-Mark wenigstens drei Milliarden erlösen, sie argumentierte mit der Alimentierung der früheren DDR durch Energielieferungen und militärische Unterstützung. Zudem verwiesen die Unterhändler immer wieder auf die großen Probleme ihres Landes auf den internationalen Finanzmärkten und baten um Deutschlands Hilfe. Wir verwiesen auf die Umweltlasten und die Ansprüche aus Miet- und Pachtverträgen gegenüber den Russen. Köhler fragte Schochin, ob er eine gesichtswahrende Lösung benötige. Die Antwort Schochins: »I need a Body-Saving-Solution«, eine lebensbewahrende Lösung. Wir stockten schließlich den Betrag um 550 Millionen D-Mark auf, um die Wiedereingliederung der nach Russland zurückkehrenden Truppen zu unterstützen. Was die Liegenschaften anbelangte, verzichteten beide Seiten auf gegenseitige Ansprüche, und die Frage des Transferrubelsaldos wurde für acht Jahre zurückgestellt. Wir sagten zu, die Russen im Pariser Club hinsichtlich einer mittelfristigen Umschuldung der Auslandsschulden der ehemaligen UdSSR zu unterstützen und günstigere Umschuldungsbedingungen zu erreichen. Die Bundesrepublik stellte der Russischen Föderation, Weißrussland und der Ukraine eine Milliarde D-Mark zur Verfügung, um die Opfer nationalsozialistischen Unrechts entschädigen zu können.

Angesichts der Ausgangslage war dies für uns ein glänzendes Ergebnis. Endlich konnten wir über die Liegenschaften der sowjetischen Truppen auf dem Gebiet der ehemaligen DDR verfügen. Der Abzug würde bis zum 30. August 1994 erledigt sein.

Das abschließende Gespräch zwischen Präsident und Bundeskanzler zeigte noch einmal deutlich, in welch unterschiedlicher Lage sich Deutschland und die Russische Föderation befanden: Als Kohl Jelzin unmissverständlich mitteilte, dass keine substanzielle Entschädigung infrage kam, war Jelzin anfangs wütend. Sein Hals schwoll knallrot an, und ich befürchtete schon ein vorzeitiges Ende unserer Reise. Kohl aber betonte: »Ich setze mich überall für dich und Russland ein, aber mute mir nicht etwas zu, was ich in Deutschland nicht vertreten kann.« Jelzin war einverstanden, und wir wandten uns dem Abendprogramm zu, das zu meiner Überraschung aus einem gemeinsamen Saunabesuch bestand. Weltpolitik nackt. Ich schlug ihm vor, zu seiner Wiederwahl eine Volkspartei wie die CSU in Bayern zu gründen. Reaktionsschnell erwiderte er: Mit dem C habe er keine Probleme, aber das SU gehe in Russland nicht mehr.

Bevor wir wieder nach Deutschland zurückkehrten, legten der Bundeskanzler und die deutschen Minister noch einen Kranz auf dem deutschen Soldatenfriedhof in Ljublino nieder und erwiesen am Grabmal des unbekannten Soldaten den im Zweiten Weltkrieg gefallenen russischen Soldaten die Ehre.

Auch in den Folgejahren besuchte ich Russland, verhandelte das investitionsfördernde Doppelbesteuerungsabkommen und trieb das wirtschaftliche und finanzielle Engagement Deutschlands voran. Eine sehr persönliche Reise unternahm ich am Rande der Jahrestagung der Europäischen Bank für Wiederaufbau und Entwicklung in Sankt Petersburg 1994. Zuerst sprach ich dort unter anderem mit Ministerpräsident Tschernomyrdin und seinem Stellvertreter Schochin und besuchte ein Wohnungsbauprojekt, das wir aufgrund des Überleitungsvertrags in Shokowow verwirklicht hatten, bevor ich als erster Redner bei der Tagung sprach. Deutschland hatte sich zum wichtigsten Ratgeber entwickelt, und so legte ich den russischen Gesprächspartnern nahe, ein verlässliches und investitionsfreundliches Rechtssystem voranzubringen und einen funktionsfähigen Finanz- und Bankensektor sowie ein soziales Sicherungsnetz aufzubauen.

Danach nutzte ich die Gelegenheit, Kaliningrad zu besuchen. Ich gab an, dort deutsch-russische Joint Ventures inspizieren zu wollen, was ich auch tat. In Wirklichkeit aber wollte ich diesen geschichtsträchtigen Boden betreten und das frühere Königsberg, die Kurische Nehrung sowie das Haff erleben. Mein ehemaliger Deutschlehrer Willi Reinus, der aus Königsberg stammte, hatte mir viel von diesem beeindruckenden Land erzählt. Schon aus der Luft bekam ich einen ersten Eindruck vom früheren Ostpreußen.

Bei der Fahrt durch Königsberg kamen wir am Theater, der Oberpostdirektion und der Börse vorbei. Einige wenige Straßen erinnerten an die deutsche Vergangenheit, ansonsten machte die Stadt einen düsteren Eindruck. Ich spürte keine eigene Identität, nur eine geistige und kulturelle Leere infolge der jahrzehntelangen Herrschaft der Sowjetideologie. Der Dom war als Ruine nur noch in Umrissen erkennbar, aber das an der Außenseite befindliche Grabmal von Immanuel Kant war gut erhalten. Es bewegte mich, an der letzten Ruhestätte dieses großen Philosophen zu stehen. Seine Worte hatten sich mir eingeprägt: »Zwei Dinge erfüllen das Gemüt mit immer neuer und zunehmender Bewunderung [...]: der bestirnte Himmel über mir und das moralische Gesetz in mir.« Sätze, die man nicht vergisst.

Am nächsten Tag stiegen wir in den Omnibus und fuhren zur Kurischen Nehrung. Eine faszinierende Landschaft tat sich vor uns auf. Auf dem Festland sah man Gutshöfe – wenngleich verkommene Gebäude, so waren sie doch erhalten. Und das Kulturland war geblieben, die Küste überwältigend schön, die Nehrung eindrucksvoll, die Flora urtümlich.

Über Litauen ging es nach Nidden. Ich wollte das Ferienhaus von Thomas Mann besuchen. Auch hier erblickten wir einen herrlichen Strand. Die Düne von Nidden erinnerte mich an eine traurige Ballade von Agnes Miegel. Die Freude an der Natur mischte sich in mir mit der Wehmut über die Ereignisse nach 1945. Mit diesem Abstecher erfüllte sich ein seit meiner Jugend gehegter Wunsch.

Immer wieder wurde in den letzten Jahrzehnten behauptet, wenn wir nur gewollt hätten, hätten wir Königsberg und Ostpreußen zurückkaufen können, doch der Preis sei uns zu hoch gewesen. Was für eine Mär! Russland war keineswegs bereit, seinen Zugang zur Ostsee aufzugeben. Und die Bundesrepublik war an die Vereinbarungen des Zwei-plus-Vier-Vertrags und des deutsch-polnischen Grenzvertrags gebunden, ohne die die deutsche Einigung nicht zustande gekommen wäre.

Als die russischen Streitkräfte im August 1994 abzogen, fand in Berlin ein Festakt statt, bei dem der russische Präsident Boris Jelzin, der französische Präsident François Mitterrand, der britische Premier John Major und der amerikanische Vizepräsident Al Gore zugegen waren. Zuvor schon hatte mir der letzte Oberkommandierende der sowjetischen Streitkräfte Matwej Burlakow die Schlüssel von *Karlowka*, dem sowjetischen Hauptquartier in Berlin-Karlshorst, überreicht. Er ließ seine Elitesoldaten ein letztes Mal antreten. Sie sangen zunächst auf Russisch und dann auf Deutsch ein Abschiedslied, das sich tief in meine Erinnerung eingegraben hat:

Deutschland, wir reichen Dir die Hand
und kehr'n zurück ins Heimatland.
Die Heimat ist empfangsbereit,
wir bleiben Freunde allezeit.
Auf Frieden, Freundschaft und Vertrauen
woll'n wir unsere Zukunft bau'n.

Mister Euro.

Meilensteine der europäischen Einigung

Mein jüngster Sohn Konstantin war noch keine zehn Jahre alt, als er mich eines Tages unvermittelt fragte: »Sag mal, Papa, stimmt es eigentlich, dass du der Vater vom Euro bist?« Ich zögerte einen Moment, schließlich wollte ich mir nicht zu viel anmaßen. Wahrheitsgemäß sagte ich: »Der Euro hat natürlich noch andere Väter und Mütter.« Die Antwort stellte Konstantin nicht zufrieden. Leicht genervt entgegnete er: »Ich will aber nicht der Bruder vom Euro sein.« Mittlerweile ist auch Konstantin, so viel darf ich als stolzer Vater sagen, zum überzeugten Europäer geworden.

Für mich selbst als Kind war Europa vor allem eine große Erzählung – ich kannte es aus den Geschichten meines Vaters oder von den Besuchern, die mit uns zu Hause am Tisch saßen. Die Namen der Orte kriegerischer Auseinandersetzungen im Ersten Weltkrieg von den Vogesen über die Bukowina bis nach Flandern waren mir schon in meiner Jugend geläufig. Mein im Zweiten Weltkrieg gefallener Bruder hatte in Frankreich gekämpft und war im Elsass begraben. Die Heimatvertriebenen, die in unserem Haus lebten, schwärmten voller Sehnsucht vom schönen Sudetenland.

Um konkrete Erfahrungen mit Europa zu machen, bot sich kurz nach dem Krieg allerdings nicht viel Gelegenheit: 1949 nahm mich mein Firmpate Josef Hanusch von Weiler im Allgäu mit nach Sulzberg, das im Österreichischen liegt. Fünf Jahre später saß ich erstmals am Ufer des Rheins bei Achern im Badischen an der deutsch-französischen Grenze. Zwei Jahre darauf besuchte ich Straßburg – damals selbstverständlich noch nach einer Grenzkontrolle. In den Sechzigerjahren begleitete ich mehrmals deutsche Pilger nach Rom, und einmal pilgerte ich mit einer solchen Gruppe nach Lourdes im südwestlichen Frankreich. Was mich schon bei meinen ersten Begegnungen mit Österreichern, Franzosen und Italienern faszinierte, war die lebendige Vielfalt unseres Kontinents, die doch das Verbindende gemeinsamer Wurzeln in sich trägt.

In unserer schwäbischen Heimatzeitung las ich als Jugendlicher von der europäischen Idee – von einem Europa, dessen Grundton das Miteinander und nicht der Konflikt sein sollte. Ich hörte von Robert Schuman, Alcide De Gasperi und Winston Churchill. Dazu gesellten sich bald Namen wie Jean Monnet und – für Deutschland – Konrad Adenauer. Sie verkörperten ein anderes Weltbild als jenes, das ich von zu Hause kannte. Mein Vater war über dem Erleben zweier Weltkriege zum politischen Skeptiker und Neutralisten geworden. Später erzählte er mir, wie er als Soldat zum ersten Mal auf einen Menschen geschossen hatte. »Jede Kugel, die aus meinem Gewehrlauf kam, hat mich geärgert«, sagte er. Das war das Vermächtnis meines Vaters. Er war gegen Bündnisse, gegen die Wiederbewaffnung und auch gegen eine europäische Verteidigung. Er meinte, Deutschland solle es halten wie die Schweiz. Mir dagegen imponierten die europäischen Reden von Franz Josef Strauß, Kurt Georg Kiesinger und weiteren Unionspolitikern. Montanunion, EURATOM und Europäische Verteidigungsgemeinschaft, überhaupt europäische Gemeinschaften: All das klang in meinen Ohren wie eine einzige Verheißung, um aus früheren Gegnern Freunde zu machen.

An die Römischen Verträge von 1957 erinnere ich mich noch gut. Damals als junger Mann fragte ich mich, wie sich Europa wohl in meiner Lebenszeit und der meiner Generation entwickeln würde. Heute, nach mehr als 60 Jahren, stelle ich fest: Es wurde mehr erreicht, als ich zu hoffen gewagt hatte. Bald schon nahm das europäische Projekt Fahrt auf: 1963 schlossen Charles de Gaulle und Konrad Adenauer den Élysée-Vertrag. Sie beendeten damit die jahrhundertelange »Erbfeindschaft« und legten das Fundament für die enge deutsch-französische Freundschaft.

Anfang der Sechzigerjahre wurde ich in der Jungen Union aktiv. Dort sah man Europa als Chance, es war ein Versprechen für die Zukunft. Auf jeder Landesversammlung wurden europäische Themen behandelt. Wenn ich jetzt, da ich mich selbst zu den Alten zähle, etwas bedauere, dann ist es das Schwinden der Begeisterung von einst: Dass die europäische Idee bei den jungen Leuten heute kaum mehr verfängt, dass sie auch bei dem politisch engagierten Nachwuchs meiner Partei keinen sonderlich hohen Stellenwert besitzt – das empfinde ich als Verlust.

In den Sechzigern und Siebzigern waren Reisen ins europäische Ausland für uns noch eine große Sache: Meine ersten politischen Kontakte in anderen europäischen Ländern ergaben sich aus Gruppenreisen der Jungen Union. Ich fuhr nach Frankreich, nach Paris und Fontainebleau, und besuchte Skandinavien. 1971 ging es aus Europa hinaus, erst nach Japan und Indien, später in die Vereinigten Staaten von Amerika, nach Israel und Brasilien. Kein einziger Staat – und sei er noch so wohlhabend – konnte für sich allein existieren. Jeder brauchte den anderen. Dieser an sich simple Gedanke prägte später mein politisches Handeln, gerade auf europäischer Ebene.

Als ich in den Achtzigerjahren Landesgruppenvorsitzender der CSU wurde, machte ich Bekanntschaft mit konkreten europäischen Projekten. Denn Europa, das war und ist eben nicht nur eine Idee, sondern besteht aus einer großen Zahl von Einzelprojekten. Ein exemplarisches Beispiel war zu dieser Zeit Airbus. Ich war dabei, als im Haushaltsausschuss um die Fortführung des als Pilotprojekt gestarteten Airbus-Programms gerungen wurde. Ziel war es damals, den amerikanischen Herstellern eine europäische Alternative entgegenzusetzen. Das gilt auch heute noch.

Als Bundestagsabgeordneter konnte ich die politischen Bemühungen um eine gemeinsame europäische Währung aus nächster Nähe mitverfolgen: Das nach dem Zweiten Weltkrieg etablierte Bretton-Woods-System war Ende der Sechzigerjahre zerbrochen. Die Europäer versuchten, ihre Währungen in einem Verbund zu stabilisieren. 1979 gab es einen weiteren Anlauf: das Europäische Währungssystem, kurz EWS. Valéry Giscard d'Estaing und Helmut Schmidt hatten es vorangetrieben und überzeugten die meisten Mitglieder der Europäischen Gemeinschaft von seinen Vorteilen.

Als ich am 21. April 1989 zum Finanzminister ernannt wurde, lag der Delors-Bericht schon auf meinem Schreibtisch. Fast ein Jahr zuvor hatten sich auf dem Europäischen Rat in Hannover die Regierungschefs darauf verständigt, unter der Leitung von Jacques Delors, dem Präsidenten der Europäischen Kommission, einen Plan für die Schaffung einer gemeinschaftlichen europäischen Währung auszuarbeiten. Delors schuf ein solches Konzept in wenigen Monaten und präsentierte es auf gerade einmal 38 Seiten. Als ich seinen Bericht studierte, rechnete ich nicht damit, seine ambitionierten Vorstellungen während meiner Amtszeit zu verwirklichen. Ich bezweifelte, dass angesichts der unterschiedlichen ökonomischen Situation in den Ländern innerhalb eines Jahrzehnts eine gemeinsame Währung möglich sein würde. Ganz abgesehen davon, konnte ich mir zu diesem Zeitpunkt nicht vorstellen, dass ich als Finanzminister neuneinhalb Jahre im Amt bleiben würde.

Mit leichter Skepsis im Gepäck flog ich gemeinsam mit Staatssekretär Hans Tietmeyer und Bundesbankpräsident Karl Otto Pöhl zu meiner ersten Sitzung des ECOFIN (Rat für Wirtschaft und Finanzen) der europäischen Finanzminister in S'Agaró in Spanien. Auf diesem Treffen hatte ich meine Feuertaufe zu bestehen: Nach nur vier Wochen im Amt sollte ich schon Deutschland bei der ersten Diskussion über eine Europäische Währungsunion vertreten. Der Delors-Plan sah dafür eine Fixierung der Wechselkurse im europäischen Währungssystem und die Schaffung einer politisch unabhängigen Europäischen Zentralbank (EZB) mit Aufsicht über die nationalen Zentralbanken vor. Ziel war Geldwertstabilität in ganz Europa. Trotz heftiger Debatten war man sich schon 1988 über die Grundsätze einig geworden. In den folgenden Monaten wurden die Einzelheiten verhandelt. Die Teilnehmerstaaten diskutierten zwei Strategien: Ein Teil sprach sich für die »Lokomotivstrategie« aus. Sie waren der Überzeugung, dass es erst eine Zentralbank geben müsse, die dann die EU-Währungen zueinander ins Verhältnis setzen würde. Andere folgten der »Konvergenzstrategie«, die zuerst die Angleichung der Volkswirtschaften und der Währungen vorsah, bevor eine Europäische Zentralbank die Finanzaufsicht übernehmen würde.

Im Sinne Deutschlands plädierte ich für eine strenge Disziplin in der Finanzpolitik – aus meiner Sicht die grundlegende Voraussetzung für eine stabilitätsorientierte Geldpolitik. Was später als »No-Bailout-Klausel« im Maastricht-Vertrag festgelegt wurde, habe ich schon damals gefordert. No bailout meint ja nichts anderes, als dass Staaten bei unsolider Finanzpolitik keineswegs darauf hoffen dürfen, die Gemeinschaft werde sie schon »irgendwie« auffangen. Die Einhaltung dieses Prinzips schien mir von Anfang an unabdingbar, wollten wir mit einer gemeinsamen europäischen Währung auf Dauer erfolgreich sein. Schon 1989 war mir wichtig zu betonen: Wir brauchen in Europa klare Regeln, an die sich jeder zu halten hat. Als Grundlage für weitere Beratungen begrüßte ich den Delors-Bericht.

Im Sommer desselben Jahres kam es zu einem deutsch-französischen Treffen der Finanz- und Wirtschaftsminister im oberbayerischen Rottach-Egern. Die Partnerschaft beider Länder musste sich in diesem Prozess bewähren. Mir war es wichtig, von Beginn an eine vertrauensvolle Atmosphäre zu schaffen. Zwar bestanden noch etliche wirtschafts- und währungspolitische Differenzen. Nicht zuletzt der engagierte Beitrag von Bundesbankpräsident Pöhl sorgte aber für offene Gesprächsbereitschaft auf beiden Seiten. Wir waren uns einig, dass die weiteren Verhandlungen zwischen den Finanzministern in enger Kooperation mit den Notenbanken vorbereitet und geführt werden sollten. Die primäre Zuständigkeit der Außenminister wehrten wir erfolgreich ab.

Nachdem so eine solide Grundlage für die kommenden Monate gelegt war, gingen wir zum geselligen Teil über: Es gab eine Bootsfahrt auf dem Tegernsee mit bayerischen Schmankerln und Bier, musikalisch begleitet von zünftiger Volksmusik. Mein französischer Amtskollege Pierre Bérégovoy und seine Delegation fühlten sich bei diesem Treffen sichtlich wohl. Die persönliche Begegnung und die daraus entstandene

Freundschaft wirkten sich förderlich auch auf unsere weitere Arbeit im ECOFIN und Europäischen Rat aus.

Eine der nächsten Sitzungen des ECOFIN-Rats fand am 13. und 14. November 1989 in Brüssel statt. Der britische Schatzkanzler John Major kündigte an, Großbritannien werde dem Europäischen Währungssystem beitreten. Doch es gebe Besorgnisse über die zweite und dritte Stufe, die Ziele würden unterstützt, die Methoden nicht. Großbritannien werde noch einen eigenen Vorschlag entwickeln.

Durch unsere Vorschläge und unsere Mitwirkung konnten wir die anderen Staaten von unserer europafreundlichen Politik überzeugen. Nicht jeder war von Anfang an so zuversichtlich wie der spätere Präsident der Europäischen Kommission Jean-Claude Juncker, der euphorisch von »einem Rendezvous mit der Geschichte« sprach.

Noch immer wird in diesem Zusammenhang kolportiert, die gemeinsame europäische Währung sei der Preis gewesen, den Deutschland für die Wiedervereinigung habe zahlen müssen. Diese haltlose These gehört endlich ins Reich der Legenden verwiesen. Richtig ist: Helmut Kohl und die Bundesregierung unterbrachen den europäischen Prozess während der innenpolitischen Umwälzungen 1989/90 nicht für einen einzigen Moment. Auf diese Weise zeigten wir Verlässlichkeit und entkräfteten die Befürchtungen unserer europäischen Partner, ein wiedervereinigtes Deutschland werde sich aus der europäischen Integration verabschieden. Die unmissverständliche Botschaft war: Deutschland wird keine unkalkulierbare, nach allen Seiten pendelnde Macht. Sondern wir bleiben fest auf europäischem Kurs.

Als unmittelbarer Zeuge, der bei den wesentlichen Gesprächen auf internationaler Ebene zugegen war, bin ich sogar der

Meinung: Erst Deutschlands europäische Integration gab für Gorbatschow den Ausschlag, der Wiedervereinigung zuzustimmen. Denn Deutschlands Einbindung lag nicht zuletzt im Interesse der Sowjetunion, die sich zum »Haus Europas« zugehörig fühlte, wie Gorbatschow mehrfach erklärte. Außenminister Genscher oblag es, die Verhandlungen für eine Politische Union in Europa zu führen. Meine Aufgabe war die Gestaltung einer Europäischen Währungsunion – die zweite Währungsumstellung in meiner Amtszeit, nachdem wir im wiedervereinigten Deutschland in den östlichen Bundesländern schon erfolgreich die D-Mark eingeführt hatten.

Ein Meilenstein auf dem Weg zum Euro war die Regierungskonferenz in Rom am 15. Dezember 1990, die einen Vertrag über eine gemeinsame Wirtschafts- und Währungsunion in Europa ausarbeiten sollte. Bundeskanzler Kohl vertrat Deutschland, ihm zur Seite saßen Außenminister Genscher und ich als Finanzminister. Ich hatte bei Kohl durchgesetzt, den ökonomischen Teil dieses europäischen Vertrags von den Finanzministern verhandeln zu lassen – eine Enttäuschung für das Auswärtige Amt.

Zu Beginn der Regierungskonferenz war nicht abzusehen, welches Ergebnis am Ende stehen würde. Ein solcher Vertrag bedurfte in Deutschland einer verfassungsändernden Mehrheit, weil der Status der Bundesbank verändert wurde. Ob es zur Ratifizierung die entsprechende Mehrheit im Bundestag und Bundesrat geben würde, war nicht sicher. Außer Großbritannien wollten sich auch Dänemark, Belgien und Irland den Eintritt in die letzte Stufe der Währungsunion durch ihre Parlamente genehmigen lassen, in Dänemark und Frankreich war ein Referendum vorgesehen. Bis der mehrjährige Prozess zu Ende war, fanden in Deutschland und den anderen europäischen Staaten nationale Wahlen statt. Niemand konnte im Voraus sagen, ob es nach diesen Wahlen noch Mehrheiten für einen europäischen Vertrag geben würde. Immerhin: In Rom wurde ein Anfang gemacht.

Die Skepsis, die viele Bundesbürger damals äußerten, ist mir nicht entgangen. Bis zu einem gewissen Punkt konnte ich die Menschen sogar verstehen: Die D-Mark war Teil ihrer Identität, sie hatte sich bewährt. Der Vorwurf, es habe über den Vertrag und die Einführung des Euro keine Volksabstimmung, kein Referendum gegeben, ist rechtlich und politisch allerdings haltlos. Das Grundgesetz sah und sieht eine solche Volksabstimmung nicht vor. Alle großen Entscheidungen seit 1949 sind im Sinne einer gut funktionierenden repräsentativen Demokratie in Bundestag und Bundesrat gefallen. In Deutschland konnten die Bürger bei Wahlen – drei Bundestagswahlen fanden bis zur Einführung des Euro statt – über dieses europäische Projekt abstimmen. Sie haben sich mit großer Mehrheit für proeuropäische Parteien entschieden. Die Legitimation, den eingeschlagenen Weg zur Wirtschafts- und Währungsunion weiterzugehen, war also zweifelsohne gegeben.

Im Anschluss an die Konferenz von Rom konnten die Detailfragen auf den Sitzungen des ECOFIN in Angriff genommen werden. Ein wichtiges Thema war dabei die Rolle der Europäischen Zentralbank: Der Aufbau der EZB musste vom Grundgedanken getragen sein, dass es in der Währungsunion keine nationale Geldpolitik mehr geben könne. Das Direktorium musste in der Lage sein, die geldpolitischen Tagesentscheidungen zu treffen. Außerdem sollte es ein Mitwirkungsrecht bei der Festlegung der Wechselkurspolitik gegenüber Drittwährungen erhalten. Konvergenz durfte aus deutscher Sicht kein unscharfer Begriff bleiben, sondern musste eine quantifizierbare Größe werden: Geld- und Wechselkursstabilität, Haushaltsdisziplin und Zinssätze waren wichtige Messgrößen. Im deutschen Vertragsentwurf war vorgesehen, eine spätere Teilnahme von Mitgliedsstaaten zu ermöglichen.

Im Herbst 1991 befanden wir uns in der Endphase für die Vorbereitung des Vertragsentwurfs für Maastricht. Hier lag erstmals ein Gesamtentwurf der niederländischen Präsidentschaft für eine EWG-Vertragsänderung vor, der dann im Vertrag von Maastricht seinen Niederschlag fand: Wir einigten uns darauf, dass das Staatsdefizit 3 Prozent nicht überschreiten dürfe und der Schuldenstand der öffentlichen Hand gemessen am Bruttoinlandsprodukt nicht mehr als 60 Prozent betragen solle. Darüber hinaus gab es ein Protokoll über den Status der EZB und des Europäischen Währungsinstituts. Der ECOFIN-Rat war explizit im Vertrag genannt. Erstmals wurde festgelegt, dass die Wirtschafts- und Finanzminister am Europäischen Rat teilnehmen. Die Verankerung dieser ehrgeizigen, quantifizierbaren Kriterien und eines normierten Verfahrens war von Anfang an ein deutsches Anliegen. Gegen den Willen Deutschlands hätte eine Währungsunion vertragsgerecht nicht stattfinden können. Denn die Zustimmung zu den Umrechnungskursen, die maßgeblich für das Verhältnis der nationalen Währung zur künftigen Währung sein sollten, konnte nur einstimmig erfolgen. Niemand, auch nicht die Deutschen, konnte zur Währungsunion gezwungen werden.

Am 9. Dezember wurde das Vertragswerk endgültig verhandelt. Im Vorfeld hatte es noch mehrere Gespräche gegeben, in denen Bundeskanzler Helmut Kohl gegenüber dem Ratsvorsitzenden, dem niederländischen Ministerpräsidenten Ruud Lubbers, verlangt hatte, die Entscheidung für eine gemeinsame Währung müsse irreversibel sein. Selbst wenn die Außenminister und Staatschefs enormen Druck machten und forderten, der Euro solle spätestens zum 1. Januar 1999 eingeführt

Unsere Familie im Jahr 1939: Links steht mein Vater, daneben sitzt Gustl, rechts meine Schwester Maria. In der Mitte hält mich meine Mutter auf dem Schoß.

Mein Bruder Gustl und ich im Jahr 1940.

Vor unserem Bauernhaus in Oberrohr.

Ein tiefsinniger Schwabe: mein Mentor Anton Jaumann, 1983.

Ein gewiefter Taktiker: Friedrich Zimmermann, 1989.

Franz Josef Strauß und ich auf der Landesversammlung der Jungen Union Bayern in Starnberg 1971. Kurz zuvor war ich ins Amt des Landesvorsitzenden gewählt worden.

Franz Josef Strauß und Gerold Tandler auf dem CSU-Parteitag in München, 1985.

Bei der CSU-Klausurtagung in Wildbad Kreuth mit Henry Kissinger und Franz Josef Strauß, 1988. Neben mir steht der Parlamentarische Geschäftsführer der CSU-Landesgruppe Wolfgang Bötsch. Die Differenzen, die Strauß mit seinen Äußerungen in Moskau ausgelöst hatte, waren fast schon vergessen.

Ein Markstein in meinem Leben: Am 21.04.1989, kurz vor meinem 50. Geburtstag, werde ich als Bundesfinanzminister vereidigt.

Im September 1989 mit George H. W. Bush im Weißen Haus. Mich überraschte die Zuversicht, mit der der amerikanische Präsident schon zu diesem frühen Zeitpunkt an ein wiedervereinigtes Deutschland glaubte.

Heiße Tage im Wahlkampf: Auf einer Kundgebung in Neubrandenburg vor den ersten freien Wahlen der DDR-Volkskammer, März 1990.

Ein unvergesslicher Moment: Am 18.05.1990 unterzeichnen DDR-Finanzminister Walter Romberg und ich den Staatsvertrag einer Währungs-, Wirtschafts- und Sozialunion zwischen der Bundesrepublik und der DDR. Hinter uns stehen Lothar de Maizière (l.) und Helmut Kohl (Mitte).

Michail Gorbatschow zeigt der deutschen Delegation seine Heimatstadt Stawropol, Frauen in kaukasischer Tracht begrüßen uns: Raissa Gorbatschowa, Eduard Schewardnadse, Michail Gorbatschow, Helmut Kohl, Johnny Klein (v.r.). Hans-Dietrich Genscher steht hinter Gorbatschow, ganz rechts im Bild ich.

Zu Besuch im Kaukasus im Juli 1990. In einer Verhandlungspause sitzen Helmut Kohl, Michail Gorbatschow und Hans-Dietrich Genscher im Garten des Gästehauses von Archiz, dahinter stehen Eduard Schewardnadse, Raissa Gorbatschowa und ich (v.r.).

Eine Ära geht zu Ende: Am 25.08.1994 übergibt Oberkommandeur Matwej Burlakow in Berlin-Karlshorst die letzte russische Liegenschaft an Deutschland. Ich bekomme den Schlüssel – wenngleich nicht den echten, sondern nur einen nachgeahmten als Symbol.

Die Treuhandanstalt hat hart saniert und Fehler gemacht, am Ende aber eine Erfolgsgeschichte geschrieben. Mit Treuhand-Chefin Birgit Breuel bei einer Pressekonferenz 1992.

Mit diesem Füllfederhalter unterschrieb ich das historische Dokument. Der Füller geht in Kürze als Dauerleihgabe ins neue Haus der bayerischen Geschichte in Regensburg.

Hans-Dietrich Genscher und ich unterzeichnen am 07.02.1992 den Vertrag zur Wirtschafts- und Währungsunion der Europäischen Gemeinschaft in Maastricht.

Der Vater des Euro ist stolz auf sein Kind. Die Idee, die neue europäische Währung Euro zu nennen, hatte ich schon im Gepäck, als ich am 15.12.1995 zu einer Sitzung des Europäischen Rats nach Madrid reiste.

Gipfeltreffen der Finanzminister und Notenbankchefs der sieben führenden Industrienationen G7 am 08.02.1997 in Berlin. Mit dem französischen Finanzminister Jean Arthuis, dem Präsidenten der Banque de France Jean-Claude Trichet, dem US-Finanzminister Robert Rubin und dem Vorsitzenden der Federal Reserve Alan Greenspan (v.l.).

Mit dem Präsidenten der Deutschen Bundesbank Hans Tietmeyer und dem Präsidenten der Europäischen Zentralbank Wim Duisenberg im Juni 1998.

Die Augenbrauen sind mein Markenzeichen. Im Alter wachsen sie noch ungeordneter als früher. Zu meinem 70. Geburtstag zeigte das Kloster Roggenburg die Ausstellung »Die Augenbraue« mit Karikaturen von Dieter Hanitzsch, Horst Haitzinger und Ernst Maria Lang.

Vor Konstantins Taufe am 02.09.1995 in der Ursberger Pfarrkirche bleibt noch Zeit für
ein Familienfoto. In dieser Kirche wurde auch ich getauft, ging zur Erstkommunion,
verlebte meine Ministrantenzeit und sang im Kirchenchor.

Fußball ist eine meiner Leidenschaften von Jugend an. Selten habe ich mich über ein Geschenk so gefreut wie über den ersten Fußball, den ich als Zehnjähriger von meinen Eltern bekam.

Das Helikon ist ein historisches Blasinstrument. Der Ortsvorsitzende Adi Wiedemann (r.) schenkte es mir beim 33. Schwabinger Fischessen der Münchner CSU 1998 mit den Worten: »Damit du in Bonn mal so richtig den Marsch blasen kannst …«

Mit meiner Tochter Birgit beim Benefizkonzert des Bundespräsidenten am 15.10.2006.

Irenes 60. Geburtstag feierten wir am 18.06.2017, links unser Sohn Konstantin. Im Hintergrund die Berge des Ostallgäus.

Mit meinem ältesten Sohn Christian in seiner Münchner Kanzlei im September 2018.

Zwei, die viel miteinander verbindet. Mit Angela Merkel beim Europapolitischen Symposium im Kaisersaal der Benediktinerabtei Ottobeuren im Oktober 2018.

werden, so blieb ich doch bei meinem Prinzip: Die Kriterien bestimmten den Zeitplan – und nicht umgekehrt.

In Maastricht gab es dann noch intensive, auch strittige Verhandlungen. Als endlich alle Details geklärt waren, war ich körperlich etwas angeschlagen. Eine Meniskusverletzung erschwerte mir das Gehen. Langsam und vorsichtig bewegte ich mich durch das Tagungsgelände; trotz der Schmerzen bemühte ich mich um einen normalen Gang. Andernfalls hätte die Schlagzeile am nächsten Tag wohl gelautet: Waigel schleppt sich mit letzter Kraft zur neuen Währung.

Erst in den darauffolgenden Tagen hatte ich Gelegenheit, den verletzten Meniskus begutachten zu lassen. Der Orthopäde riet zur sofortigen Operation, bereits am nächsten Tag wurde ich in den OP gefahren. Als ich aus der Narkose erwachte, bemerkte ich zu meinem Erstaunen ringsum allgemeine Erheiterung. Verwirrt fragte ich das versammelte Operationspersonal nach dem Grund. Die Antwort: Meine ersten Worte nach dem Aufwachen seien »D-Mark« und »Maastricht« gewesen.

Am 7. Februar 1992 kam es in Maastricht zur feierlichen Unterzeichnung des Vertrags. Die Unterschriften wurden von den Außenministern und Finanzministern der europäischen Länder geleistet – für Deutschland Hans-Dietrich Genscher und ich. In einem Leitartikel der *Süddeutschen Zeitung* mutmaßte Franz Thoma, meine etwas zittrig ausgefallene Unterschrift sei wohl der Aufregung geschuldet gewesen. Das stimmte so nicht. Die historische Dimension des Schriftstücks, das ich an diesem Tag unterzeichnete, war mir zwar bewusst und hat mich in der Tat nicht kaltgelassen. Meine Handschrift aber litt in erster Linie unter dem opulenten Füllfederhalter, der mir zur Verfügung gestellt wurde. Sein dickes Griffstück erwies sich als recht unhandlich. Später durfte ich das Schreibgerät mit nach Hause nehmen, wo es einen Ehrenplatz erhalten hat und mich an diesen wichtigen Tag erinnert. Ich werde dieses Symbol für Europas Einigung dem neuen Haus der bayerischen Geschichte in Regensburg als Leihgabe zur Verfügung stellen.

Fast zwei Jahrzehnte nach der Unterzeichnung rief mich eines Tages Hans-Dietrich Genscher an: Bei einem Einbruch in sein Haus sei nicht nur Schmuck, sondern auch der Maastricht-Füller entwendet worden. Ob ich den meinen wohl fotografieren und die Bilder der Kriminalpolizei zur Verfügung stellen könne? Einige Wochen später erfuhr ich, dass die Diebe den Füller zwar reuig zurückgeschickt, den Schmuck aber behalten hatten.

In dem langwierigen Prozess bis zur Vertragsunterzeichnung in Maastricht wurde eines ganz deutlich: Man kann eine gemeinsame europäische Währung nicht dekretieren, sondern muss sie ökonomisch erarbeiten. Der anfängliche Plan von Jacques Delors hatte einen jahrelangen, konstruktiven Verhandlungsprozess in Gang gesetzt, der schließlich mit dem Vertrag seinen krönenden Abschluss fand. Das war das qualitativ Neue an Maastricht.

In der Folge stand die Ratifizierung in allen Ländern auf der Tagesordnung. Weil nicht klar war, wie die Staaten entscheiden würden, waren die Märkte beunruhigt, es kam zu erheblichen Turbulenzen. Die Diskussion verlief kontrovers. Auch in Deutschland gab es kritische Stimmen in der Bevölkerung, in der Presse und unter Ökonomen. Die Besorgnis wuchs, als in Dänemark am 2. Juni 1992 die Bürger bei der Volksabstimmung mit »Nein« stimmten.

Zu einer dramatischen Auseinandersetzung kam es auf dem informellen Treffen der Wirtschafts- und Finanzminister und

Zentralbankpräsidenten am 4. und 5. September 1992 in Bath. Das bestimmende Thema war die Wechselkurs- und Zinspolitik. Der britische Finanzminister Norman Lamont, der den Vorsitz der ECOFIN-Gruppe innehatte, begann mit der Feststellung: Es gebe die Erwartung auf eine Zinssenkung. Anders bekäme man die Probleme nicht gelöst. Diese Aufforderung war klar an Deutschland gerichtet. Nachdem mehrere Teilnehmer Lamont beigepflichtet hatten, richteten sich alle Augen auf uns. Bundesbankpräsident Schlesinger erläuterte die Geld- und Zinspolitik der Bundesbank: Man dürfe keine Zinssenkungserwartung nähren, sondern müsse stattdessen die Wechselkursproblematik, also die zu hohe Bewertung verschiedener anderer Währungen, lösen. Es gebe keine Zinsfalle, sondern eine Wechselkursfalle. Ich reagierte verärgert auf den Druck, der Deutschland gegenüber aufgebaut wurde, und verwies noch einmal auf die Unabhängigkeit der Bundesbank. Lamont hatte dafür nur die lapidare Antwort übrig, auch die Bundesbank müsse die internationalen Folgen ihres Tuns oder Unterlassens bedenken – Unabhängigkeit hin oder her.

Danach gab es eine heftige Kontroverse über das Kommuniqué. Lamont rief, mit einer nichtssagenden Erklärung werde er nicht vor die Kameras treten. Erregt verlangte er, die Verhandlung fortzusetzen. Offenbar gedachte er, durch ein endloses Hinausziehen der Sitzungsdauer sein Ziel doch noch zu erreichen. Zermürbt würden die sturen Deutschen schon irgendwann nachgeben, glaubte er. Da täuschte er sich. Das Treiben wurde mir zu bunt, energisch pochte ich auf ein Ende der Debatte. Daraufhin ging Lamont mich an: »Zwölf Finanzminister sitzen hier und verlangen, dass Sie die Zinsen senken. Warum tun Sie es nicht?« Die Antwort war einfach: weil ich über die Zinsen nicht bestimmen konnte. Die Bundesbank entscheidet eigenständig über die Zinsen, und auch der Bundesbankpräsident allein kann eine solche Entscheidung nicht treffen. Lamont blieb uneinsichtig. Als der besonnene Bundesbankpräsident Schlesinger verärgert den Raum verlassen wollte, hielt ich ihn zurück und erklärte Lamont unmissverständlich, er solle das Spiel jetzt beenden, weil wir sonst abreisen würden. Das Kommuniqué erwähnte Zinssenkungen nicht.

Die Spannungen an den Devisenmärkten aber spitzten sich dramatisch zu. Die Interventionen gegenüber der italienischen Währung erforderten im Lauf einer Woche mehrere Milliarden D-Mark. In einem vertraulichen Krisengespräch im Gästehaus der Deutschen Bundesbank in Frankfurt am 10. September 1992 zwischen Bundeskanzler Kohl, den Vertretern der Bundesbank und mir erklärten wir unsere Bereitschaft, die D-Mark substanziell aufzuwerten. Im Gegenzug signalisierten Helmut Schlesinger und Hans Tietmeyer, sie könnten im Zentralbankrat eine maßvolle Zinssenkung befürworten.

Am 13. September 1992 wurde bekannt gegeben, dass auf Antrag der deutschen und der italienischen Seite die italienische Lira um 3,5 Prozent abgewertet werden solle. Das war eine einseitige Abwertung der Lira gegenüber allen Ländern. Und obwohl der Zentralbankrat der Bundesbank in einer Sondersitzung die Notenbankzinsen um 0,5 Prozent senkte, blieben die Märkte unter Spannung. Das Pfund kam unter verschärften Druck. Am »Schwarzen Mittwoch«, dem 16. September 1992, spekulierten mehrere Hedgefonds auf eine Abwertung des britischen Pfunds, das für den Eintritt in das EWS nach Meinung vieler Sachverständiger zu hoch bewertet war. Mit Milliarden versuchte die britische Zentralbank, ihre Währung zu stützen, was misslang. Aus der Perspektive der Briten waren all diese Ereignisse auf die Weigerung Frankreichs zurückzuführen, die Francs-Parität zur D-Mark aufzugeben.

Die britischen Devisenreserven schmolzen. Der Leitkurs des britischen Pfunds im EWS war nicht mehr zu halten. Die britische Regierung entschied sich, die Interventionen an den Devisenmärkten einzustellen. Entgegen den Regeln des EWS erklärte Schatzkanzler Lamont, die britische Mitgliedschaft im Wechselkursmechanismus des Europäischen Währungssystems werde ab sofort ausgesetzt. Nun bedauerten die meisten Teilnehmerstaaten, dass es nicht zu einem breit angelegten Realignment, einer Wechselkursanpassung, gekommen war. Nach weiteren Debatten wertete Spanien seine Währung ebenfalls ab, der französische Franc hielt sich in diesen Tagen nur durch großdimensionierte D-Mark-Verkäufe innerhalb der erlaubten Bandbreite.

Nach nur kurzer Mitgliedschaft war Großbritannien aus dem Europäischen Währungssystem ausgeschieden – ein Trauma der britischen Währungspolitik, dessen politische Folgen wir bis heute spüren. Sowohl Premierminister John Major als auch sein Nachfolger Tony Blair erwogen eine Teilnahme an der gemeinsamen europäischen Währung. Doch die bittere Erfahrung von 1992 wirkte nach: Keine britische Regierung besaß danach noch die Kraft und den Mut, den Euro einzuführen. Die Brexit-Entscheidung zeigt, wie lebendig die Ereignisse von damals noch heute im Gedächtnis der Briten sind.

Trotzdem: Großbritannien war mit seinem Ausscheiden nicht zum Gegner einer europäischen Währung geworden. 1993 ratifizierten die Briten den Maastricht-Vertrag, wenn auch mit der »Opting-out-Klausel«. Das Land behielt sich vor, die europäische Währung nicht einführen zu müssen, bekundete aber grundsätzlich, am Prozess von Maastricht teilzunehmen.

Die erhoffte Atempause währte nur kurz. In Washington ereilte uns beim Jahrestreffen des Internationalen Währungsfonds am 21. September die Nachricht, dass nur wenig mehr als 50 Prozent der Franzosen dem Maastricht-Vertrag zugestimmt hätten. Eilig wurde eine Sondersitzung der EG-Finanzminister mit den Notenbankpräsidenten einberufen. Der amtierende Vorsitzende Norman Lamont konnte seine Genugtuung über das knappe Ergebnis des Referendums in Frankreich nicht verbergen. Die Sitzung eröffnete er mit den Worten, die europäische Währung sei tot. Ich empfahl ihm, mit solchen Prognosen vorsichtig zu sein.

Wir trafen uns zu mehreren vertraulichen Gesprächen mit unseren französischen Partnern. Es ging der französischen Regierung um die Zukunft des EWS und die unveränderte Relation des Franc zur D-Mark, die weitere Integration Europas und nicht zuletzt auch um die deutsch-französische Freundschaft. Trichet bat uns inständig: »Bitte helft uns.« Unsere Vereinbarungen waren erfolgreich: Der Wechselkurs des Franc konnte gehalten werden, während die spanische Peseta und der portugiesische Escudo Ende November eine Abwertung um sechs Prozent vollziehen mussten. Damit entsprach das Wechselkursgefüge in Europa Ende 1992 den veränderten wirtschaftlichen Umständen in der zukünftigen Eurozone.

Für die Staaten, die weiterhin am Ziel einer gemeinsamen Währung festhielten, war die Krise noch nicht überwunden. Anfang 1993 musste das irische Pfund um zehn Prozent abgewertet werden, die spanische Peseta gab erneut um acht Prozent und der portugiesische Escudo um mehr als sechs Prozent nach. Als die deutschen Zinsen kurzfristig über den französischen lagen, hofften die Franzosen, der Franc könne die D-Mark als Ankerwährung im EWS ersetzen. Doch sie hatten sich getäuscht: Während Deutschlands Konjunkturdaten rasch wieder besser wurden, verschlechterten sich Frankreichs rapide. In dramatischen Tagen musste Deutschland den Franc massiv unterstützen – auch um das EWS zu retten. Selbst deutsche Zinssenkungen und Interventionen der Banque de France von über 18 Milliarden D-Mark konnten die Schwäche nicht aufhalten. Ende Juli verlangte die französische Seite eine erneute Zinssenkung in Deutschland und Devisenankäufe durch die Bundesbank in französischen Francs. Ich lehnte ab, um die Stabilität der D-Mark nicht zu gefährden. Dann schlug Edmond Alphandéry, der französische Finanzminister, etwas Ungewöhnliches vor: Er fragte, ob die D-Mark kurzfristig aus dem EWS aussteigen könne. Auch Premierminister Édouard Balladur würde diese Idee befürworten. Kurz und bündig erklärte ich: Die starke Währung verlässt einen Währungsverbund nicht.

Nach telefonischer Rücksprache mit dem Bundeskanzler entschied ich mich in dieser heiklen Lage, die Einberufung des Währungsausschusses zu beantragen. Das geschah allein aufgrund deutscher Initiative. Auf der Sitzung berichtete Hans Tietmeyer, dass die Bundesbank zur Vermeidung der Krise bisher insgesamt schon mehr als 55 Milliarden D-Mark aufgewendet habe. Auch in großer Runde machte ich den französischen Finanzminister noch einmal auf die Absurdität seines Vorschlags aufmerksam: Nach einem Ausscheiden der D-Mark aus dem Währungsverbund würde sich ein neuer Verbund mit starken, an die D-Mark gebundenen Währungen in Europa bilden. Deutschland würde dann dort die Führung übernehmen, Frankreich in einem zweiten, schwachen Währungsverbund. Das könne doch ganz sicher nicht im Interesse Frankreichs liegen. Erst nach langen Verhandlungsstunden kam von französischer Seite der überraschende Vorschlag einer 15-prozentigen Bandbreitenerweiterung. Zuvor hatten sie einen ähnlichen Vorschlag von Deutschland noch zurückgewiesen. So war der Spielraum zur Auf- und Abwertung einzelner Währungen bedeutend größer geworden.

Damit wurde das Europäische Währungssystem erhalten und den Spekulationen der Boden entzogen. Die Gemeinschaft als Zone monetärer Stabilität war ein hohes Gut, und die getroffene Entscheidung ließ Raum für eine Geldpolitik, die nationalen Notwendigkeiten entsprach. Angesichts der großen Verwerfungen, die wir erfahren hatten, und der Stärke der D-Mark, die sich in dieser europäischen Finanzkrise bewährt hatte, brachte ich unseren Willen zum Ausdruck, dass die Europäische Zentralbank und ihr Vorläufer, das Europäische Währungsinstitut, in Frankfurt angesiedelt würden.

Viele spekulierten in diesen Tagen schon auf ein Ende des Europäischen Währungssystems. In Wirklichkeit hatten wir eine realistischere Grundlage für die Einführung des Euro geschaffen: Die permanenten Interventionen hatten ein Ende. Stattdessen mussten sich die einzelnen nationalen Währungen am Markt bewähren und dies durch eine entsprechende Finanzpolitik unter Beweis stellen. 1992 und 1993 wurden insgesamt 300 Milliarden Dollar für die Stützung der europäischen Währungen verwandt.

Mein Verhältnis zum französischen Finanzminister Alphandéry war durch diese Vorgänge getrübt. Das hatte ich auch Notenbankpräsident Jacques de Larosière, den ich für einen sehr vertrauenswürdigen Mann hielt, in aller Offenheit mitgeteilt. Als am 3. August in Paris wieder ein Gespräch des deutsch-französischen Wirtschaftsrats stattfand, übermittelte man mir den Wunsch des Premierministers nach einem Gespräch unter vier Augen. Ohne dass die französische Delegation es mitbekam, wurde ich abgeholt, zum Sitz des Premierministers gefahren und über einen dunklen Hintereingang unmittelbar in Balladurs Dienstzimmer geschleust. Er versuchte, die Wogen zu glätten, und bat mich, dem Bundeskanzler zu versichern, dass die politische, finanzpolitische und währungspolitische

Zusammenarbeit zwischen Frankreich und Deutschland ohne Einschränkung fortgesetzt würde. Die Diskrepanzen der vergangenen Tage sollten der Vergangenheit angehören. Frankreich verstand sich ebenso wie Deutschland als Motor der europäischen Einigung. Bei allen Differenzen war das eine ermutigende Erkenntnis.

Die Sitzungen der europäischen Finanzminister und auch des Europäischen Rats im Jahr 1994 dienten der Vorbereitung der zweiten und dritten Stufe der Wirtschafts- und Währungsunion. Trotz und gerade wegen des Konjunktureinbruchs 1993 galt es nun, zu konsolidieren.

Deutschlands gesamtstaatliches Defizit war auf rund 4 Prozent gestiegen, das französische lag bei 5,5 Prozent, und Italien hatte sogar 10,5 Prozent zu verkraften – alle Länder waren also noch weit von den Konvergenzkriterien entfernt. In Deutschland versuchten wir, mithilfe eines Föderalen Konsolidierungsprogramms wieder auf Kurs zu kommen. Ich forderte die Kollegen in meiner Funktion als Vorsitzender des ECOFIN-Rats auf, es uns nachzutun und die verbesserten Wachstumsaussichten zum zusätzlichen Defizitabbau zu nutzen.

Ausgesprochen harmonisch verlief das Treffen der Finanzminister im September, zu dem ich nach Lindau eingeladen hatte, um die anstehenden Sachfragen zu erörtern. Bei der Gelegenheit wollte ich den europäischen Kollegen meine schöne schwäbische Heimat zeigen und das Dreiländereck präsentieren. Im Hinblick auf die Union waren wir optimistisch gestimmt, weil der Aufschwung stärker wurde und die Industrieproduktion zunahm. Noch immer aber waren zehn von zwölf Anwärterstaaten von der Krise so stark betroffen, dass wir uns auf die Einrichtung eines Überwachungssystems einigten. Trotz aller Schwierigkeiten aber wurde deutlich: Europa funktionierte, in guten wie in schlechten Zeiten. Nach den Turbulenzen des Vorjahrs waren wir enger zusammengerückt. Dieses Gefühl konnte ich aus den Verhandlungen auch in das Rahmenprogramm tragen. So erlebten wir ein stimmungsvolles Abendkonzert in Lindau mit Hunderten von Musikern, die auf einem angelegten Schiff die Europa-Hymne spielten. Am nächsten Tag machten wir einen Schiffsausflug nach Mainau, wo wir die Verdienste der schwedischen Familie Bernadotte um die Insel – die in der üppigen Blumen- und Pflanzenpracht ringsherum ersichtlich waren – zum Anlass nahmen, um über das deutsch-schwedische Verhältnis zu sprechen.

Das Jahr 1994 schloss mit einer für mich bedeutsamen Sitzung des Europäischen Rats unter deutschem Vorsitz: Dort konnte ich in der Euro-Gruppe ein reales Wachstum von 2,6 Prozent, den Rückgang der Inflation, ein sinkendes Staatsdefizit und eine Angleichung von Zinsen und Wechselkursen vermelden. Alles in allem waren wir also auf einem guten Weg.

Auch das Jahr 1995 stand im Zeichen der bevorstehenden Wirtschafts- und Währungsunion. Ein einschneidendes Ereignis war für mich die Sitzung des Europäischen Rats im Dezember in Madrid. Dort diskutierten wir – nicht zum ersten Mal – den Namen der neuen Währung. Wie sollte die Münze heißen? Während einer der vorherigen Beratungen hatte es geheißen, die bereits bestehende virtuelle Währung ECU, die Rechnungseinheit der Europäischen Gemeinschaften, solle zur einheitlichen Währung werden. Spontan wehrte ich ab: Diese abstrakte Bezeichnung würde in Europa kaum auf Akzeptanz stoßen. Meines Erachtens hing der Erfolg der gemeinsamen Währung in erster Linie von den Europäern ab: Die Bürger in den Mitgliedsstaaten mussten dem neuen Zahlungsmittel mit Sympathie begegnen. Eine Voraussetzung dafür war ein überzeugender Name.

Nicht alle teilten meine Meinung. Den Franzosen schien der Name durchaus passend; schließlich hatte es bereits eine französische Münze mit dieser Bezeichnung gegeben. In Deutschland aber stand ECU allein für die Abkürzung von European Currency Unit – ein künstliches Gebilde ohne jegliche Assoziationskraft. Infolgedessen spielte ich im Kopf alle möglichen Varianten durch: Mark war nicht durchsetzbar, die europäischen Partner wären sicher nicht erfreut, wenn man ihnen die wirtschaftliche Stärke der D-Mark noch einmal unter die Nase rieb. Allenfalls die Finnen mit ihrer Finnmark wären vielleicht auf unserer Seite. Auch Franken war keine Option, da die Währung bei den Spaniern Franco geheißen hätte – angesichts der Ereignisse in der jüngeren Geschichte wahrlich kein guter Leumund. Warum nicht einfach Euro? Erstmals besprach ich mich darüber mit Hans Tietmeyer, dem Präsidenten der Bundesbank. Bundeskanzler Helmut Kohl und der französische Finanzminister Jean Arthuis, die ich um ihre Meinung bat, waren zurückhaltend, lehnten aber nicht grundsätzlich ab. So unterbreitete ich den Vorschlag auf dem europäischen Gipfel 1995 in Madrid. Der französische Präsident Jacques Chirac war anfangs skeptisch und verlangte ein Referendum in Europa. Er sah aber schnell ein, dass dies nicht im Interesse Frankreichs liegen konnte. Jean-Claude Juncker wandte schalkhaft ein, »Euro« klinge nicht sonderlich erotisch. Aber doch immerhin eurotisch, entgegnete ich. Letztlich wurde mein Vorschlag einstimmig angenommen.

Das vorrangige Ziel der Verhandlungen in Madrid war aber nicht nur, dem Kind einen Namen zu geben, sondern eine stabile einheitliche Währung zu schaffen. Nur eine strikte Anwendung der Konvergenzkriterien würde Vertrauen in die neue Währung schaffen und sowohl Öffentlichkeit als auch Märkte überzeugen. Nachdem wir einige Stolpersteine in der

Diskussion überwunden hatten, entschieden wir uns für den 1. Januar 1999 als Starttermin für die dritte Stufe. An diesem Tag sollten die Umrechnungskurse – zwischen den Währungen der teilnehmenden Länder und gegenüber der europäischen Währung – unwiderruflich festgelegt und der Euro im Banken- und Wechselgeschäft eingeführt werden; die EZB sollte ihre Arbeit in vollem Umfang aufnehmen. Sichtbar würde der Euro allerdings erst am 1. Januar 2002, wenn die neuen Münzen und Banknoten in Umlauf gingen. Die Entscheidung, welche Mitgliedsstaaten die notwendigen Voraussetzungen erfüllten, sollte bereits 1998 fallen. Dabei waren die neuesten und verlässlichsten Ist-Daten heranzuziehen, also jene aus dem Jahr 1997. Aufgrund der hohen Folgekosten der Einheit erschien das Ziel für Deutschland durchaus ambitioniert.

In meiner Madrider Rede legte ich die Grundzüge eines Stabilitätspakts dar, der die Einhaltung der Kriterien auch mittelfristig und nicht nur für ein Jahr sichern sollte. Die breite Zustimmung zu meinem Vorhaben bestätigte mich und ließ dieses Treffen aus deutscher Sicht sehr positiv zu Ende gehen. Dass die Kriterien zu meinem Ärger einige Jahre später mehrfach – und zwar auch von Deutschland – nicht eingehalten wurden, steht auf einem anderen Blatt.

Der Europäische Rat in Dublin im Dezember 1996 musste eine Entscheidung über den Stabilitätspakt bringen. Das war ein Vorschlag aus meinem Ministerium, mit dem wir das Prinzip der Nachhaltigkeit in die europäische Finanzpolitik einbringen wollten. Schon früh hatte ich mich gefragt, was passieren würde, wenn es beispielsweise in einem Land Neuwahlen gäbe, Mehrheit und Regierung wechselten und diese nicht mehr bereit wären, sich an das zu halten, was ihre Vorgänger zugesagt hatten. Wir hofften auf die Einsicht und die Vernunft der politisch Verantwortlichen und auf die Märkte, die beim ersten Anzeichen einer unseriösen Haushaltspolitik die Zinsen für Staatsanleihen ansteigen lassen würden. Doch beides war – wie die Zukunft zeigen sollte – nicht gewiss. Im Sinne einer nachhaltigen Politik war es sogar erforderlich, die Kriterien zu verschärfen, zu ausgeglichenen Haushalten zu kommen und angesichts der kommenden demografischen Herausforderung Überschüsse zu erwirtschaften. Der Stabilitätspakt war dringend nötig. Ohne eine solche verbindliche Vereinbarung würden wir in Deutschland weder die Zustimmung der Bundesbank zum Beginn der Währungsunion noch die Bürger für dieses Projekt gewinnen. Alle Teilnehmer an der Wirtschafts- und Währungsunion sollten verpflichtet werden, Stabilitätsprogramme vorzulegen. Damit wurde ein Frühwarnsystem geschaffen. Auch Sanktionen waren eingeplant, die präventiv wirken und abschrecken sollten.

In Dublin ging es auch um das Aussehen und die Beschaffenheit der europäischen Münzen und Banknoten. Für die Banknoten waren die Notenbankpräsidenten verantwortlich, über die Münzen durften die Finanzminister entscheiden. Die wichtigsten Kriterien waren für uns Fälschungssicherheit und Akzeptanz. Die Bürger sollten stolz auf ihre neue Währung sein. Am Ende entschieden wir uns für eine doppelte Lösung: Auf der europäischen Seite waren Wertziffer, Name des Werts und ein gemeinsames europäisches Design zu sehen; auf der nationalen prangten zwölf europäische Sterne, Münzzeichen, Prägejahr und ein nationales Design. Beide Seiten gehörten untrennbar zusammen.

Im ECOFIN-Rat fand ich viele Unterstützer für den Stabilitätspakt. Irlands Finanzminister Ruairi Quinn trug als Vorsitzender mit seiner umsichtigen und klugen Verhandlungsführung zur Stärkung meiner Linie bei. Die Niederlande zeigten sich einverstanden, ebenso Großbritannien. Ähnlich äußerten sich Finnland und Luxemburg. Frankreichs Finanzminister Jean Arthuis, mit dem ich in diesen Jahren vertrauensvoll zusammenarbeitete, stellte zwar den Stabilitätspakt nicht infrage, hielt aber einen souveränen Ermessensspielraum des Rats für notwendig. Um zu einem Kompromiss zu kommen, zogen Jean Arthuis und ich uns mit unseren Mitarbeitern zurück und diskutierten mehrere Stunden jeden einzelnen Passus des Entwurfs. Als ich nach Mitternacht hoffen durfte, wir wären endlich zu einer Einigung gekommen, erklärte Arthuis überraschend: Nein, er könne leider noch nicht zustimmen. Warum hatten wir dann stundenlang um jede Einzelheit gerungen? Arthuis antwortete lapidar, Staatspräsident Chirac gebe am Abend eine Pressekonferenz. Er wisse noch nicht, was dieser zum Stabilitätspakt sagen werde.

Die Tickermeldungen des nächsten Morgens verhießen nichts Gutes: Präsident Chirac wandte sich entschieden gegen unsere Pläne. In seinen Worten handelte es sich dabei um die Erfindung eines »deutschen Technokraten«. Ich war empört. Umgehend suchte ich Bundeskanzler Kohl auf und erklärte, das würde ich mir nicht gefallen lassen. Wenn die Sache nicht sofort am Ratstisch geklärt würde, wäre ich in meiner Eigenschaft als Vorsitzender der CSU gezwungen, dem französischen Präsidenten eine scharfe Replik zu erteilen. Kohl begriff den Ernst der Lage. Eilig ging er auf Chirac zu und verbat sich vehement den persönlichen Angriff auf seinen Finanzminister. Chirac versicherte, er habe ja gar nicht mich gemeint. Auf meine erstaunte Frage, wen dann, flüsterte er vertraulich: »Jean-Claude Trichet!« Ich fragte ihn, seit wann der Chef der französischen Notenbank über einen deutschen Pass verfüge? Chirac lachte und entschuldigte sich für sein Manöver.

Auf der weiteren Ratssitzung ging es lebhaft zu. Vor allem beschäftigte uns die Frage, wie stark der Rückgang des Bruttosozialprodukts sein müsse, um ein Abgehen vom Stabilitätskriterium des dreiprozentigen Defizits zu gestatten. Ich erklärte mich in der Auseinandersetzung nicht bereit, eine Worthülse als Stabilitätspakt zu akzeptieren. Chirac warf die Souveränität Frankreichs in die Waagschale, mit der eine solche Bindung im Haushaltsgeschehen nicht vereinbar sei. Die Sitzung wurde unterbrochen. In der Ecke des Vorraums sah ich Kohl und Chirac heftig gestikulieren. Einige Meter entfernt stand der niederländische Ministerpräsident Wim Kok und feuerte Kohl an: »Helmut, gib nicht nach!« Es war Jean-Claude Juncker, der einen Kompromissvorschlag unterbreitete, wonach die Staaten sich freiwillig verpflichteten, die Grenzwerte einzuhalten.

Das Ergebnis von Dublin war ein Sieg für unsere Verhandlungsführung. Die *Financial Times* titelte: »Theo Waigel, der bayerische Architekt des Stabilitätspakts«. Wir konnten den Deutschen eine sichere Währung versprechen.

Doch auf Dublin folgte noch ein Nachspiel: Einige Zeit später wurde in Frankreich gewählt. Präsident Chirac verlor die Mehrheit in der Nationalversammlung, mein neuer Partner unter Premier Lionel Jospin wurde Dominique Strauss-Kahn. Gleich bei seinem ersten Auftritt in der gemeinsamen ECO-FIN-Sitzung verweigerte er dem Stabilitätspakt die Zustimmung. Ich war bestürzt. Schließlich handelte es sich nicht um eine Vereinbarung zwischen der CSU und den Gaullisten. Alle Staaten der EU hatten sich dazu verpflichtet. Strauss-Kahn entgegnete, die Sozialisten hätten aber im Wahlkampf versprochen, den Stabilitätspakt abzulehnen. Entsetzt fragte ich, warum sie das gemacht hätten. Strauss-Kahn zuckte die Achseln: »Wir haben eben nicht gedacht, dass wir gewinnen.« Was sollten wir jetzt tun? Ich bot an, das Abkommen in »Stabilitäts-

und Wachstumspakt« umzubenennen und um einen neuen Passus zu Wachstum und Beschäftigung zu ergänzen. Mit dieser Lösung erklärte sich Strauss-Kahn einige Zeit später einverstanden.

Als Jahre später der britische Premierminister Tony Blair Mitglied der Euro-Gruppe werden wollte, obwohl Großbritannien den Euro nicht einführte, sorgte Dominique Strauss-Kahn für Heiterkeit: »Wenn ein Ehepaar allein im Schlafzimmer weilt, will es keinen Dritten bei sich haben.« Nach dieser Bemerkung verzichtete Tony Blair auf sein Begehren.

1997 war das Jahr, dessen ökonomische Daten über die Teilnahme an der Wirtschafts- und Währungsunion entschieden. Deutschland war 1996 in eine schwierige Lage geraten: Wir hatten die stärkste D-Mark seit ihrem Bestehen, für 1 Dollar musste man nur noch 1,35 D-Mark hinblättern. Zehn Jahre zuvor hatte der noch 3,45 D-Mark gekostet. Eine starke Mark – das klang gut und brachte Anerkennung. Doch es erschwerte unseren Export, vernichtete Arbeitsplätze und führte zu einem Rekorddefizit des Bundeshaushalts von 80 Milliarden D-Mark. Ob wir die Stabilitätskriterien einhalten würden, war nicht sicher. Ich war entschlossen, den Beitritt Deutschlands zur Währungsunion nicht zu vollziehen, wenn wir das Defizitkriterium überschritten hätten. Sollte dieser Fall eintreten, hätten wir uns mit den Niederlanden zusammengetan, um den Beginn der Währungsunion zu verschieben.

Akribisch genau ließ ich mir jede einzelne Zahl jedes Haushaltstitels vorlegen. Mitte des Jahres erkannte ich einen Umschwung, der glücklicherweise auf ein geringeres Ausgabenwachstum hindeutete. Am Ende des Jahres konnte ich auf ein Staatsdefizit knapp unter 3 Prozent hoffen. Im Februar 1998 war es so weit: Wir erhielten vom Statistischen Bundesamt die erfreuliche Nachricht, das Staatsdefizit 1997 habe 2,7 Prozent betragen und die Staatsschuld liege leicht über 60 Prozent, nach einer späteren Korrektur sogar unter 60 Prozent. Wir waren erleichtert und teilten dies in bester Stimmung dem Bundeskanzler mit. Doch noch während wir uns freuten, schlug die Stimmung um: Das Deutsche Institut für Wirtschaft in Berlin teilte mit, die Zahlen könnten nicht stimmen. Umgehend griff die Presse den Disput auf und unterstellte uns Manipulation. Dass sich das DIW später korrigieren musste, hat mir in der öffentlichen Diskussion kaum genutzt.

Was uns zu diesem Zeitpunkt noch fehlte, war die Zustimmung der Bundesländer zum Beginn der dritten Stufe der Wirtschafts- und Währungsunion. Im bayerischen Kabinett kam es im April 1998 zu einer heftigen Debatte, über die mich Erwin Huber noch in der Nacht informierte. In großer Sorge rief mich kurz darauf der Fraktionsvorsitzende im Bayerischen Landtag, Alois Glück, an. Er fragte, ob Landesgruppe und Finanzminister im Bundestag anders abstimmen könnten als Ministerpräsident und Staatsregierung im Bundesrat. Nach der Abstimmung wäre wieder ein Schulterschluss möglich. Ein solches Vorgehen lehnte ich kategorisch ab.

Am nächsten Tag rief ich Ministerpräsident Stoiber an und teilte ihm mit, ein gegenteiliges Votum Bayerns in Berlin und München sei für mich inakzeptabel. Wenn die Bayerische Staatsregierung im Bundesrat gegen unser Vorhaben stimme, würde ich als Parteivorsitzender und Finanzminister umgehend zurücktreten, und zwar nicht stillschweigend, sondern laut und deutlich. Ich würde eine kontroverse Debatte mit allen Begleitumständen nicht scheuen. Dieses Telefonat führte zu einem Richtungswechsel der Bayerischen Staatsregierung: Die bereits vorbereiteten Stellungnahmen wurden geändert, im

Bundesrat stimmte Bayern dem Beginn der Wirtschafts- und Währungsunion zu.

Damit war vorerst ein Schlusspunkt hinter eine jahrelange innerparteiliche Auseinandersetzung gesetzt. Max Streibl hatte bis zu seinem Rücktritt 1993 eine europafreundliche Politik vertreten. Im Maastricht-Prozess setzte er sich für ein Europa der Regionen ein. Bei kontroversen Diskussionen im Landesvorstand, in den Parteiausschüssen und auf der Landesversammlung unterstützte er mich gegen meine Hauptkritiker Peter Gauweiler und Alfred Sauter. Auch Edmund Stoiber setzte sich anfangs, genauer bis zu seiner Wahl zum Ministerpräsidenten, für meine europäische Linie ein. Danach aber änderte er seine Taktik: Ständig stichelte er in München gegen die Europapolitik, die Kohl und ich vertraten. Aus den Neunzigerjahren ist mir kaum eine Veranstaltung erinnerlich, wo nicht ein Mitglied der Landtagsfraktion oder der Bayerischen Staatsregierung seine Bedenken gegen die europäische Währung kundgetan hätte. Verständnis fand ich in dieser Situation bei Alois Glück, Georg von Waldenfels und Kurt Faltlhauser, Thomas Goppel und meinem Freund Erwin Huber. Auf Bundesebene konnte ich mich auf die Landesgruppe voll verlassen. Vor allem ihr erfahrener und konflikterprobter Vorsitzender Michael Glos stand mir zur Seite. Schließlich unterstützten mich meine Ministerkollegen Carl-Dieter Spranger, Wolfgang Bötsch, Horst Seehofer und Eduard Oswald. Im Übrigen hatte die Deutsche Bundesbank in einem Sondergutachten den Beginn der europäischen Wirtschafts- und Währungsunion für vertretbar erachtet.

Der Vollständigkeit halber sei erwähnt, dass Stoiber während seiner Kanzlerkandidatur auf eine europafreundliche Linie einschwenkte. Doch erst in jüngster Zeit verfolgt meine Partei wieder eine konsequente Europapolitik, wie sie schon von Franz Josef Strauß und mir vertreten wurde.

Am 2. Mai 1998 fiel in Brüssel die endgültige Entscheidung für den Euro. Der hohe Schuldenstand von Italien und Belgien gab Grund zur Sorge. Italien sagte zu, dauerhaft einen Primärüberschuss zu erwirtschaften, und Belgien konnte sein Privatisierungspotenzial verwenden, um den Schuldenstand kontinuierlich in Richtung 60 Prozent zurückzuführen. Bei der anstehenden Entscheidung über den künftigen Präsidenten der Europäischen Zentralbank kam es zu einer harten Auseinandersetzung. Im Kreis der Notenbankpräsidenten war man sich einig: Wim Duisenberg, Präsident des Europäischen Währungsinstituts, war der geeignete Kandidat, er sollte der erste Präsident der Europäischen Zentralbank werden. Doch plötzlich stellte sich der französische Staatspräsident Chirac quer und brachte seinen Notenbankpräsidenten Jean-Claude Trichet ins Spiel. Manche Teilnehmer überlegten schon, die achtjährige Amtszeit zu teilen, vier Jahre Duisenberg und danach Trichet. Wäre das nicht ein Kompromiss? Ich hielt eine Teilung aber für problematisch und mit dem Europäischen Vertragsrecht nicht vereinbar. Der EZB-Präsident musste uneingeschränkt und ohne Bedingungen gewählt werden.

Die Verhandlungen zogen sich in die Länge, eine Einigung war nicht in Sicht. Schließlich tat ich mich mit Bundesaußenminister Klaus Kinkel zusammen. Wir baten Helmut Kohl, die Ratstagung zu unterbrechen und sich mit uns zu besprechen. Kohl reagierte verärgert. Wir aber wiesen ihn auf das verheerende Echo hin, das ein solch fauler Kompromiss in Deutschland finden würde. Am Ende löste sich das Problem anders als erwartet: Duisenberg beabsichtigte angesichts seines Alters nicht, die volle Amtszeit auszuüben. Er behielt sich aber die Entscheidung über den Zeitpunkt seines Rücktritts vor.

Leider ergab sich diese einvernehmliche Lösung erst gegen Mitternacht, als die Stimmung der etwa 2000 versammelten

Journalisten bereits im Keller war. Seit dem späten Nachmittag hatten sie auf den Ratsspruch gewartet. Um Mitternacht war die Zeit für eine Berichterstattung längst abgelaufen, Alkohol und sogar Wasser waren seit Stunden ausgegangen. Entsprechend negativ fielen am nächsten Tag die Kommentare zu diesem epochalen Ereignis aus.

Die Zeit bis zur Bundestagswahl 1998 war zu kurz, um die Stimmung in der Öffentlichkeit noch zu wenden. Nicht wenige Menschen ließen sich verrückt machen und fürchteten um ihre Ersparnisse. Allerlei Hinrichtungsszenarien wurden mir angedroht, bis hin zum Erschießen für meine »Untaten«. Von einem dieser bösen Briefeschreiber konnte ich die Telefonnummer ausfindig machen. Prompt rief ich ihn an und sagte ihm deutlich meine Meinung. Ob es geholfen hat, weiß ich nicht – doch für den Augenblick empfand ich Genugtuung. Heute sind all diese Aktionen abgeflaut und es gibt kaum noch »Rachegelüste« gegen mich.

Kanzlerkandidat Gerhard Schröder sprach im Wahlkampf von der europäischen Währung als einer »kränkelnden Frühgeburt«. Ich halte es im Rückblick mit Robert Spaemann, wenn ich über die Einführung des Euros sage: »Politisch verantwortlich zu handeln heißt, unter gegebenen Bedingungen, die man sich nicht aussuchen kann, das Bestmögliche zu tun.« Genau das haben wir getan.

Zu dem, was wir damals vorbereitet und entschieden haben, stehe ich auch heute uneingeschränkt. Der Euro war keine Sturzgeburt, sondern das Ergebnis von mehr als zwei Jahrzehnten Arbeit. Es wurde alles getan, um die notwendige ökonomische Konvergenz für eine Währungsunion zu erreichen. Wir haben unsere deutsche Stabilitätskultur für die europäische Währungspolitik durchgesetzt und die Unabhängigkeit der Europäischen Zentralbank noch stärker verankert als die Unabhängigkeit der Bundesbank. Mit dem Sitz der EZB in Frankfurt setzten wir auch äußerlich ein Zeichen. So wurde deutlich, wie stark sich die europäische Währungspolitik an der deutschen orientierte. Mit aller Entschiedenheit darf ich sagen: Es waren keine Geburts-, sondern Erziehungsfehler, die die späteren Probleme schufen. Die Konstruktion der Währungsunion war nicht die Ursache. Die grundlegenden Fehler entstanden einige Jahre nach meiner Zeit als Bundesfinanzminister.

Die Aufnahme Griechenlands in die Währungsunion war angesichts der realen Finanzdaten des Landes eine verhängnisvolle Fehlentscheidung. Alle Beteiligten müssen sich fragen lassen, warum sie diese Zahlen nicht stärker hinterfragt haben. Auch die Aufweichung der Stabilitätskriterien gerade durch Deutschland hat zu einem Vertrauensverlust geführt. Es ärgert mich, dass ausgerechnet Deutschland die Kriterien wiederholt nicht einhalten konnte und wir zusammen mit Frankreich sogar den Vertrag aufweichten.

Dass die Finanzmärkte auf Fehler in der Finanzpolitik einzelner Länder nicht sogleich mit erhöhten Zinsen für deren Staatanleihen reagierten, war hingegen nicht vorherzusehen. So wurden einige Länder – zum Beispiel Italien und Griechenland – dazu verleitet, das billiger gewordene Geld für Sozialausgaben und höhere Renten auszugeben. Solche Maßnahmen waren natürlich ungleich populärer und wahlwirksamer als eine nachhaltige Politik, die vor allem auf Konsolidierung und Investitionen gesetzt hätte. Auch die in Europa vielerorts zugestandenen Lohnerhöhungen entsprachen nicht dem Produktivitätsfortschritt. Im Gegensatz dazu verhielten sich die deutschen Gewerkschaften vorbildlich: Höhere Beschäftigung und mehr Arbeitsplätze waren ihnen wichtiger als steigende

Löhne. Das führte dazu, dass Deutschland Wettbewerbsvorteile erlangte.

Als durch die Finanzkrise die Haushalte einiger europäischer Länder in Turbulenzen gerieten, war dies nicht eine Folge des Euro, sondern das Ergebnis einer falschen Wirtschafts- und Finanzpolitik der betroffenen Länder. Dennoch war es richtig und notwendig, europäisch zu reagieren. Die Hilfsprogramme wurden zunächst bilateral und dann europäisch unter dem sogenannten Schutz- oder Rettungsschirm organisiert und mit harten Anpassungsprogrammen verbunden. Nicht immer fand man dabei den richtigen Umgangston. In Griechenland wurden Zeichnungen von Angela Merkel mit Hitlerbart veröffentlicht, in Deutschland kursierten Berichte über die vermeintlich faulen Griechen. Doch die Politik erwies sich als erfolgreich: Von fünf Krisenländern haben vier – Irland, Portugal, Spanien und Zypern – diese Programme erfolgreich absolviert. Das spricht für die von uns vertretene Nachhaltigkeit. Zu guter Letzt haben sich auch die Wogen geglättet: Angela Merkel ist wieder ein gern gesehener Gast in Athen. Sie hat in dieser Zeit eine prägende Rolle für die Einigung Europas gespielt.

Unabdingbar für die Stabilität einer Währung ist das Vertrauen, das man ihr entgegenbringt. Es kann nur durch Einhaltung der Regeln und konsequente Selbstverpflichtung erreicht werden. Solange es keinen Bundesstaat in Europa gibt – und das wird noch lange dauern –, müssen sich die Partner langfristig an die Verträge halten, die ihr Land eingegangen ist. Darauf müssen Deutschland und die anderen Stabilitätsländer – die Finnen, die Niederländer, die Luxemburger und die Österreicher – bestehen. Der heutige finnische Staatspräsident Sauli Niinistö beispielsweise war im Maastricht-Prozess Finanzminister. Vor wenigen Jahren bat er mich zu einem

Frühstück in den *Bayerischen Hof* in München. Ich fragte ihn verwundert, wieso er mich denn eingeladen habe. Darauf antwortete er, er sei immer ein Freund meiner Stabilitätspolitik gewesen. Niemals habe er vergessen, dass ich ihn bei einer der Sitzungen beim Betreten des Konferenzsaals als einen der Ersten begrüßt hatte. In der Tat bemühte ich mich um unsere Stabilitätspartner, denn sie waren unverzichtbar für das Gelingen des Ganzen.

Der Euro ist ein wichtiger Teil des von Helmut Kohl so bezeichneten Friedensprojekts Europa. Kritiker sollten sich vor Augen führen, was in den letzten zehn Jahren – während der Finanzkrise – ohne unsere gemeinsame Währung passiert wäre. Es hätte ein unaufhörliches Wechselspiel zwischen Abwertung und Aufwertung, Subventionen und Zöllen, Protektion und Staatsintervention gegeben. Deutschland hätte aufgrund seiner wirtschaftlichen Stärke die D-Mark aufwerten müssen und wäre nun in einer ähnlichen Situation wie die Schweiz: Wir hätten, da bin ich überzeugt, eine ernsthafte Wirtschaftskrise, weil der Export mit einer teuren D-Mark eingebrochen wäre – was viele Arbeitsplätze vernichtet hätte, die von der Ausfuhr abhängig sind. Gerade für Bayern wäre dies angesichts seiner Exportstärke und nicht zuletzt der Exportüberschüsse der bayerischen Wirtschaft eine äußerst negative Entwicklung gewesen.

Ich denke, es war an der Zeit, mit dem Euro eine europäische Antwort auf die Globalisierung zu geben. Es ist heute kaum noch vorstellbar, dass 25 oder 30 verschiedene europäische Währungen den großen globalen Währungsräumen mit US-Dollar und dem chinesischen Renminbi gegenüberstehen. Auf die Dauer jedenfalls kann ein Binnenmarkt nicht funktionieren, wenn er nicht über das Dach einer Währungsunion verfügt. Daher bin ich überzeugt, unsere gemeinsame Währung wird Bestand haben – getragen von den Mitgliedsstaaten, mit Deutschland in besonderer Verantwortung.

Mit dem Euro setzte unsere Generation das große europäische Projekt fort, das Jean Monnet, Robert Schuman, Alcide De Gasperi, Konrad Adenauer und Franz Josef Strauß in den Fünfzigerjahren begonnen haben.

Es lohnt sich, anständig zu sein

Compliance-Monitor bei Siemens und Airbus

Es gibt ein Buch des polnischen Historikers und ehemaligen Außenministers Wladyslaw Bartoszewski mit dem Titel *Es lohnt sich, anständig zu sein.* Dieser Satz gilt nicht nur im privaten und politischen Leben, sondern auch im Geschäftsleben und der internationalen Finanzwelt. Gerade in der Wirtschaft aber glaubte man lange, ohne Zuwendungen und Geschenke lasse sich in manchen Regionen und Branchen kein Geschäft machen. Welch folgenschwerer Irrtum! Das Gegenteil ist der Fall. Das lernte ich bei meiner Tätigkeit als Compliance-Monitor für Siemens und in einem Panel bei Airbus. Compliance meint ja im Grunde nichts anderes als die Einhaltung von Gesetzen, Richtlinien und freiwilligen Verpflichtungen. Eigentlich eine Selbstverständlichkeit – aber wie oft wird nicht nur in der Wirtschaft, sondern auch in der Politik und im täglichen Leben gegen diese Normen verstoßen.

Für Siemens ergab sich die Notwendigkeit eines Monitors, also eines unabhängigen Beobachters und Ratgebers, im Jahr 2008. Dem war eine zweijährige Untersuchung vorausgegangen: Am 15. November 2006 hatten 200 Polizeibeamte und Staatsanwälte die Siemens-Büros in München am Wittelsbacherplatz und an anderen Standorten durchsucht. Es ging um Bestechung, Korruption und Veruntreuung von Geldern. Betont sei an dieser Stelle: Es waren bayerische Staatsanwälte und Sicherheitsbeamte, die die Untersuchung gestartet haben. Die Amerikaner erfuhren davon aus der Presse. Es war weder ein Revancheakt noch eine willkürliche Aktion der amerikanischen Behörden gegen einen deutschen Wettbewerber, wie hier und da gemutmaßt wurde.

Für eine der größten deutschen Firmen drohte ein schwieriges Szenario: Ausschluss von öffentlichen Aufträgen, hohe Strafen, sogar Zerschlagung durch Hedgefonds oder Private Equity – und ein langfristiger Imageschaden für das Geschäft. Siemens leitete umgehend eine kompromisslose und umfassende Aufarbeitung ein. Am 15. Dezember 2008 wurden die Verfahren zeitgleich in München und Washington, D. C., beendet, wobei hohe Geldbußen anfielen, darunter 395 Millionen Euro, die Siemens an den Freistaat Bayern zahlen musste.

Überraschend meldete sich in dieser Zeit der Aufsichtsratsvorsitzende von Siemens, Gerhard Cromme. In einem Telefonat vertraute er mir an, er hoffe in Kürze auf eine Vereinbarung mit der amerikanischen Securities and Exchange Commission und dem Department of Justice, um die Korruptionsvorwürfe, denen sich Siemens in den USA ausgesetzt sah, umfassend beizulegen. Teil dieses Settlements sollte auch die Einsetzung eines Monitors sein, der das Compliance-System von Siemens überprüfen und auf seine Nachhaltigkeit untersuchen sollte. Cromme musste den amerikanischen Behörden einen Dreier-Vorschlag liefern und fragte, ob er in diesem Zusammenhang meinen Namen nennen dürfe.

Ich hielt die Aufgabe für ehrenvoll, war aber nicht willens, als Spielball zur Verfügung zu stehen. Cromme versicherte mir, er werde mich auf Platz eins setzen, Siemens sei sehr daran interessiert – erstmals in der Geschichte amerikanischer Untersuchungen –, einen deutschen Monitor zu benennen.

Die amerikanischen Behörden akzeptierten mich, sicherten sich aber vorher bei der Staatsanwaltschaft München I ab, ob man mit mir einverstanden sei. Da ich dort Ende der Sechzigerjahre als Jurist tätig gewesen war, reagierten die Kollegen erfreut: »Ja gern, der Waigel ist doch einer von uns.« So begann meine vierjährige Tätigkeit als Monitor bei Siemens, unterstützt von einem hervorragend arbeitenden Stab, Fachleuten in meiner Kanzlei und einer amerikanischen Rechtsanwaltsfirma.

Nach meiner Beauftragung 2009 las ich mich umgehend in das amerikanische Antikorruptionsrecht ein, gründlich durchdachte ich meine Stellung gegenüber dem deutschen und dem amerikanischen Recht. Als selbstständiger Beobachter war ich als Monitor sowohl unabhängig vom Unternehmen als auch von den amerikanischen Behörden. Das machte ich allen Beteiligten unmissverständlich klar. Ich sah es nicht als meine Aufgabe, die Verfehlungen der Vergangenheit zu beleuchten, sondern die Systeme der Gegenwart und der Zukunft zu testen.

In diesem Sinne erstellten wir in Absprache mit den US-Behörden im März 2009 einen ersten Arbeitsplan. In der Folgezeit wurden Tausende individuelle Gespräche geführt und Roundtable-Diskussionen veranstaltet.

Siemens hatte Geschäftsbeziehungen mit über 190 Staaten, von denen eine Vielzahl im Detail untersucht wurden. Wir sahen zahlreiche Akten und Unterlagen ein, ließen uns von Mitarbeitern Auskünfte geben und nahmen Stichproben im Geschäftsgebaren vor. Dabei nutzten wir alle modernen Methoden der Identifizierung von auffälligen Transaktionen. Vor Ort gab es sogenannte »Walkthroughs«, bei denen sich der Monitor oder seine Mitarbeiter jeden Prüfschritt zeigen ließen. Später ging es darum, das Compliance-System nachhaltig zu gestalten und wirksame interne Prüfungsmechanismen zu etablieren. 2012 legten wir den Abschlussbericht vor.

Die Amerikaner lobten unsere Arbeit als vorbildlich. In der Zeit von Beginn der staatsanwaltschaftlichen Untersuchung bis Ende 2012 wurde Siemens mit einer klaren Antikorruptionsstrategie und einem schlagkräftigen Compliance-Team ein anderes Unternehmen. In den Worten des damaligen CEOs Peter Löscher: »Nur saubere Geschäfte sind Siemens-Geschäfte – immer und überall.« Und wie schon eingangs dargestellt: Sauber zu arbeiten ist in keiner Weise geschäftsschädigend. Die Wettbewerbsfähigkeit des Unternehmens lag am Ende des Reformprozesses über dem Ergebnis des Geschäftsjahrs 2006. Löschers Nachfolger, Joe Kaeser, setzte diese Strategie konsequent fort.

Fünf Jahre nach dem Engagement bei Siemens bat mich der CEO von Airbus, Tom Enders, mit dem britischen Lord David Gold und der früheren französischen Europaministerin Noëlle Lenoir in einem Panel mitzuarbeiten, um die Compliance bei Airbus zu gewährleisten. Auch dieser große europäische Flugzeughersteller hatte Probleme mit überzogenen Provisionszahlungen und fragwürdigen Drittpartnern in vielen Ländern der Welt. Es war notwendig, einen radikalen Umbau und eine Neubesinnung vorzunehmen. Die Verantwortlichen im Rechts- und Compliance-Bereich machten sich mutig an die Arbeit. Doch ein Wandel war nicht von heute auf morgen zu erreichen. Es bedurfte der erfolgreichen Führung von Tom Enders und seines Teams, um den richtigen Ton zu setzen, der sich dann auf die mittlere und untere Ebene fortpflanzte. Training, Ausbildung und eine Werteorientierung auf ausschließlich korrekte Geschäfte waren nötig.

Das Mandat bei Airbus übe ich weiterhin aus. Die Situation

dort ist eine völlig andere als bei Siemens, doch kann ich auch hier meine langjährigen Erfahrungen aus Politik und Wirtschaft einbringen. In einem internationalen Team zu kooperieren macht Spaß und ist interessant. Wir pendeln zwischen Toulouse, Paris, London und München. Außerdem besuchen wir Standorte in aller Welt, um diesem großen europäischen Unternehmen mit Analysen und Ratschlägen zu helfen. Ich denke, man kann heute mit Fug und Recht sagen, die Anstrengungen der letzten Jahre tragen Früchte.

Zusammenfassend lässt sich also feststellen: Compliance ist eine Aufgabe, die von der Geschäftsführung über den Vertrieb und die Produktion bis hin zur Öffentlichkeitsarbeit alle Abteilungen umfasst. Bestechung ist unrentabel, nicht nachhaltig und unfair. Integrität ist ein Anspruch und eine Verantwortung, die uns alle betrifft. Compliance wird so zum Wettbewerbsvorteil, weil sich alle Mitarbeiter und Geschäftspartner gewiss sein können, nur an sauberen Geschäften beteiligt zu sein. Die Firma wird zum sicheren Hafen und kann damit weltweit punkten.

So weit alles richtig und unbestritten. Doch damit ist das Problem noch längst nicht gelöst: Nach Schätzungen der Weltbank fließen weltweit jährlich mindestens eine Billion US-Dollar in Bestechungsgelder. Man muss sich einmal vorstellen: Das ist das Zweifache des Bruttosozialprodukts von ganz Afrika. Selbst in Deutschland – so eine Studie der Universität Linz 2012 – beläuft sich der Schaden, der durch Korruption entsteht, auf jährlich über 200 Milliarden Euro – eine erschreckende Einschätzung.

Die Politik hat vor diesem Problem nicht die Augen verschlossen. Schon in meiner aktiven Zeit als Politiker haben wir uns mit Korruptionsbekämpfung beschäftigt. Doch ich will nicht verschweigen: Der Staat hat Fehler begangen. Zu lange konnten sich die Verantwortlichen in den Unternehmen auf die Schutzbehauptung zurückziehen, es gebe leider Regionen und Kontinente, man wisse schon wo, da komme man ohne Bestechung an Aufträge nicht heran. Derlei Zahlungen wurden steuerrechtlich als »nützliche Aufwendungen« akzeptiert. Das war falsch, und wir hätten diese Praxis früher unterbinden müssen. Dazu kam es aber erst 1997, ab 1999 wurde auch die Auslandsbestechung in Deutschland strafbar.

Darüber hinaus ist es gelungen, dass Deutschland nach langem Zögern die UN-Konvention zur Korruptionsbekämpfung ratifizierte. Selbst einzelne Abgeordnete aus den Reihen der Unionsparteien und der FDP hatten Bedenken wegen der Neuregelungen zur Abgeordnetenbestechung. Ich habe über einige Jahre in Einzelgesprächen dazu beigetragen, dass diese Widerstände überwunden wurden. Deutschland sollte nicht auf einer Stufe mit Nordkorea stehen – das, wie einige wenige andere Staaten auch, bis heute die Konvention nicht ratifiziert hat.

Letztlich kann die Politik aber auch bei einem komplexen Thema wie Compliance nur den Rahmen vorgeben. Der Anstand muss bei jedem Einzelnen von innen kommen. Man kann das auch mit Kant begründen: Der Kategorische Imperativ verlangt von uns, so zu handeln, dass unsere Handlungsmaxime Gesetz für alle sein könnte.

UNVERGESSLICHE BEGEGNUNGEN

Genius loci

Joseph Bernhart

Bei seinen Spaziergängen durch Ursberg bin ich ihm manchmal begegnet, noch heute sehe ich ihn mit schlohweißem Haar
in der Klosterkirche von Ursberg sitzen: Joseph Bernhart.

Der katholische Theologe wurde im früheren Prämonstra-
tenserkloster geboren – nur einen Kilometer von meinem Geburtsort Oberrohr entfernt. Zu einer persönlichen Begegnung
oder einem Gespräch ist es allerdings nie gekommen. Trotz
seiner Bedeutung als Theologe, Philosoph und Schriftsteller
blieb Bernhart in seiner und meiner Heimat ein Unbekannter.
Das hing mit seiner heimlichen Vermählung zusammen, 1913
heiratete er in London seine große Liebe Elisabeth Nieland.
Für einen Priester bedeutete dieser Schritt die Exkommuni-
kation. Um weiter im katholischen Milieu publizieren zu können, musste Bernhart fortan ein Pseudonym verwenden. In
vielen Artikeln und Büchern veröffentlichte er deshalb als
Joseph Ursberg. So hob er den Ort nicht nur in die Geschichts-
bücher, sondern auch in die Welt der theologischen Literatur.

Joseph Bernhart hat mich in vielfältiger Weise beeindruckt
und beeinflusst. Die Lektüre seines autobiografischen Romans
Der Kaplan wie auch seiner *Erinnerungen* öffnete mir erst die
Augen für seine Bedeutung. Dieser Mann war ein großer Denker – wenngleich seine philosophischen Gedanken nicht im-

257

mer leicht zu verstehen sind. So sahen das wohl schon die Zeitgenossen. Auf die Frage eines Freundes, was er denn nun eigentlich vorhabe, antwortete Bernhart sybillinisch: »Ich sage es dir nicht, damit du es nicht weißt und dies den Fragern mit gutem Gewissen entgegnen kannst.«

Immer wieder aber hat sich Bernhart den elementaren Fragen zugewandt, die in unser aller Leben bis heute eine Rolle spielen. »Zeit-Deutungen« nannten die Herausgeber seiner Schriften dieses Nachdenken über gesellschaftliche Phänomene. Schon 1949 erkannte Bernhart, dass das Wesen der Demokratie selbst unausweichlich in eine Krise führt. Denn in der Demokratie entfallen die letzten Verbindlichkeiten – auch religiöser Natur – und werden durch menschliches Wollen und Übereinkommen des politischen und sozialen Daseins ersetzt. Diktatur und Demokratie stehen dabei in einem kreislaufähnlichen Verhältnis: In der Diktatur steigert sich der Zwang zu Tyrannis und Terror so lange weiter, bis sich das Verlangen nach Freiheit unaufhaltsam Bahn bricht. Die Demokratie wiederum ist der Gefahr der Entartung ausgesetzt – nämlich dann, wenn sich das Volk zum Tyrannen seiner selbst aufschwingt.

Was Joseph Bernhart hellsichtig beschrieb, ist heute in vielen westlichen Demokratien Wirklichkeit geworden: Gewählte Populisten formen ihren Staat zur Demokratie ohne Rechtsstaat. Es beginnt mit der Besetzung des Verfassungsgerichts und der Einschränkung seiner Rechtsausübung und setzt sich mit nationalistischen Parolen sowie der Bekämpfung von Opposition und Presse fort. Gegenseitige Rücksichtnahme und Kooperationsbereitschaft schwinden. Die stetige Betonung des nationalen Interesses verspricht Wählerstimmen. Das Ergebnis sehen wir in Italien, Österreich, Polen und nicht zuletzt Ungarn. In Großbritannien haben die Populisten gesiegt und mit der Brexit-Entscheidung ein Chaos angerichtet. In den

USA vermerken wir den für uns bitteren Abschied von der multilateralen Zusammenarbeit. Zwar sind all diese Länder weiter auf demokratischem Kurs, aber es zeigt sich: Der gesellschaftliche und demokratische Fortschritt ist nicht zwangsläufig und nicht unumkehrbar.

Für Bernhart erfordert die Demokratie vom Einzelnen ein starkes sittliches Bewusstsein der Notwendigkeit eines sich selbst bindenden Freiheitsgebrauchs. Frei ist nicht der, der tut, was er will – frei ist der, der tun kann, was er soll. Die demokratische Staatsform geht von der generellen Gleichheit aller Menschen als Personen aus, die zur Gleichberechtigung vor dem Gesetz führt. Aber sie nivelliert individuelle Ungleichheit nicht, sie hält aus, dass Freiheit und Gleichheit widerstrebende Prinzipien sind. Die Freiheit erhebt Anspruch auf Verschiedenheit. Der soziale Ausgleich erfolgt durch den Sozialstaat.

Doch über die politische Frage »Wie sollen wir es machen?« stellt Bernhart die metaphysische: »Was dünkt euch um des Menschen?« Die Demokratie steht vor der Alternative, entweder nicht verhandelbare Grundsätze über den Menschen und seine Stellung in der Gemeinschaft aufzustellen, sie festzuhalten und zu verteidigen – oder aber eine Willkür des öffentlich sich äußernden Denkens zu gestatten, die über kurz oder lang ihre eigenen Fundamente zerstören würde. Aus der Anarchie des Geistes droht der Gesellschaft auch die politische Anarchie. Die Demokratie muss sich daher die Prinzipienfrage stellen: »Welche sittlich vertretbaren Prinzipien sind geeignet, das Umschlagen der Demokratie in Diktatur (das auch in allmählicher Metamorphose vor sich gehen kann) aufzuhalten?« Eine Frage, die uns heute stärker umtreibt denn je.

Bemerkenswert ist Bernharts Vortrag zum Thema »Demokratie, Liberalismus und Reaktion«, den er Ende 1918 vor der Frauengruppe der Deutschen Volkspartei im Konzertsaal des

Bayerischen Hofs in München hielt. »Möglich, dass wir endlich ein politisches Volk werden. Und ganz werden wir's erst dann, wenn auch unsere Frauen wissen, dass nur ein politisches Volk ein mündiges Volk ist.« Er sprach dort nicht als Parteipolitiker, sondern mit der Distanz der historischen Gesinnung, mit einer Anteilnahme, die nicht aus Büchern, sondern aus dem Leben kam. »Gott sei Dank«, rief er den Frauen zu, »wir sind demokratisch geworden, und Gott sei Dank nicht ohne das Element der Frau.« Ein fortschrittlicher Gedanke in einer Zeit, da die Wellen hochschlugen angesichts des neu beschlossenen Frauenwahlrechts, das auch ganz andere Bewertungen erfuhr.

Im Vortrag setzte sich Bernhart mit dem Sozialismus und dessen Idee einer Neuordnung der Gesellschaft auseinander. Er attestierte der Bewegung einen hohen sittlichen Anspruch und anerkannte ihre Fähigkeit, wichtige Themen der Zeit aufzunehmen: »Wir hätten die große Idee der irdischen Gerechtigkeit nicht einer Partei überlassen, wir hätten sie zum sittlichen Fundament aller Parteien machen sollen.« Doch er prophezeite auch, dass der Sozialismus eben jenes Paradies, das er schaffen wolle, nicht schaffen könne. Denn erst mussten sich die Menschen verändern, bevor sich die Welt verändern kann.

Bernhart war, wie Rainer Bendel in den *Lebensbildern aus dem Bistum Augsburg* über ihn schreibt, zeit seines Lebens ein kritischer Begleiter der zeitgeschichtlichen Ereignisse, der gesellschaftlichen Entwicklungen. Ein bleibendes Zeugnis geistigen Weitblicks stellt der Artikel »Arche in der Sintflut. Bayerns Sinn und Aufgabe« vom 5. März 1933 in den *Münchner Neuesten Nachrichten* dar. Bernhart skizziert darin in aller Deutlichkeit eine »verderbliche Entwicklung« und prangert die Selbstvergötzung der Nationen an. Er kritisiert die »dralle Dogmatik des Hakenkreuzes«, aber noch mehr den Versuch einer neu erwachten politischen Theologie, zwischen den großen

Sätzen der Religion und den politischen Grundbegriffen eine Verknüpfung herzustellen. Unerschrocken bezeichnet er die Nationalsozialisten als »Zwingherrn zur Deutschheit«, die nicht verhindern könnten, dass Wahrheit auch außerhalb von Deutschland wächst und dennoch Wahrheit ist und bleibt. Er schließt mit dem leidenschaftlichen Aufruf: »Seien wir deutsch auf bayerisch! Man möchte in dieser kritischen Stunde dem bayerischen Volk an alle seine Berge schreiben: Werde, was Du bist! Denn – wer wüsste eine andere Arche in der Sintflut?« Bayern als Identitätsangebot.

Im April 1945 war Bernhart Zeuge des Einmarschs der Amerikaner in Türkheim. Orientierungslos und verloren, wie die Menschen in diesen Tagen herumirrten, wandten sich viele Rat suchend an Bernhart – nicht zuletzt jene, die noch kurz zuvor der braunen Fahne zugejubelt hatten. In den Tagebucheintragungen dieser Wochen heißt es: »Auch sonst kommen Menschen, eher zu viel als zu wenig, darunter solche, die jetzt einsehen, dass sie sich in der Couleur vergriffen haben.« Bernhart war tief erschüttert, als er vom wahren Ausmaß der Verbrechen des Nationalsozialismus erfuhr; Unmenschlichkeit als Prinzip bescheinigte er dem Regime. Und am 6. Mai 1945 bemerkte er bestürzt: »Zuhause, als ich allein war, umfing mich die schreckliche Einsamkeit des Menschen ohne Vaterland, [...] der Trauerschleier, der seit 1933 sich auf alle Schöpfung gelegt hat, ist nur einem anderen gewichen.«

Fortan nahm Bernhart die Rolle eines Mahnenden ein. In einem Vortrag aus dem Jahr 1947 über die »Stufen des Wissens« sprach er vom »warnenden Wissen über das, was nicht sein soll«. Vehement setzte er sich für eine christlich fundierte Bildung ein, denn: »Wissen reicht nicht hin, um Bildung zu sein [...] das Wissen, das man hat, wird Bildung erst durch etwas, was man ist.« Bildung aber – und damit schließt Bernhart an seine Betrachtungen zur Demokratie an – bedeutet, Krisen und Anfechtungen zu begegnen, sie zu bewältigen. In dieser zeitgenössischen Diagnose liegt zugleich ein Auftrag für die Gegenwart: Denn nun erfahren wir die Krise der Volksparteien – man denke nur an die Schwierigkeiten einer Regierungsbildung auch in Deutschland. Schlimm genug, dass wir eine Rechtspartei im Bundestag haben, die völkische und rassistische Gedanken äußert. Der Vorsitzende der Partei bezeichnet den Streit um die Flüchtlingskrise zynisch als »Geschenk«. Der Hass, den die Rechten unaufhörlich äußern, die widerlichen Attacken, die sie gegen Andersdenkende fahren, erinnern in übler Weise an Vorgänge in der ersten deutschen Demokratie.

»Demokraten, besinnt euch!« So würde uns wohl Joseph Bernhart, wenn er noch lebte, zurufen. Und dabei hätte er nicht nur die Gesellschaft, sondern jeden Einzelnen im Blick. Oder, um es in seinen Worten zu sagen: »Der Mensch ist geschaffen, um die Ordnung der Dinge zu erkennen und sich selbst in Ordnung zu bringen.«

Freundschaften in der Politik

Anton Jaumann
Hermann Höcherl
Peter Schmidhuber
Alois Glück

In der Politik gibt es keine Freundschaften? Das habe ich glücklicherweise anders erlebt. Gerade in der politischen Arena, wo mit harten Bandagen gekämpft und manch persönlicher Angriff weggesteckt werden muss, habe ich Freunde gewonnen, die mir in allen Lebenslagen zur Seite standen. Bis heute fühle ich mich ihnen zutiefst verbunden.

Anton Jaumann – mein Mentor

Unter den Politikern, denen ich persönlich viel verdanke, steht Anton Jaumann an erster Stelle. Schon die Art, wie er in mein Leben trat, war ungewöhnlich und zeugte von Beharrlichkeit: 1969 sprach er mich an, ob ich nicht ins Bayerische Finanzministerium kommen und sein persönlicher Referent werden wolle. Zu dem Zeitpunkt war ich Gerichtsassessor bei der Staatsanwaltschaft München I und konnte mich über einen Mangel an Auslastung wahrlich nicht beklagen. Auch wunderte ich mich über das Angebot – hatte ich doch erst kurz zuvor abgelehnt, Jaumann bei der Wahl zum Bezirksvorsitzenden der CSU in Schwaben zu unterstützen. Er war gegen den langjährigen Amtsinhaber und Parlamentarischen Geschäftsführer der CSU, Leo Wagner, angetreten, weil er ihn charakterlich für ungeeignet fand. Da ich aber im Wahlkreis Neu-Ulm mit Wagner gut zusammenarbeitete, musste ich Jaumann enttäuschen – obwohl ich ihn zweifelsfrei für einen qualifizierten Kandidaten hielt. (Viel später zeigte sich, dass Jaumann mit seiner Menschenkenntnis richtiggelegen hatte: Wagner geriet aufgrund seines ausschweifenden Lebenswandels in finanzielle Not; Mitte der Siebzigerjahre wurde seine prekäre Situation publik. Vor wenigen Jahren verkündete schließlich ein ehemaliger Stasioffizier, man habe Wagner seit 1970 als Inoffiziellen Mitarbeiter geführt.)

Anton Jaumann bot mir jedenfalls eine reizvolle Aufgabe im Bayerischen Staatsministerium der Finanzen an. Doch ich hielt es für meine Pflicht, ihn darauf hinzuweisen: Ich sei leider kein Spezialist im Steuerrecht und auch nicht in der Finanzpolitik, sondern eher in der Kommunalpolitik beheimatet. Jaumann zuckte nur belustigt die Achseln: »Soso, Sie wollen also in Ihrem Alter nichts mehr dazulernen?« Im Übrigen fände im Finanzministerium – über den kommunalen Finanzausgleich – mehr Kommunalpolitik statt als im Innenministerium. Mit diesen Worten überzeugte er mich, und ich wurde sein persönlicher Referent, als er bis 1970 als Staatssekretär unter dem damaligen Finanzminister Konrad Pöhner fungierte.

Eigentlich sollte Jaumann nach Pöhners Ausscheiden Finanzminister werden. Er besaß das uneingeschränkte Vertrauen von Ministerpräsident Alfons Goppel und war in allen Fachfragen glänzend ausgewiesen. Durch seine intensive Informationspolitik gegenüber den CSU-Landtagsabgeordneten besaß er auch in der Fraktion ein hohes Ansehen. Das alles nützte ihm aber nichts, da sich der Fraktionsvorsitzende Ludwig Huber, der neue Umweltminister Max Streibl und Franz Josef Strauß gegen ihn verschworen. Sie fürchteten, Jaumann könne als Kronprinz für das Amt des Ministerpräsidenten infrage kommen. So brachten sie Alfons Goppel dazu, seine Zusage wieder zurückzunehmen, und Jaumann musste sich mit dem Amt des Bayerischen Staatsministers für Wirtschaft und Verkehr begnügen.

Das Wirtschaftsministerium verfügte längst nicht über die umfassende Kompetenz des Finanzministeriums – zumal die gesamte Landesplanung in das neue Ministerium für Umwelt und Landesplanung verlegt worden war. Der vorherige bayerische Wirtschaftsminister, Otto Schedl, hatte den Bedeutungsverlust nicht hinnehmen wollen und war ins Finanzministerium gewechselt. Jaumann arbeitete sich intensiv in die Materie ein und fragte mich, ob ich mit ihm in das neue Ministerium wechseln wollte. Ich fühlte mich ihm inzwischen so verbunden, dass ich diesmal keine Sekunde zögerte und sofort Ja sagte.

Von Jaumann habe ich gelernt, wie Politik abläuft und wie man politische Vorgänge behandelt. Seine langjährige Tätigkeit als Vorsitzender der Wirtschaftsministerkonferenz in Deutschland – niemals davor und danach übte jemand 18 Jahre lang diese Funktion aus – sicherte ihm hohe Anerkennung und Kompetenz, auch in wirtschaftspolitischen Fragen der Bundespolitik. Er war ein pragmatischer Marktwirtschaftler, kümmerte sich selbst um das Fortbestehen einzelner Betriebe in Bayern, förderte den Mittelstand durch ein eigenes Mittelstandsgesetz und war ein profunder Gestalter der regionalen Strukturpolitik, die Bayern damals noch viel umfangreichere Möglichkeiten gab, als dies heute der Fall ist. Daneben kümmerte er sich um dörfliche Probleme wie die Flurbereinigung und die lebensnotwendige Existenz von Wirtshäusern in jedem Dorf. Zu seinem politischen Talent kam noch eine philosophische Ader, mit der er die führenden intellektuellen Köpfe für sich gewann. In meiner Zeit als Leiter der Grundsatzkommission, in der er dem Arbeitskreis »Grundsätze« vorstand, stellte er diese Begabung mehrfach unter Beweis.

Seine größte Bewährungsprobe erlebte Jaumann mit der Planung des neuen Flughafens von München im Erdinger Moos. Ein erbitterter Widerstand vor Ort, Querschläge aus der eigenen Landtagsfraktion und nicht zuletzt juristische Niederlagen machten ihm schwer zu schaffen. Die Unterstützung von Franz Josef Strauß, zunächst als Parteivorsitzender und später als Ministerpräsident, hielt sich über weite Strecken in Grenzen. Wenn also heute der Franz-Josef-Strauß-Airport als global bedeutender Flughafen und einer der schönsten in Deutschland bewundert wird, dann möge man auch den Anteil Anton Jaumanns an diesem gewaltigen Infrastrukturprojekt zur Kenntnis nehmen.

Was ich von dem erdenschweren Jaumann über das Leben, die Menschen und die Politik erfuhr, hat mich nachhaltig geprägt. Einmal sagte er zu mir: »Waigel, man muss immer wissen, wo man herkommt, und auf dem Boden bleiben.« – Unsere gemeinsamen Autoreisen durch Bayern werde ich nie vergessen. Als wir Ende 1970 in meinem heimatlichen Krumbach einen Termin wahrnahmen und von Krumbach auf der B300 nach Augsburg fuhren, gab ich mir einen Ruck und fragte, ob wir nicht einen kurzen Abstecher nach Oberrohr machen könnten. Mein Heimatdorf lag nur wenige Hundert Meter von der Bundesstraße entfernt; meine Mutter war hochbetagt und krank. Jaumann nickte, wir nahmen die Abzweigung nach Oberrohr, er klopfte an die Haustür. Wie selbstverständlich setzte er sich zu meiner Mutter, um sich mit ihr zu unterhalten. In Augsburg mussten die vorgesehenen Gesprächsteilnehmer derweil noch eine Stunde auf uns warten. Als meine Mutter im Mai 1977 verstarb und auf dem kleinen Dorffriedhof in Oberrohr beerdigt wurde, öffnete sich plötzlich das Friedhofstor, und Wirtschaftsminister Anton Jaumann kam herein. Er hatte alle Termine abgesagt, um an der Trauerfeier teilzunehmen. Auf meine ungläubige Frage nach dem Warum antwortete er: »Der Tod setzt andere Prioritäten.«

Vieles von dem, was ich später in der Politik gut brauchen konnte, habe ich bei Anton Jaumann, dem tiefsinnigen Rieser Schwaben, gelernt. Er war mein politischer Mentor. Am meisten aber beeindruckte mich das feste Fundament des Glaubens, auf dem dieser Mann mit beiden Beinen im Leben stand.

Hermann Höcherl – Einwand, Euer Ehren

Hermann Höcherl habe ich als politische Naturbegabung und originellen Menschen schätzen gelernt. Mir gefielen der hintergründige Humor und die gescheite Art dieses Mannes aus der Oberpfalz. Er war ein geschickter Strippenzieher als Landesgruppenvorsitzender gewesen, hatte in schwieriger Zeit das Bundesinnenministerium – Stichwort *Spiegel*-Affäre – innegehabt und war dann ein erfolgreicher, in Europa hoch angesehener Bundeslandwirtschaftsminister geworden. Später hatte er sich in das Feld der Wirtschafts- und Finanzpolitik eingearbeitet und war ein kluger Arbeitskreisleiter für diesen Bereich in der CDU/CSU-Fraktion. Er war der Erste, der mich als Nachfolger vorschlug, nachdem Franz Josef Strauß am 3. Oktober 1988 überraschend verstorben war.

Uns beide verband eine lange gemeinsame Geschichte, wir kannten uns noch aus meiner Zeit als Landesgruppenvorsitzender der Jungen Union, also seit Anfang der Siebzigerjahre. Damals verliefen die Landesvorstandssitzungen immer nach demselben Ritual: Strauß gab seinen Lagebericht, blätterte dann in den neuesten Pressemeldungen und entdeckte schnell irgendeinen Ortsverband der Jungen Union, der ihn wieder unbotmäßig kritisiert hatte. Sofort schoss er wütende Blicke in meine Richtung und verlangte, dass ich den Übeltäter unverzüglich zur Rede stellen, am besten gleich aus der Jungen Union hinauswerfen sollte. Stets versuchte ich, Strauß zu besänftigen, und verwies auf das Vorrecht der Jugend, kritisch sein zu dürfen, ja sein zu müssen. Als ich dann Bundestagsabgeordneter wurde und einmal neben Hermann Höcherl von München nach Bonn flog, riet er mir: »Sie sollten immer einige Mitglieder der Jungen Union gefesselt in die Vorstandssitzung mitbringen.«

Trotz einer jahrzehntelangen Zusammenarbeit mit Strauß hatte Höcherl sich ein eigenständiges, durchaus distanziertes Verhältnis zu ihm bewahrt. Als einziger CSU-Abgeordneter hatte er den Mut besessen, nach der Verleihung des Friedensnobelpreises an Willy Brandt zu dessen Wohnsitz auf den Venusberg zu fahren und ihm zu gratulieren.

In den Siebzigerjahren war er wiederum der einzige Unionsabgeordnete, der dem *Playboy* ein Interview gab. Die Empörung in den Reihen der CSU und auch in seiner Heimat Brennberg focht ihn nicht an. Als er nach Hause kam, machte ihm seine Frau Vorwürfe, dass man sich wegen seines Verhaltens schämen müsse. Scheinheilige Heimatgenossen hatten sie eilig informiert und ihre Abscheu über das Verhalten ihres Mannes bekundet. Doch Höcherl beruhigte sie: »Liebe Frau, auf die Art und Weise habe ich zumindest verhindert, dass auf zehn Seiten nackte Weiber abgebildet werden, und damit Schlimmeres verhütet.« Gegen diese Argumentation konnten weder seine sittsame Frau noch gestandene Theologen etwas einwenden. Sogar der frühere Bischof von Regensburg, Kardinal Müller, konnte sich noch Jahrzehnte später angesichts dieser einleuchtenden Begründung ein Lächeln nicht verkneifen.

Tröstlich war Höcherls Geschichte, wie er sich seinen Eingang ins Paradies vorstellte. Er erzählte mir, wenn es schon auf dieser buckeligen Welt ein rechtliches Gehör gebe, so müsse im Himmel erst recht eins existieren. Dem großen Richter werde er also als Erstes sagen: »Einwand, Euer Ehren.« Er wollte argumentieren, Gott hätte ihn ja auch als Engel erschaffen können. Groß, schön, blond. Ein Ebenbild von Richard von Weizsäcker. Doch wie hatte der Schöpfer ihn gemacht? »Klein, dick, hässlich und mit allen Sünden und Lastern behaftet. Und so müssen die mich wieder nehmen.« Hinter diesen Worten steckten eine große Weisheit und religiöse Einsicht, die die Theologie der Angst vergangener Jahrzehnte hinter sich ließ.

Wenige Wochen vor seinem Tod habe ich Hermann Höcherl letztmals in Brennberg besucht. Er war von Krankheit schwer gezeichnet, klagte aber nicht über Schmerzen und freute sich über den Besuch. Wir ahnten und wussten, dass es wohl unsere letzte Begegnung auf dieser Welt sein würde. Entgegen seiner und meiner Gewohnheit umarmten wir uns und nahmen voneinander Abschied. Auf das Wiedersehen mit ihm freue ich mich ganz besonders in der anderen Welt.

Peter Schmidhuber – weltoffen, herzlich, zuverlässig

In meinen Anfangsjahren in Bonn fühlte ich mich fremd, kannte kaum jemanden und wusste nicht so recht, wohin ich mich orientieren sollte. Peter Schmidhuber war mir in dieser Zeit ein lebenswichtiger Begleiter. Egal mit welcher Frage, ich konnte zu ihm kommen. Sein Rat war mir wertvoll. Und unsere freundschaftlichen Treffen nahmen mir das Heimweh, das mich bisweilen befiel.

Schmidhubers politische Karriere hatte als Stadtrat in München begonnen, zu der Zeit, als Hans-Jochen Vogel Oberbürgermeister war. 1965 wurde er dann Stimmkreisabgeordneter im Münchner Westen und über die Landesliste in den Bundestag gewählt. 1969 verhinderte ein Zerwürfnis mit Franz Josef Strauß die Fortsetzung seiner bundespolitischen Laufbahn. Er ließ sich als Rechtsanwalt nieder und kehrte bald als Ministerialrat in das Bayerische Staatsministerium für Wirtschaft und Verkehr zurück, wo er vor seiner Wahl in den Bundestag tätig gewesen war. 1972 wurden wir beide auf der Landesliste der CSU platziert, und ihm gelang erneut der Einzug in den Deutschen Bundestag.

Wir kamen uns persönlich näher, und ich fand in ihm einen kongenialen Freund. Hinter seiner zurückhaltenden, introvertierten, mitunter mürrischen Art verbargen sich Weltoffenheit, Herzlichkeit und Zuverlässigkeit, wie man sie nur selten antrifft. Bei der Entscheidung in Kreuth 1976 standen wir auf der gleichen Seite und verabredeten bei der Heimfahrt nach München, alle künftigen Dinge gemeinsam zu beraten und zu entscheiden.

Als Schmidhuber dann in den Achtzigerjahren als Kommissar nach Brüssel wechselte – bisher übrigens der Einzige in der Geschichte der CSU –, war er mir auch dort ein wichtiger Gesprächspartner. Auslandsreisen mit ihm nach New York, Neu-Delhi und in andere Metropolen waren von ihm glänzend vorbereitet, er war ein Organisationstalent. So reisten wir beispielsweise einmal in jungen Jahren gemeinsam mit der Jungen Union nach Washington. Das Reisebüro hatte einen Fehler gemacht, und unser Anschlussflug war weg. Schmidhuber, der Vielgereiste, nahm die Sache souverän in die Hand, organisierte einen neuen Flug und brachte uns sicher ans Ziel. Ein echter Krisenmanager.

Angesichts der verleumderischen Kampagne gegen mich und meine Familie war ich 1993 drauf und dran, »den Bettel hinzuschmeißen«. Ich wollte die Politik hinter mir lassen. Schmidhuber, der treue Freund, machte sich auf nach Oberrohr und forderte mich dringend auf zu bleiben. Er redete mir ins Gewissen, dass man vor dem Gegner nicht davonlaufe und Freunden gegenüber verlässlich bleiben müsse. Sein Zuspruch hatte Gewicht.

Und noch eine Situation erinnere ich, in der sich Schmidhuber wiederum als wahrer Freund erwies: Als mich 1977 eines Morgens in Bonn die Nachricht vom Tod meiner Mutter ereilte, war er der Erste, dem ich davon erzählte. Zwar hatte ich gewusst, dass meine Mutter in Krumbach im Krankenhaus lag, aber es war nicht abzusehen, dass es mit ihr zu Ende gehen würde. Der Chefarzt rief an und überbrachte mir die traurige Nachricht. Schmidhubers Büro war nur wenige Meter von meinem entfernt. Wir führten ein tröstliches Gespräch unter Freunden – eine Besonderheit im Alltag der Politik, wo für persönliche Dinge nur wenig Raum bleibt.

Ich bin Peter Schmidhuber für mehr als 50 Jahre persönlicher und politischer Freundschaft dankbar und freue mich über jede Begegnung, die wir in den letzten Jahren auch als Anwälte in einer Kanzlei hatten.

Alois Glück – ein Glück

In der katholischen Landjugend bin ich Alois Glück in den Sechzigerjahren zum ersten Mal begegnet. Seither haben wir uns nicht mehr aus den Augen verloren.

Beide sind wir als Bauernbuben aufgewachsen, die Wechselfälle des Lebens haben uns schon früh ereilt. Glücks Vater war aus dem Krieg nicht zurückgekommen, und er musste mit seiner Mutter das landwirtschaftliche Anwesen bewirtschaften. Über die katholische Landjugend und die Bildungsarbeit der katholischen Landvolkbewegung arbeitete sich Glück in die Fragen des ländlichen Raums, der Agrarpolitik und der Umweltpolitik ein. Frühzeitig erkannte man seine politische Begabung. 1974 wurde er über die Liste in den Bayerischen Landtag gewählt. Schon damals gehörte er zu den beherzten Abgeordneten, die sich ein eigenständiges Profil erwarben und mit Sachkenntnis und Charakterstärke ihren Weg machten. Es war mutig von ihm, 1988 den von Franz Josef Strauß für das Amt des Fraktionsvorsitzenden vorgesehenen Kandidaten in die Schranken zu weisen und es selbst zu erobern. Dort war er der loyale, aber bei Bedarf auch kritische Gegenpart des mächtigen Ministerpräsidenten.

Für mich als Landesgruppenvorsitzenden war Glück der verlässliche Partner in München, mithin ein großes Glück. Gemeinsam gelang es uns, die Gegensätze zwischen München und Bonn so auszugleichen, dass daraus ein fruchtbares Spannungsfeld entstand. Im Sinne meiner Partei würde ich mir auch heute wieder solch eine Konstellation wünschen: ein selbstbewusster Fraktionsführer im Bayerischen Landtag und ein ebensolcher Landesgruppenvorsitzender, die als Führer von Parlamentsgruppen die Regierung loyal unterstützen, aber wenn nötig auch eigene Positionen vertreten.

Als einer der Ersten machte Glück mich darauf aufmerksam, ich müsse als Parteivorsitzender bereitstehen, wenn Strauß einmal das Zepter aus der Hand gebe. Als dieser Augenblick gekommen war, unterstützte er mich, obwohl in seinem Heimatbezirksverband Oberbayern auch Stimmen für Gerold Tandler laut wurden. Als ich kurzzeitig mit meiner Kandidatur zögerte, weil ich schon damals Angriffe unterhalb der Gürtellinie erwartete, war er es, der mich aufforderte, mich dieser Wahl zu stellen.

Anfang der Neunzigerjahre wurde die Position eines stellvertretenden Parteivorsitzenden vakant. Alois Glück entschloss sich zur Kandidatur. Unerwartet stellte sich ihm Edmund Stoiber entgegen, der schon damals seine Karrierewünsche konsequent verfolgte. Mein Fehler war, mich aus diesem Streit herauszuhalten und mich nicht offen für meinen Freund einzusetzen. Für mich wäre Glück ein idealer Ministerpräsident in Bayern gewesen. Vielleicht wäre mit ihm 1993 manches anders gelaufen. Er verteidigte mich in dieser Zeit gegen alle Vorwürfe und wies Verdächtigungen aus dem klerikalen Lager gegen mich zurück. Doch Edmund Stoiber hatte längst in der Fraktion Mehrheiten um sich geschart, sodass auch Glücks Autorität die Entscheidung der Fraktion nicht beeinflussen konnte.

In den schwierigen Bonner Jahren bis 1998 hielt mir Alois Glück in München nach Kräften den Rücken frei. Dabei engagierte er sich besonders für jene Bereiche, in denen ihm die CSU zu blass erschien, etwa in der Umweltpolitik. Inhaltlich ergänzten wir uns ideal: Ich wirkte im Ökonomischen und in der Europapolitik, er in Umwelt- und Landwirtschaftspolitik und durch seine Verankerung im vorpolitischen Raum.

Wir blieben Freunde und Weggefährten, auch nachdem wir uns aus politischen Ämtern verabschiedet hatten. Gerade im Zuge der Flüchtlingskrise und der Auseinandersetzungen zwischen Horst Seehofer und Angela Merkel zeigte sich Glücks und meine Rückbindung an die kirchlich orientierten Kräfte in der Gesellschaft. Glück machte damals als Vorsitzender des Zentralkomitees der deutschen Katholiken klar, dass die aufkommende Wertedebatte auch eine Chance war: Sie bot eine heilsame Auseinandersetzung – nicht nur über den Umgang mit dem Fremden, sondern auch mit der eigenen Identität. Aus persönlicher Überzeugung heraus unterstützten wir gemeinsam Angela Merkel. Wenngleich wir den Kontrollverlust an den Grenzen im Sommer 2015 offen kritisierten, war es uns ein Anliegen, die menschliche Geste, die »Willkommenskultur« und die Empathie der Menschen als positives Signal auch nach außen hin zu würdigen. Zudem hielten wir es für grundfalsch, die beachtlichen Erfolge, die gerade die CSU in der Korrektur der Flüchtlingspolitik bei den Koalitionsverhandlungen und im Ringen mit der CDU erreicht hatte – etwa Obergrenze, Verschärfungen des Asylrechts, Regelungen des Familiennachzugs –, in aller Öffentlichkeit kleinzureden. Mit solch mangelndem Selbstbewusstsein verschafft man allenfalls den Populisten Zulauf.

Die Beschäftigung mit Grundsatzfragen, mit dem, was eine christlich-soziale Politik heute sein will und muss, hört also niemals auf. Auch aus diesem Grund zählt die Freundschaft mit Alois Glück, dem bodenständigen Denker und Politiker, zu den beglückenden Erfahrungen meines Lebens. Weiterhin stehen wir im regen Austausch und führen regelmäßige Telefongespräche, die stets eine überraschende Übereinstimmung in großen Teilen unseres Denkens widerspiegeln. Als Mittler zwischen den Fronten ist er auch heute noch ein gesuchter Gesprächspartner.

Ein Mann wie kein Zweiter

Franz Josef Strauß

Strauß kann nur beschreiben, wer ihn selbst erlebt und gekannt hat. Er war ein Ausnahmemensch, dessen Wirkung sich vor allem im kleinen Kreis, in politischen Gremien, als Redner im Bundestag und als Volkstribun in Sälen, Zelten und auf großen Plätzen entfaltete. Als Politiker polarisierte er wie kein Zweiter: Die einen erhoben ihn zur Lichtgestalt, die anderen schmähten ihn umso heftiger. Seiner Aura konnte man sich schwer entziehen.

Zum ersten Mal erlebte ich ihn als jungen Bundesminister bei der Trauerfeier von Fridolin Rothermel 1955 in der Ursberger Kirche, bei der er die Totenrede hielt. Auf Rothermels Leben wandte er den lateinischen Spruch an: »Non degenerabo.« – »Ich bleibe mir treu, ich werde nicht aus der Art schlagen.« Strauß hatte diese Inschrift auf einem oberbayerischen Bauernhof gelesen. Mir gruben sich seine Worte damals tief ins Gedächtnis, sie wurden mir zum Lebensmotto.

1961 sprach Strauß als Parteivorsitzender auf einer Großkundgebung der CSU mit Bundeskanzler Konrad Adenauer. Milde tadelnd bemerkte Adenauer zu seinem Verteidigungsminister: »Der Herr Strauß tut so viel, dass ein bisschen weniger mehr wäre.« – In der Tat, Strauß war sehr umtriebig und stets präsent. 1964 lud ich ihn in meiner Eigenschaft als Kreisvorsitzender der Jungen Union von Krumbach zu einer Kundgebung ein. In Schwaben hatte es geschneit, es herrschte tiefster Winter. Strauß brauchte sieben Stunden, um an einem Freitagabend von Bonn in die Nähe von Krumbach zu gelangen. Als eine hohe Schneewehe das weitere Fortkommen mit dem Auto unmöglich machte, stieg er aus und ging zu Fuß weiter. Statt um 20 Uhr konnte die Kundgebung erst drei Stunden später beginnen. Doch alle 800 Gäste waren geblieben. Hingerissen verfolgten sie seine Rede, die um Mitternacht noch nicht zu Ende war. Nach seinem Auftritt blieb er eine weitere Stunde mit uns in der Wirtschaft sitzen, obwohl er am nächsten Tag zu früher Stunde nach München musste. Er hatte dort einen Termin bei der Wehrkundetagung, dem Vorläufer der heutigen Sicherheitskonferenz.

1968 wurde der Landesausschuss der Jungen Union, dem ich als Bezirksvorsitzender von Schwaben angehörte, vom Parteivorsitzenden nach Rott am Inn eingeladen. Strauß referierte über Finanzpolitik. Schon damals standen auch internationale Währungsfragen im Fokus. Deutschland musste sich – wie später in den Neunzigerjahren, als ich in der Verantwortung war – mit der Frage auseinandersetzen, wie es mit seiner sehr starken D-Mark gegenüber dem Dollar im internationalen Wettbewerb bestehen sollte. Gegen Ende des Treffens forderte mich Strauß plötzlich auf, seinen politischen Intimfeind Ludwig Huber, damals Fraktionsvorsitzender der CSU im Landtag und bayerischer Kultusminister, zu imitieren. Das konnte ich tatsächlich gut – aber es ausgerechnet in dieser Runde unter Beweis zu stellen wäre höchst unklug gewesen. Huber hätte es spätestens am nächsten Tag erfahren, und ich hätte seinen Ärger ausbaden dürfen. Ich weigerte mich also, worauf Strauß mit salomonischer Weisheit verkündete: »Dann erzählen wir einfach, Sie hätten auch den Heubl nachgemacht.« Heubl war Konkurrent von Huber in der bayerischen Landespolitik.

Als ich 1971 zum Landesvorsitzenden der Jungen Union gewählt wurde, lud Strauß mich zu einem Gespräch in die Landesleitung ein. Ich war zu diesem Zeitpunkt persönlicher Referent bei Jaumann, der in Distanz zu Strauß stand. Schon zu diesem frühen Zeitpunkt kam es zu einem kleinen Konflikt zwischen Strauß und mir. Ich ließ ihn wissen, dass ich seine Abneigung gegen Jaumann nicht teile. Er akzeptierte. Strauß hatte die Größe, andere Ansichten und Meinungen gelten zu lassen.

Wenige Monate später folgte er meiner Einladung zu einem Grundsatzseminar in Bad Tölz, wo wir uns mit politischer Philosophie und den Grundlagen politischer Entscheidungen beschäftigten. Voller Verständnis und Empathie ging er auf die Probleme der jungen Generation ein, intensiv setzte er sich mit uns auseinander. Er war es auch, der 1972 der Jungen Union einen Spitzenplatz unter den ersten fünf Listenabgeordneten zusagte. In dieser jugendbewegten Zeit wollte er ein Zeichen seitens der CSU setzen. Dass die verdienten Honoratioren der CSU von dieser Bevorzugung der Jugend nicht sonderlich begeistert waren, nahm er in Kauf. Ähnlich entschied er 1973, als er mich mit der Leitung der Grundsatzkommission beauftragte. Die Altvorderen der CSU, vor allem die Münchner Kabinettsmitglieder, waren ungern bereit, sich dem Jüngsten im Gremium unterzuordnen. Aber Strauß übertrug mir die Verantwortung.

Von 1972 bis 1978 erlebte ich Franz Josef Strauß in der CDU/CSU-Bundestagsfraktion und im Bundestag aus nächster Nähe. Und als durch den Wechsel von Peter Schmidhuber in die Bayerische Staatsregierung die Stelle des Obmanns der CDU/CSU im Wirtschaftsausschuss frei wurde, schlug mich

Friedrich Zimmermann, unterstützt von Strauß, als Kandidat vor. Ebenso wurde ich 1980 mit Zustimmung von Zimmermann und Strauß Vorsitzender der Arbeitsgruppe Wirtschaft der CDU/CSU.

Nach der gescheiterten Kanzlerkandidatur 1980 akzeptierte Strauß, dass Helmut Kohl Kanzlerkandidat sein würde, sollte es während der Legislaturperiode zu einem Regierungswechsel kommen. Vor einer schwierigen Entscheidung stand er 1982: Entweder ging er ins Bundeskabinett – oder aber er kandidierte im kurz darauf stattfindenden Landtagswahlkampf in Bayern wieder als Ministerpräsident. Hätte er damals das Finanzministerium übernommen, so wäre er, dessen bin ich sicher, zu einem überragenden Gestalter der deutschen und europäischen Finanzpolitik geworden. In dieses Amt hätte er all seine Fähigkeiten und Erfahrungen einbringen können; das wäre die angemessene Bühne für einen Mann wie ihn gewesen.

Auf die Schnelle ließ sich die Nachfolge in München jedoch nicht regeln. Die Zeit bis zur Landtagswahl war zu kurz. Zudem war Strauß nicht sicher, ob Helmut Kohl die nächste Wahl gewinnen würde. Er blieb also in München. Seine nachgerade gebetsmühlenartig wiederholte Behauptung, dort habe er das »schönste Amt der Welt« inne, habe ich ihm aber nie so recht abgenommen. Es war offensichtlich, dass ihm die Partei- und Koalitionsgespräche in Bonn mehr Freude bereiteten als die Regierungsgeschäfte in München. Wenn er am Tisch mit Kohl und Genscher saß, spürte er die Herausforderung. Ohne Zweifel genoss er Bonn. Wenn er am Kanzleramt vorfuhr, die Scheiben herunterkurbelte und Interviews gab, war er in seinem Element. Es war, als hörte ein Zirkuspferd die Musik und nähme entsprechende Haltung an.

Als Graf Lambsdorff 1984 das Wirtschaftsministerium abgeben musste, glomm nochmals Hoffnung in ihm auf, ein wichtiges Ministerium besetzen zu können. Doch das scheiterte am Widerstand von CDU und FDP. Letztmals überlegte er 1986, ins Bonner Kabinett zurückzukehren. Am Schluss der Koalitionsgespräche zwischen CDU und CSU fragte Franz Josef Strauß, welchen Platz ihm Helmut Kohl denn zuweisen könne. Der bot ihm daraufhin an: »Ihr bekommt vier Kabinettsposten, wenn du nach Bonn gehst, und fünf, wenn du in München bleibst.« Nach einer hitzigen Auseinandersetzung verließ Strauß wutentbrannt das Kanzleramt. Ich wurde auserkoren, den tobenden Löwen zu besänftigen. Als ich zu Strauß' Bonner Wohnung fuhr, machte ich mich auf das Schlimmste gefasst. Doch ich traf auf einen gut gelaunten Strauß, der mich fragte, wie es denn ohne ihn gelaufen sei. Ich erzählte, wir hätten uns hart mit Kohl auseinandergesetzt, er lobte uns. Wir warteten noch auf Stoiber und Tandler und tranken zusammen zwei Whisky. Anschließend flog uns Strauß sicher nach München. Am Sonntag darauf rief ich Helmut Kohl an und bat ihn dringend, sein makabres Angebot zu überdenken. Am Montag korrigierte sich Kohl, bekam aber von Strauß zu hören, er zöge es vor, in München zu bleiben. Was Kohl sehr recht war. Es blieb bei fünf CSU-Ministern.

Von dem nochmaligen Einzug ins Verteidigungsministerium hatte ich Strauß dringend abgeraten. Und ein anderes klassisches Ministerium war für ihn nicht frei gewesen.

Natürlich besaß Strauß als Ministerpräsident und Parteivorsitzender alle Möglichkeiten, sich in der nationalen und internationalen Politik in Szene zu setzen. Er hat das auch bei vielen Auslandsbesuchen getan. Spektakulär war die Begegnung mit Mao Tse-tung, die erste eines deutschen Politikers mit dem Führer Chinas. Höhepunkt seiner Bemühungen war schließlich eine Einladung von Michail Gorbatschow nach Moskau.

Am Nachmittag des Heiligabends 1987 rief mich Strauß' Büroleiter in Oberrohr an und fragte, ob ich den Ministerpräsidenten auf seiner Reise in die sowjetische Hauptstadt begleiten wolle. Um 19 Uhr meldete sich Strauß persönlich, er brauche meine Entscheidung bis morgen früh. Prompt sagte ich zu. Später machte ich noch einen ergänzenden Vorschlag zum Programm: Ich riet zu einem Besuch auf dem deutschen Soldatenfriedhof in Ljublino, der bislang nicht vorgesehen war. Aus meiner Sicht erwartete man eine solche Geste gerade von jemandem wie Strauß. Schließlich war er Offizier im Zweiten Weltkrieg und auch in der Sowjetunion stationiert gewesen.

In einer kleinen Cessna flogen wir am 28. Dezember los. Am Steuer saß Strauß, Co-Pilot war der Fluglehrer Heinrich Then. Der Flug verlief relativ ruhig. Angesichts der schlechten Wetterverhältnisse in Moskau waren wir etwas beunruhigt. Beim Landeanflug registrierten wir, dass wir die Einzigen waren, die vom bedeckten Himmel auf den Flugplatz niedergingen. Aber alles ging gut, die Landung glückte, begeistert spendeten wir dem Piloten Applaus. Jäh ließen wir jedoch die Hände sinken, als der Co-Pilot in die Kabine stürzte und lauthals brüllte: »So etwas mache ich nie wieder mit – nie wieder!« Offenbar war es auf den letzten Metern in der Luft zu erheblichen Differenzen zwischen Strauß und Then gekommen. Froh und dankbar waren wir, als die Maschine endlich zum Stillstand kam. Ein bestens gelaunter Strauß entstieg dem Flugzeug und ließ sich dem Protokoll entsprechend gebührend begrüßen. Im Vorbeigehen merkte er noch etwas von einer »nicht ganz einfachen Landung« an.

Aufgrund der schlechten Beleuchtung des Flugplatzes nahmen wir nur wahr, dass es heftig schneite und die Piste vereist war. Erst abends im *Hotel Sowjetskaja* ergab sich Gelegenheit, die Sache nochmals anzusprechen. Ich fragte Then: »Was war denn da heute los?« Der wand sich und murmelte vage: »Es gab halt vor der Landung keine Übereinstimmung zwischen Pilot und Co-Pilot.« Strauß selbst verriet uns schließlich den Grund für die lautstarke Auseinandersetzung an Bord: Der Flughafen war wegen des eisigen Schneetreibens gesperrt gewesen, die Maschine sollte eigentlich nach Minsk umgeleitet werden. »Und warum haben wir das nicht gemacht?«, fragte ich. »Weil wir nur noch für wenige Minuten Sprit hatten«, antwortete Strauß und grinste fröhlich in die Runde.

In Moskau wurden wir zunächst im Außenministerium erwartet. Außenminister Eduard Schewardnadse eröffnete das Gespräch, an dem auch KPdSU-Sekretär Anatoli Dobrynin und Abteilungsleiter Alexander Bondarenko vom Außenministerium teilnahmen. Von unserer Seite waren neben Strauß Gerold Tandler, Edmund Stoiber, der deutsche Botschafter in Moskau Andreas Meyer-Landrut und ich zugegen. Schewardnadse verwies darauf, dass es der erste Aufenthalt von Strauß in Moskau sei. Sein Besuch erwecke großes Interesse, weil Strauß ein bedeutender Politiker sei. Es gebe große Veränderungen in Europa und in der Welt. Nötig seien Dialog und Konzentration auf übereinstimmende Interessen. Strauß pflichtete ihm bei: Wir stünden an der Schwelle eines neuen Zeitalters. Kein Krieg dürfe denkbar, kalkulierbar und führbar sein. Und er fuhr fort, im Westen gebe es niemanden, der mit militärischen Mitteln gegen die Sowjetunion vorgehen wolle. Es werde weder eine amerikanische noch eine sowjetische Vorherrschaft geben. Schewardnadse fragte mit einem Augenzwinkern, ob wir an ihre Stelle nicht besser eine deutsch-sowjetische Herrschaft setzen sollten. Strauß ging sogleich auf den Scherz ein und meinte, wenn schon, dann müsse es aber ein »sowjetisch-bayerisches Kondominium« sein. Danach betonte er, die Popularitäts- und Sympathiewerte von Schewardnadse und Gorbatschow in Deutschland seien so groß, wie es noch nie bei sowjetischen Politikern der Fall gewesen sei.

Als es um Abrüstungsfragen ging, trat Schewardnadse für eine vollständige Abschaffung aller Arsenale ein. Strauß entgegnete, das ginge wohl nicht auf einen Schlag, sondern nur Schritt für Schritt. In dem Fall, so Schewardnadse, brauche man eben das bestmögliche Kontrollsystem, das derzeit technisch verfügbar sei. Anschließend ging es um die Besuchsmöglichkeiten für Russlanddeutsche, die verbessert werden sollten, um die Situation in Afghanistan und die unterschiedlichen Auffassungen zum Umgang mit dem Apartheid-Regime in Südafrika. Auf die Innenpolitik und die weitere wirtschaftliche Zusammenarbeit angesprochen, meinte Schewardnadse, die sozialistischen Gesellschaften würden sich ideologisch nicht ändern, aber die Wirtschaft werde sich dem erfolgreichen westlichen Modell anpassen.

Mit dem ihm eigenen Humor bemerkte Strauß abschließend zu Schewardnadse, anders als manches afrikanische Staatsoberhaupt habe er, Strauß, seine Begleiter nicht danach ausgesucht, wer mit ihm auf Reisen gehen müsse, damit während seiner Abwesenheit zu Hause keine Revolution ausbreche. – In Bayern, sollte das wohl heißen, herrschten eben geordnete Verhältnisse.

Am nächsten Tag, dem 29. Dezember, ging es nach dem Frühstück direkt in den Kreml. Der wichtigste Termin des Besuchs war unbestreitbar das Treffen zwischen Franz Josef Strauß und Generalsekretär Michail Gorbatschow. Um elf Uhr war es so weit. Nach einigen Präliminarien kam das Gespräch auf die sich wandelnde Welt: politisch, technisch und ökologisch. Gorbatschow kritisierte die englische Premierministerin Margaret Thatcher: Sie spreche so, als wäre das britische Empire noch immer dasselbe wie vor hundert Jahren, als hätte es inzwischen keine dramatische Veränderung erfahren. Der Besuch von Strauß in Moskau hingegen zeige ein neues Denken. Wechselseitige Information, konstruktiver Dialog und beidseitige Entideologisierung seien notwendig. Strauß gebrauchte in diesem Zusammenhang den altgriechischen Begriff »kairos«: Jetzt gebe es die Chance auf »kairos«, auf eine wichtige Gelegenheit, die vielleicht nie wiederkehrt. Wir stünden an der Schwelle zu einem neuen Zeitalter, das mit dem Namen Gorbatschow verbunden sei. Nun nahm das Gespräch eine gesellschaftspolitische Wendung: Marxismus, Leninismus und Kommunismus standen zur Debatte. Erwartungsgemäß waren Strauß und Gorbatschow in diesen Fragen höchst unterschiedlicher Ansicht, einigten sich aber darauf, dass die Geschichte am Ende zeigen werde, wer von beiden recht habe.

Strauß resümierte: Immer dann, wenn Deutsche und Russen ein gutes Verhältnis gehabt hätten, seien die Europäer glücklich gewesen. Gorbatschow entwickelte daraus seine Idee, dass ein deutsch-sowjetischer und internationaler Dialog in Verbindung mit einer Politik der Taten für die Abrüstung notwendig sei. Ernst fügte Strauß hinzu: »Meine Überzeugung als Christ ist es, dass nie wieder Gewalt sein darf und nie wieder der Griff zum Schwert erfolgen darf. Es wird nie wieder eine politische Führung in Deutschland geben, für die durch Krieg oder ähnliche Handlungen ein Problem lösbar ist. Der Auftrag an die Soldaten ist es nicht mehr, deutscher Politik zum Sieg zu verhelfen, sondern uns gegen Gewaltanwendung zu verteidigen.«

Voraussetzung für einen Friedensvertrag sei allerdings, dass ein gleichberechtigtes, wiedervereinigtes Deutschland am Tisch sitzen müsse. Und dann bekannte er: »Der Schlüssel für die Wiedervereinigung liegt in Moskau, nicht in Washington.« Anschließend erklärte sich Strauß zur These zweier deutscher

Staaten – eine staats-, wenn auch nicht völkerrechtliche Anerkennung der DDR –, während er früher von den zwei Staaten in Deutschland gesprochen hatte. Diese Kurskorrektur war von ihm beabsichtigt. Mehrfach hatte ich ihn auf den entscheidenden Unterschied in der Terminologie aufmerksam gemacht.

Nachdem Gorbatschow selbst die wirtschaftliche Umgestaltung angesprochen hatte, wünschte Strauß ihm auch im eigenen Interesse viel Erfolg bei seiner Reformpolitik. Schließlich äußerte er den Wunsch, dass Gorbatschow, sollte er demnächst nach Deutschland kommen, auch einen Tag in München verbringen werde.

Mir lag noch eine Bitte auf dem Herzen, die ich beim Abschied an Gorbatschow herantrug: »Herr Generalsekretär, Sie haben selbst auf das tausendjährige Jubiläum der Taufe Russlands Bezug genommen. Könnten westliche Pilgergruppen daran teilnehmen? Es gibt den Wunsch des Augsburger Bischofs, eine solche Pilgerfahrt zu diesem Jubiläum nach Kiew durchzuführen. Halten Sie dies für möglich?« Gorbatschow äußerte bedauernd, das könne er nicht entscheiden. Strauß kommentierte bissig: Es handele sich bei mir um einen bayerischen Schwaben, der schwäbische Anliegen sogar noch in Moskau zur Sprache bringen müsse.

Als wir den Kreml verließen, wurde Strauß von Journalisten gefragt, was er empfinde, und er antwortete: »Ich gehe mit besten Gefühlen aus dem Kreml.« Diese Aussage empfand ich als wahr und richtig, denn von da an wurde die deutsche Frage im Kreml und im Auswärtigen Amt in Bonn vorurteilslos erörtert. Das zwischenzeitlich kaum Denkbare wurde wieder ausgesprochen: Womöglich war ein wiedervereinigtes Deutschland für die Sowjetunion und für Europa besser als der Status quo einer politischen und ökonomischen Spaltung. Wie schnell dieser Gedanke tatsächlich Wirklichkeit werden sollte, konnten wir 1987 jedoch nicht ahnen.

Die weiteren Beratungen waren spannend und wurden von Strauß mit psychologischem Gespür, Einfühlungsvermögen, aber auch politischer Klarheit geführt. Bei einer der Unterhaltungen wurde mir wieder bewusst: Manchmal sind es gerade die kleinen Begebenheiten, die einem die tiefsten Einblicke in ein anderes Land geben. Wir trafen uns mit dem ZK-Sekretär Dobrynin, der von 1962 bis 1986 Botschafter der Sowjetunion in den Vereinigten Staaten gewesen war, einer der erfahrensten sowjetischen Diplomaten. Gleich zu Beginn, zum Aufwärmen gewissermaßen, stellte Dobrynin eine Flasche Wodka auf den Tisch – obwohl doch Gorbatschow Alkohol ausdrücklich verboten hatte. Nie, so erkannte ich, würde es dem Präsidenten gelingen, die Probleme des Landes zu lösen, wenn nicht einmal seine Eliten ihm folgten.

Selbstverständlich genoss Strauß den Auftritt im großen Presseraum des Außenministeriums, wo die Weltpresse mit Interesse darauf wartete, was er über die Begegnung mit Gorbatschow zu berichten hatte. Aber er zeigte in diesen Tagen auch eine andere Seite: Bei der Kranzniederlegung am Grabmal des unbekannten Soldaten und auf dem Friedhof in Ljublino war er tief bewegt und den Tränen nahe. Gemeinsam gedachten wir der Millionen von Toten, die der Weltkrieg auf beiden Seiten gefordert hatte.

Am Silvestertag 1987 traten wir schließlich den Rückflug an. In einer seltenen Hochstimmung landeten wir in der Heimat. Wir waren Zeitzeugen eines Ereignisses und eines politischen Prozesses geworden, der sich schon wenige Jahre später in der völligen Neuordnung Europas, der Wiedervereinigung Deutschlands und dem Zerfall der Sowjetunion äußern sollte.

Doch nicht überall auf der Welt teilte man unsere Begeisterung. Henry Kissinger war irritiert. Ob Strauß seine politische Überzeugung in Moskau geändert habe, entrüstete er sich am Telefon. »Mit besten Gefühlen aus dem Kreml« – das hatte nicht nur in den USA Fragen aufgeworfen. Als Kissinger einige Wochen später in Kreuth den bayerischen Ministerpräsidenten in seiner Haltung zur Sowjetunion unterstützte – »I agree to 99 percent to what my old friend Franz Josef told me« –, schob Strauß mir einen Zettel zu: »Hast du H. K. für mich geworben?« Es war seine Art, Dankbarkeit für mein diplomatisches Eingreifen zu zeigen.

Eine Nachbemerkung sei erlaubt: Ich habe diesen, für Franz Josef Strauß und mich so wichtigen Besuch nicht aus dem Gedächtnis zitiert, sondern nahezu wörtlich mitprotokolliert. Meine Stenografiekenntnisse, die ich einst in der Oberrealschule von Krumbach erworben hatte, kamen in Moskau – wie auch an anderer Stelle meines politischen Lebens – zum Einsatz.

Als ich einige Wochen später Strauß das Elaborat über die Gespräche zusandte, bedankte er sich in einem persönlichen Telefonat. Er bat mich um die Erlaubnis, je ein Exemplar an den ehemaligen amerikanischen Außenminister Henry Kissinger und den Bundespräsidenten Richard von Weizsäcker senden zu dürfen. Gorbatschow bestätigte mir später scherzhaft, meine Mitschriften seien besser als das, was ihm der KGB geliefert habe.

Das letzte Lebensjahr von Franz Josef Strauß ist mir in keiner guten Erinnerung geblieben. Denn trotz der finanzpolitischen Erfolge und einer guten Konjunktur sah sich die Union erheblichen Stimmungsproblemen gegenüber. Die von Finanzminister Gerhard Stoltenberg mit der Unterstützung von CSU und FDP durchgesetzte Steuerreform führte zu starken Widerständen jener Gruppierungen, die vom Abbau von Subventionen betroffen waren. In dieser Situation unterlief Strauß ein Fehler, den wir alle nicht rechtzeitig erkannten.

Er setzte sich dafür ein, die Flugbenzinsteuer für private Flieger abzuschaffen und sie den Fluggesellschaften gleichzustellen. Ordnungspolitisch und steuersystematisch war dies ein vertretbarer Vorschlag. Da er aber ausgerechnet von Strauß kam – der zwar kein eigenes Flugzeug besaß, aber mit zur Verfügung gestellten Flugzeugen gern und leidenschaftlich flog –, bekam das Unterfangen einen personenbezogenen Charakter, es bot den Nährboden für Agitation. Mit Müh und Not setzten wir in der Koalition das Vorhaben durch. Ausgerechnet im Bayerischen Landtag und in der CSU-Landtagsfraktion erhob sich jedoch starker Widerstand. Der Landtagsabgeordnete Nikolaus Asenbeck erklärte dem fassungslosen Ministerpräsidenten: »Franz Josef, zwing mich nicht, dich nimmer zu mögen.« Damit zeigte er an: Ein Teil der CSU im Bayerischen Landtag würde womöglich mit der Opposition stimmen. Unter diesen Umständen baten mich die engsten Mitstreiter von Strauß, Gerold Tandler und Edmund Stoiber, das Gesetzgebungsvorhaben in Bonn wieder rückgängig zu machen. Was für eine Blamage! Und was für eine Demütigung für Strauß. Wir hatten die Stimmung in der Bevölkerung und in den politischen Gremien falsch eingeschätzt.

Alle wichtigen Entscheidungen der alten Bundesrepublik Deutschland und der Unionsparteien tragen bis 1988 auch die Handschrift von Franz Josef Strauß. Kein anderer Politiker in der CSU hat von Anfang an so für Europa geworben und für ein geeintes Europa gekämpft. Das war zu diesen Zeiten noch alles andere als populär. Es gab zwar eine Avantgarde, die sich für die europäische Idee begeisterte, doch in breiten Teilen der

Bevölkerung überwog die Meinung, es besser der Schweiz gleichzutun und sich künftig aus allen Konflikten herauszuhalten. Strauß hingegen hatte den Mut, die Bayernpartei anzugehen und nicht »Bayern first«, sondern Deutschland als Nation und Europa als Zukunftsvision zu denken und zu formulieren. Erst mit dieser Ausrichtung hat er die CSU zu einer Partei gemacht, die bei Wahlen mehr als 50 Prozent erzielen konnte.

Für Strauß war das europäische Erbe geistiger Art. Er sah Europa als Vielfalt in der Einheit, als Kultur des Kontrapunkts. Im Gegensatz zu Charles de Gaulles Europa der Vaterländer propagierte er die Vereinigten Staaten von Europa. Nur durch eine Bündelung der Kräfte im technologischen und wissenschaftlichen Bereich und durch wirtschaftliche Zusammenarbeit könne das weltweite Gewicht Europas und damit Deutschlands erhalten bleiben. Vieles, was er als seinen politischen Standpunkt formulierte, war mir nahe, denn diese europäische Vision habe ich auch.

Die größten Reibungsflächen zwischen uns entstanden, wenn ich mit Verve meine Freunde in Schwaben – Anton Jaumann, Bruno Merk, Hans Maier und Ignaz Kiechle – verteidigte. Jaumann beispielsweise war von 1962 bis 1966 Generalsekretär der CSU unter Franz Josef Strauß. Beide waren sich in tiefer Abneigung verbunden. Als Strauß 1987 die Ablösung von Jaumann als bayerischem Wirtschaftsminister forderte, widersetzte ich mich als Einziger und machte Strauß deutlich, dass dies zum Bumerang gegen ihn geraten würde. Zunächst war er wütend und wollte den Raum verlassen. Geduldig wiederholte ich meine Position und legte die Argumente dar, die aus meiner Sicht eindeutig für Jaumann sprachen. Strauß widersprach nicht. Eine Stunde später kam er auf mich zu und sagte: »Eigentlich haben Sie recht, Waigel.«

Eine ähnliche Erfahrung machte ich, als sich die Fronten zwischen Salzburg und München kurzzeitig verhärteten: Der Landeshauptmann von Salzburg hatte sich gegen die Wiederaufarbeitungsanlage in Wackersdorf ausgesprochen. Die Bayerische Staatsregierung unter Strauß verfügte, dass kein Kabinettsmitglied und auch kein Landtagsabgeordneter die Festspiele in Salzburg besuchen dürfe. Ich aber hatte eine Einladung und war fest entschlossen, ihr zu folgen. Unvorsichtigerweise äußerte ich mein Vorhaben gegenüber Heiner Geißler, Gerold Tandler und Edmund Stoiber am Vortag der Veranstaltung in kleiner Runde. Einer der drei – wohl kaum Geißler, den Strauß nicht sonderlich mochte – muss dies sogleich an Strauß gemeldet haben. Als ich am nächsten Tag auf dem Weg nach Salzburg war, erreichte mich nahe Augsburg ein Anruf. »Wohin des Wegs?«, fragte Strauß. Meine Antwort: »Nach Salzburg.« Ob ich nicht wisse, was die Bayerische Staatsregierung beschlossen habe? »Jawohl«, meinte ich, »ich weiß das genau, ich bin aber weder Mitglied der Bayerischen Staatsregierung noch Mitglied des Landtags. Und im Übrigen«, fügte ich hinzu, »ist es allein meine Angelegenheit, wann und wo ich ins Theater gehe.« Wenn er jedoch wolle, könnten wir über Genscher oder Kohl sprechen. Strauß begriff schnell, dass er auf die Art bei mir nicht weiterkam. Den Rest des Gesprächs widmeten wir der Analyse von Genschers Außenpolitik.

Ein besonderes Erlebnis war es, mit Strauß zu fliegen. Spannend, aufregend und mitunter gefährlich. Fliegen war für ihn eine Leidenschaft, der er sich mit Begeisterung hingab. Seine Begleitung allerdings musste ein gerütteltes Maß an Nervenstärke und Gleichmut mitbringen. Als er wieder einmal – selbst am Steuer, den Fluglehrer neben sich – nach Bonn zu Koalitionsgesprächen flog und mit einer ganzen Stunde Verspätung ankam, musste Generalsekretär Heiner Geißler eine Erklärung finden. Er flüchtete sich in einen Scherz: Im Hintergrundgespräch erklärte er den Journalisten, dass Stoiber und Tandler nach einem solchen Flug immer mit blassem Gesicht ankämen, weil Strauß sich im Tiefflug regelmäßig an Bahnhöfen und Ortsschildern vergewissere, wo sich das Flugzeug augenblicklich befinde. So behalte er beim Fliegen die Orientierung. Einem der Journalisten gefiel die Story, er nutzte sie für eine Kolumne. Strauß explodierte: »Beim Fliegen verstehe ich keinen Spaß. Die Leute vom Luftfahrtbundesamt in Braunschweig lesen das. So was kann mich den Pilotenschein kosten.« Er werde den Urheber dieser Kolumne auf Widerruf verklagen, was auch geschah. Ich wurde zu einer eidesstattlichen Erklärung aufgefordert und bestätigte guten Gewissens seine Version. Strauß gewann den Prozess. Fliegerehre gerettet.

Auch Genscher machte seine Erfahrungen mit Strauß' Flugkünsten. Als wir an einem Samstagnachmittag wieder einmal in der Koalitionsrunde zusammensaßen, bat er mich, bei Strauß zu erfragen, ob er und seine Gattin später mit nach München fliegen könnten. Er habe dort noch einen Abendtermin wahrzunehmen. Strauß nickte bereitwillig und vermerkte nur: »Aber zahlen muss er.« Als wir uns dann in etwa 3000 Metern Höhe befanden, flogen wir in unangenehme Turbulenzen. Nach der Landung fragte ich Strauß, ob die Aufregung nicht zu vermeiden gewesen wäre. Darauf entgegnete er trocken: »Ach, der Genscher hat mich schon oft genug geärgert.«

Auch als wir im März 1987 zum Besuch der Leipziger Messe unterwegs waren, flog Strauß wieder selbst. Mit von der Partie waren noch Gerold Tandler, Wilfried Scharnagl sowie Franz Georg Strauß und Michael Hohlmeier, Strauß' Schwiegersohn. Wir wurden in Leipzig mit allen Ehren empfangen, führten gute Gespräche, immer wieder trugen Menschen auch Bittschriften an Strauß heran – es war ein schöner und bewegender Tag. Am Abend wollten wir wieder nach München fliegen. Noch während wir auf der Startbahn mit wachsender Geschwindigkeit anrollten, quoll eine dicke Rauchwolke in unsere Kabine, sodass wir fast nichts mehr sehen konnten. Gott sei Dank gelang es den Piloten, die Maschine noch rechtzeitig auf dem Rollfeld zum Halten zu bringen. Wir stiegen aus. Strauß teilte uns kurzerhand mit, man müsse wohl noch mal durchstarten, weil sich einige Tropfen Öl im Motor verirrt hätten. Uns aber war die Lust vergangen. Unmissverständlich erklärte ich Strauß, dass wir zu einem Neustart nicht bereit wären. Stattdessen flogen wir mit einer Linienmaschine – Strauß war beleidigt, musste sich jedoch fügen. Und trotz dieser kleinen Anekdoten kann ich sagen: Ich fühlte mich sicher bei ihm, und die Anwesenheit des Fluglehrers beruhigte mich zusätzlich.

Zu danken habe ich Strauß, dass er den Anlass gab für eine schicksalhafte Begegnung: Zu seinem 70. Geburtstag erschien eine Geburtstagsbroschüre: »Löwe und Raute«. Darin gratulierten erfolgreiche Sportlerinnen und Sportler dem bayerischen Ministerpräsidenten. Gleich fiel mir der Glückwunsch der sympathischen, gut aussehenden Skisportlerin und Medizinstudentin Irene Epple ins Auge. Ihr Beitrag gefiel mir außerordentlich, und das tat ich auch brieflich kund. Die freundliche Antwort ermutigte mich zur Fortsetzung der Korrespondenz, die ein Jahr später in einem Treffen im Biergarten auf der Theresienhöhe mündete. Einige Gäste baten Irene um ein Autogramm – mich fragten sie nicht. Unser beider Treffen aber führte zu einer mehr als 30 Jahre währenden glücklichen Verbindung.

Strauß bleibt im Gedächtnis bei jenen, die ihn verehrten, und jenen, die ihm kritisch gegenüberstanden. Länger als er hat kein anderer eine demokratische Partei nach dem Zweiten Weltkrieg geführt. Er bewegte den politischen Prozess in der Regierung und aus der Opposition heraus. Nicht zuletzt hat er uns junge Leute für Politik begeistert und gezeigt, wie politischer Streit wortgewaltig und überzeugend geführt werden kann.

Vor ein paar Jahren habe ich im Keller meines Bauernhofs in Oberrohr in einer Kiste mehrere Aktenordner mit persönlichen Briefen gefunden. Von vielen Auslandsreisen hat mir Franz Josef Strauß handgeschriebene, persönliche Ansichtskarten geschickt. Ein Brief ist ein Geburtstagsglückwunsch vom 16. April 1987. Er beginnt mit den Worten: »Lieber Theodor«. Strauß hatte mich immer mit meinem ganzen Vornamen angesprochen. Er dankt mir in diesem Brief für meine Arbeit im vergangenen Jahr. Die Ehrentitel »Libero« und »Brückenbauer« halte er nicht für ausreichend. Er wisse recht gut, was er an mir habe. Er wünsche und empfehle mir, mit erprobter ruhiger Energie, klugem Urteilsvermögen und rhetorischer Brillanz auf vertrautem Posten erfolgreich weiterzuarbeiten. Über dieses Lob aus berufenem Munde habe ich mich auch fast drei Jahrzehnte später noch gefreut.

Ein Schwergewicht

Helmut Kohl

Helmut Kohl entsprach nicht dem Idealbild, das man sich gemeinhin von einem Spitzenpolitiker macht. Keine Kategorie schien für ihn zu passen: nicht so souverän wie Konrad Adenauer, nicht so väterlich wie Theodor Heuss, nicht so ökonomisch bewandert wie Ludwig Erhard, nicht so wortgewaltig und polarisierend wie Franz Josef Strauß, nicht so rhetorisch gewandt wie Helmut Schmidt, nicht so wortverliebt wie Rainer Barzel, nicht so hanseatisch zurückhaltend wie Karl Carstens, nicht so kühl abwägend wie Gerhard Stoltenberg, nicht so gewinnend wie Ernst Albrecht und nicht so edel wie Richard von Weizsäcker.

Helmut Kohl stammte aus der Provinz, war dialektverliebt, hatte keine Eliteschule besucht und war nie ein Liebling der Medien. Doch er konnte mit Menschen umgehen und sie für sich gewinnen. Er hatte Glauben, Überzeugungskraft, Menschenkenntnis und Machtbewusstsein. Er wirkte durch einfache Gesten und kluge Lebensweisheiten.

Er hatte die Gabe, die Weltenlenker in den letzten beiden Jahrzehnten des vergangenen Jahrhunderts für sich zu gewinnen und ihr Vertrauen in die Politik Deutschlands zu festigen. Er hat Michail Gorbatschow beeindruckt und das uneingeschränkte Vertrauen George Bushs in die deutsche Politik erworben. So unterschiedliche politische Persönlichkeiten wie François Mitterrand und Jacques Chirac akzeptierten ihn als Partner und Freund. Unter den gewaltigen Aufgaben, die ihm die deutsche Wiedervereinigung und der europäische Einigungsprozess aufgegeben hatten, reifte er zu einem Staatsmann von internationalem Format.

Ambivalent und spannungsgeladen war hingegen die Beziehung zu Franz Josef Strauß bis zu dessen Tod 1988. Strauß empfand Kohls Wahl zum Parteivorsitzenden der CDU als befreiend, weil nach dem Wahldesaster 1972 keine Hoffnung mehr bestand, dass Rainer Barzel kommende Wahlen für die CDU/CSU gewinnen könnte. Und anfangs gelang es Kohl sogar, Sympathie bei Strauß zu erwecken. Seine pfälzische Gastfreundschaft und die Leidenschaft für die Jagd bei Strauß legten einen guten Grundstein für die weitere Zusammenarbeit. Doch Strauß unterlag dem Irrtum, Kohl würde die intellektuelle Überlegenheit, die er selbst für sich in Anspruch nahm, widerspruchslos akzeptieren. Kohls Machtbewusstsein und politische Ambitionen waren hingegen nicht weniger ausgeprägt als Strauß' eigene. Strauß war daher empört, als Kurt Biedenkopf, der Generalsekretär der CDU, 1975 Helmut Kohl öffentlich als Kanzlerkandidaten ins Spiel brachte, ohne dies vorher mit der CSU abzustimmen.

Nachdem Kohl Bundeskanzler geworden war, versuchte Strauß, ihn in Briefen, gemeinsamen Sitzungen und persönlichen Gesprächen auf Linie zu bringen. So beispielsweise nach dem erfolgreichen konstruktiven Misstrauensvotum 1982 in einem ersten Vorgespräch der Spitzengremien von CDU und CSU. Nach der Erörterung wichtiger Sachfragen für die Regierungserklärung ergriff Strauß das Wort und erklärte Kohl in ernstem Ton: »Im Übrigen muss klar sein, dass du Erich Honecker nicht nach Bonn einlädst.« Kohl ungerührt: »Das werde ich nicht tun, aber es existiert eine Einladung von Helmut Schmidt.« Darauf Strauß mit gesteigerter Lautstärke: »Ist es klar, dass du Erich Honecker nicht nach Bonn einlädst?« Kohl stoisch: »Ich werde ihn nicht einladen, aber es existiert eine Einladung meines Vorgängers Helmut Schmidt, die ich nicht negieren kann.« Strauß drohte zu explodieren. Mit scharfer Stimme verlangte er: »Du darfst diesen Mann nicht einladen, denn an seinen Händen klebt Blut!« Kohl verzog keine Miene, als er entgegnete: »Was klebt denn an den Händen der Häuptlinge aus Afrika, die dich laufend besuchen?« Strauß, der Honecker drei Jahre später zu sich nach Bayern einlud, sprang auf und verließ wutentbrannt die Besprechung. Stoiber und Tandler folgten auf dem Fuß. Auch Kohl und seine Begleiter standen auf und gingen. Mit einem Mal war der Raum fast leer. Nur noch Gerhard Stoltenberg und ich saßen uns gegenüber. In die plötzliche Stille sagte Stoltenberg den denkwürdigen Satz: »Das dürfen die Journalisten aber nicht erfahren.«

Kohl war viel zu klug, um den Konflikt mit Strauß auf die Spitze zu treiben. So versuchte er, den bisweilen ungestümen und unbefriedigt in München sitzenden Strauß durch Einladungen, Gespräche und Wanderungen zu besänftigen und als Partner zu gewinnen. Einmal vereinbarten die beiden einen Spaziergang in der Umgebung des Schliersees – ohne Begleitung, nicht einmal die Sicherheitsbeamten sollten dabei sein. Kohl nahm den Flieger nach München und wurde am Flugplatz von einem Geländewagen abgeholt. Mit Strauß am Steuer fuhren beide auf der Autobahn in Richtung Süden. Plötzlich stotterte der Motor, und der Wagen kam zum Halten. Strauß schimpfte auf seine Söhne, weil diese den Tank nicht gefüllt hätten, und holte den Reservekanister. Doch auch der war leer. Der zutiefst verärgerte Strauß entschuldigte sich bei Kohl, nahm den Kanister und wollte zu Fuß, rechts auf der Autobahn gehend, die nächste Tankstelle erreichen. Vorbeifahrende wunderten sich: der Bundeskanzler und wenige Hundert Meter später der Ministerpräsident – mitten in der Landschaft zwischen München und Voralpenland. Immerhin hatten die beiden Glück im Unglück: Strauß stieß auf einen hilfreichen Samariter und kam recht bald mit dem gefüllten Kanister auf der gegenüberliegenden Fahrbahn wieder an. Er überquerte die Autobahn, doch die Mittelbarriere war so hoch, dass er sie nicht allein überwinden konnte. Kohl eilte hinzu und half mit ganzer Kraft seinem Kontrahenten über die Barriere. Die Fahrt konnte weitergehen.

Als Landesgruppenvorsitzender hatte ich die undankbare Aufgabe, zwischen Kohl und Strauß zu vermitteln, die Botschaften der CSU in Bonn vorzubringen und doch den Frieden in der Koalition mit der FDP nicht zu gefährden. Als ich in dieser Zeit an einem Sonntag vor der Basilika von Ottobeuren auf Helmut Kohl traf, rief er mir zu: »Gehen Sie doch in die Basilika, dort wartet ein Benediktiner auf Sie zum Beichten.« Meine Antwort: »Ich bin der Einzige, der heuer nicht beichten muss, weil ich alle Sünden schon zwischen Ihnen und Franz Josef Strauß abgebüßt habe.«

Strauß versuchte in Koalitionsgesprächen permanent, Kohl aus der Reserve zu locken, scheiterte aber an dessen sprichwörtlicher Gemütsruhe. Noch in den schwierigsten Gesprächen verstand er es, den auftrumpfenden Bayern einzubinden. Letztlich ließ Strauß trotz seiner Abneigung gegenüber der FDP die Koalition nicht platzen. In den Wahlkämpfen 1983 und 1987 unterstützte er Kohl mit voller Überzeugung. Bei mir beschwerte er sich allerdings manches Mal, ich würde Kohl gegenüber zu weich auftreten. Am Ende aber akzeptierte er meine Einstellung, nur solche Auseinandersetzungen zu führen, die auch zu gewinnen waren. Kohl wusste, wie wichtig die CSU, die Landesgruppe und ihr Vorsitzender für ihn, die Koalition und die Regierung waren, und verhielt sich entsprechend.

Als ich 1984 einen Besuch in den Vereinigten Staaten plante, wurde mir bis einen Tag vor der Abreise nicht avisiert, wen ich in Washington treffen würde. Wütend rief ich Kohl an und erklärte ihm, dass ich die Reise absagen würde, wenn ich nicht innerhalb zweier Stunden die Gewissheit hätte, mit welchen führenden Politikern ich Gespräche haben würde. Kurz danach rief mich der Staatssekretär aus dem Auswärtigen Amt an, entschuldigte sich und versprach mir eine Begegnung mit dem amerikanischen Außenminister George Shultz. Als ich Shultz in Washington traf, bemerkte er lachend: »You are the guy the chancellor pressed on me.« – »Sie sind also der Bursche, den mir der Kanzler aufgedrückt hat.«

Nicht vergessen werde ich auch unsere Hubschrauberlandung auf einem großen Maisfeld während des Flugs von Moskau in den Kaukasus im Jahr 1990. Zwei Landarbeiterinnen übergaben Michail Gorbatschow und Helmut Kohl Brot und Salz. Der Präsident streute Salz auf das Brot und gab es an uns weiter. Kohl nahm den ganzen Brotlaib, machte ein Kreuz darauf, so, wie es seine Mutter immer getan hatte, und verteilte es.

Hoch konzentriert und präzise in seiner Argumentation führte er im Anschluss an die symbolische Geste die entscheidenden Verhandlungen. Er brauchte keine Vorlage, sondern hatte alle wichtigen Punkte im Kopf, die er druckreif formulierte. Als wir mit der Zusage zur Deutschen Einheit und der Bereitschaft, ganz Deutschland der NATO angehören zu lassen, nach Bonn zurückkehrten, bat auf der nächsten Kabinettssitzung der älteste Bundesminister, Friedrich Zimmermann, ums Wort und gratulierte Kohl: »Mit diesem krönenden Schritt haben Sie alles, was Ihre Vorgänger erstrebt haben und jeder von uns vor einem Jahr noch für unmöglich hielt, erreicht: die

Einheit und Souveränität Deutschlands in Freiheit.« Und dann fuhr er fort: »Zu Zeiten Konrad Adenauers hätte das gesamte Bundeskabinett bei Ihrer Rückkehr am Flugplatz Spalier gestanden, und der verstorbene bayerische Ministerpräsident Franz Josef Strauß wäre dabei gewesen. Wir danken Ihnen, Herr Bundeskanzler.«

Helmut Kohl verfügte über ein untrügliches politisches Gespür, nicht nur für die deutsche Politik, sondern auch in Bezug auf die Sorgen und Belange unserer Nachbarn. Unter seiner Ägide hat Deutschland entscheidend dazu beigetragen, ein stabiles Mitteleuropa und ein geeintes Europa zu schaffen. Mehr kann man in einem Jahrzehnt nicht erreichen. Die deutsche Wiedervereinigung in dem knappen Zeitrahmen zu stemmen, den uns das Schicksal gewährte, war ein Meisterstück der Diplomatie. Doch war es nicht die Zeit, das überwältigende Glück in vollen Zügen auszukosten. Die ständigen Fragen, was die Einheit koste, wann Steuererhöhungen nötig seien, welche Opfer wir bringen müssten, überdeckten bald die anfängliche Euphorie.

Wenn ich mich an Helmut Kohl erinnere, dann denke ich an all die vielen Erlebnisse mit meinem alten Weggefährten zurück, die unsere Freundschaft über die Jahre immer mehr vertieften.

Im März 1989 flogen wir zusammen in meine politische Heimat nach Günzburg. Während des Flugs bot Kohl mir an, Bundesminister zu werden. Zu diesem Zeitpunkt stand es um die Union schlecht, in Meinungsumfragen waren wir auf 32 Prozent abgesunken. Angesichts dieser Situation stand mir nicht der Sinn danach, noch schnell in ein Kabinett einzutreten, das wahrscheinlich ein Jahr später durch eine Wahlniederlage abgelöst würde. Andererseits hielt ich Kohls Politik, die er seit 1982 betrieb, für richtig. Man durfte sie nicht kampflos preisgeben. Doch hinderte mich noch ein persönlicher Beweggrund. In aller Offenheit erzählte ich Kohl von meiner Situation: Ich hatte mich von meiner damaligen Frau getrennt. Kohl solle die öffentliche Reaktion bedenken, wenn es zu einer Scheidung komme. Er aber gab mir unmissverständlich zu verstehen, dass diese Dinge bei seiner Entscheidung keine Rolle spielten. Er stehe auf meiner Seite und respektiere im Übrigen meine Haltung voll und ganz.

Auch im Wahlkampf konnte ich mich auf Helmut Kohl verlassen. 1994 kam er nach Günzburg zu mir in den Wahlkreis. Anschließend fuhren wir noch nach Ursberg, wo wir in der Klosterkirche am Abend eine Heilige Messe besuchten. Viele behinderte Menschen, die im Dominikus-Ringeisen-Werk lebten, waren gekommen. Nach einer kurzen Ansprache an die Besucher versprach er, im nächsten Jahr wiederzukommen. Und hielt Wort: 1995 nahm er an einem großen Fest der Behinderteneinrichtung teil. Die Begeisterung aller Beteiligten war übergroß.

1998 machten wir wieder gemeinsam Wahlkampf, unter anderem in Neu-Ulm, der größten Stadt meines Wahlkreises. 10 000 Menschen waren auf der Straße, so viele wie nie zuvor bei einer politischen Kundgebung. Die Menschen kamen, um Abschied zu nehmen von einem großen Mann, den sie noch einmal als Kanzler erleben wollten.

Als ich mich 2002 als Bundestagsabgeordneter von meinen Freunden verabschiedete, war es wieder Helmut Kohl, der nach Krumbach kam. Seine Rede bewegte mich zutiefst. Schöner hätte man unsere politische Freundschaft nicht würdigen können.

Dankbar erinnere ich mich, wie Kohl in der für mich schwierigen Zeit 1993/94 als verlässlicher, unaufdringlicher Freund an meiner Seite stand. Mit seinem ganzen Gewicht setzte er sich für mich ein. Energisch stellte er sich den Unterstellungen entgegen, die über mich in Umlauf waren. So schlug er vor, Irene Epple, mit der ich noch nicht verheiratet war, solle mich zum G7-Treffen 1994 in Neapel begleiten. Er stellte sie Bill Clinton und seiner Frau Hillary vor, die sich begeistert darüber zeigten, dass ihnen eine Olympiateilnehmerin, die in Lake Placid 1980 eine Medaille gewonnen hatte, gegenüberstand.

An unserer Hochzeit am 26. November 1994 nahm er mit seiner Frau Hannelore teil und erwies uns damit eine große Ehre. Aber er wäre nicht Helmut Kohl gewesen, wenn er nicht auch bei diesem Anlass seinen Eigensinn unter Beweis gestellt hätte: Gleich nach der Ankunft musterte er kritisch die Tischordnung. Selbstverständlich hatten wir dem Bundeskanzler einen Platz am Ehrentisch zugedacht. Kurzerhand ergriff Kohl seine Tischkarte und stellte sie neben die von Eugen Biser, unserem geistlichen Freund und Mentor. Da saß das ungleiche Paar dann über Stunden in lebhafte Gespräche vertieft. Noch Jahrzehnte später sehe ich das Bild vor mir: der an Statur mächtige Kanzler und der schmächtige, in sich gekehrte Gelehrte neben ihm. Aus der Begegnung an meinem Hochzeitstag erwuchs eine Freundschaft, die bis zum Tod von Eugen Biser hielt. Biser war später auch bei vielen privaten Veranstaltungen Helmut Kohls dabei – der wiederum war bei Bisers 90. Geburtstag der Festredner in der Katholischen Akademie in München. Der Religionsphilosoph rief Kohl fast jeden Sonntagvormittag an, und sein Zuspruch war dem Kanzler kostbar und wertvoll. Ich meine, es hat ihm viel bedeutet, regelmäßig mit einem Mann zu sprechen, der einer liebenden und erlösenden Theologie verschrieben war.

Nach der gewonnenen Bundestagswahl 1994 besuchte ich Kohl im Sommer an seinem Urlaubsort am Wolfgangsee. Er

war fest entschlossen, in der Mitte der Legislaturperiode auf-
zuhören und den Stab an Wolfgang Schäuble zu übergeben.
Das war aber 1996 so wenig möglich wie 1997, denn die Wäh-
rungsturbulenzen und europäischen Probleme verlangten
nach einer stabilen Regierung. Zu dem Zeitpunkt wussten wir
noch nicht, ob wir angesichts der großen Aufwendungen für
die Deutsche Einheit die Kriterien von Maastricht erfüllen würden. Wäre Kohl damals gegangen, hätte man ihm unterstellt,
vor den Ereignissen zu flüchten. Schließlich standen 1998
wichtige Weichenstellungen in Europa an. Es ging um den
Beginn der Wirtschafts- und Währungsunion, die Festlegung
der Teilnehmer der EU, den Sitz der Europäischen Zentralbank und die Bestimmung des Präsidenten dieser Institution.
Mit einem Kanzler auf Zeit, der wenige Monate später sicher
nicht mehr im Amt sein würde, hätte Deutschland sein Gewicht längst nicht so kraftvoll in die Waagschale werfen können, wie es seiner Größe nach angemessen war.

Bei der Gelegenheit möchte ich auch der Mär von der angeblichen Reformfeindlichkeit der späten Ära Kohl widersprechen. Denn das Gerede vom innenpolitischen Stillstand in den
Neunzigerjahren übersieht entscheidende Weichenstellungen,
die in diesen Jahren getroffen wurden und auch mein Ressort
betrafen. In seinem Kanzleramtsminister Fritz Bohl hatte Kohl
einen geschickten und sachkundigen Vorbereiter seiner Re-
formvorhaben, mit dem ich mich glänzend verstand.

1998 kam es zu einem Regierungswechsel, obwohl wir politisch und ökonomisch eine beeindruckende Bilanz vorweisen
konnten. Nach der verlorenen Bundestagswahl traf sich das
alte Kabinett auf Einladung von Günter Rexrodt, dem früheren
Bundeswirtschaftsminister, am Tag der Bundespräsidenten-
wahl 1999 in Berlin. Daraufhin ergriff ich die Initiative und
lud das alte Kabinett im September 1999 ins Ostallgäu ein, wo

wir einen geselligen Abend im *Burghotel Falkenstein* verbrachten. Ganz in der Nähe hatte König Ludwig II. sein Märchenschloss geplant. Es war die letzte unbeschwerte Zusammenkunft, denn kurz danach stellte sich heraus, dass es in der CDU unter Helmut Kohl nicht deklarierte Konten gegeben hatte. Es war Kohls Fehler, diese Dinge nicht in Ordnung gebracht zu haben, als neue Gesetze über die Parteienfinanzierung galten. Er durfte nicht annehmen, dass ein solches Gebaren auf Dauer Bestand haben und nicht entdeckt werden würde. Ihm gegenüber habe ich mit meiner Meinung nicht hinter dem Berg gehalten, doch bin ich auch in dieser Zeit keinen Zentimeter von meinem bewährten Freund abgerückt.

Kohl hat sich zu seinen Fehlern bekannt und versucht, den Schaden für seine Partei wiedergutzumachen. Die öffentliche Diskussion, der Bruch der Freundschaft mit Wolfgang Schäuble und die Distanz der Generalsekretärin und späteren Parteivorsitzenden Angela Merkel haben ihm schwer zugesetzt. Als mich später der Fraktionsvorsitzende Friedrich Merz bat, mit Helmut Kohl von der zweiten Reihe des Parlaments in die dritte zu rücken, habe ich das abgelehnt. Ich hielt es für unangemessen, ihn nach hinten zu versetzen. Kohl hat die dritte Reihe nie betreten. Er hielt sich im hinteren Teil des Parlaments auf und versammelte dort seine Getreuen und Anhänger um sich.

Die Spendenaffäre und der Tod von Hannelore haben diese Jahre verdunkelt. Die Gelegenheit, als anerkannter Weltpolitiker überall aufzutreten, Gehör zu finden und sich dafür auch entsprechend honorieren zu lassen, war ihm verwehrt. Als der Ärger abklang, erlaubte es sein Gesundheitszustand nicht mehr, diese Chancen wahrzunehmen. Seine spätere Frau Maike sorgte in bewundernswerter Weise für ihn und gab ihm Halt in seinen letzten schweren Jahren.

Dass es auch Entfremdungen von Freunden und Zeitgenossen gab, ist bekannt. Sie waren bitter für beide Seiten. Für mich galt das nicht. Immer wieder besuchte ich ihn in seinem Haus in Oggersheim. Es kam zu Begegnungen am Tegernsee, Geburtstagstreffen in der Pfalz, gemeinsamen Besuchen der Katholischen Akademie in München und zu anderen Gelegenheiten. 2013 rief Maike Kohl-Richter einen Tag vor seinem 83. Geburtstag vom Tegernsee aus an, ob sie uns in Seeg besuchen dürften. Irene und ich sagten mit Freuden zu. Als die beiden ankamen, wartete die Harmoniemusik mit einem Ständchen auf und spielte noch die Bayernhymne. Gerührt dankte Kohl für diesen Empfang. Später fuhren wir wieder auf den Falkenstein, wo wir uns vor 14 Jahren schon einmal getroffen hatten.

Die Lebensfreude und die Freude an Essen und Trinken machten Helmut Kohl zu einem meisterhaften Gastgeber und einem genussfreudigen Gast. Ich habe Kohl in all den Jahren nie betrunken oder auch nur angeheitert erlebt. Er wusste genau, wie viel vom Pfälzer oder fränkischen Wein ihm guttat. Beim Essen gab er diese Zurückhaltung manchmal auf.

Eine Szene werde ich nie vergessen: Kohl rief mich an und fragte, wer meinen Meniskus operiert habe. Ich nannte ihm den Namen meines Orthopäden in München. Kohl wollte wissen, wie oft der schon eine solche Operation vorgenommen habe. Ich erkundigte mich und teilte ihm mit, es seien etwa 10 000 Mal gewesen. Die Zahl stellte Helmut Kohl zufrieden, und er ließ sich operieren. Als ich ihn kurz darauf besuchte, verfiel ich auf die nicht sonderlich originelle Idee, ihm einen Korb bayerischer Köstlichkeiten mit Leberkäs, verschiedenen Wurstsorten, Allgäuer Käse und bayerischem Bier mitzubringen. Als ich das Krankenzimmer betrat und Kohl den Korb

sah, rief er wütend: »Das kannst du gleich alles wieder mitneh-
men, ich bin gerade am Abnehmen. Lass mich bitte mit der
Versuchung in Frieden.« Enttäuscht gehorchte ich und setzte
mich mit dem Chirurgen ans Krankenbett. Wir unterhielten
uns über die Operation und sein Befinden. Nach einiger Zeit
legte Kohls Chauffeur Eckhard Seeber ein Stück des verlockend
aussehenden Leberkäs mit einer Breze auf einen Holzteller.
Als er in Kohls Nähe angelangt war, nahm der ihm unver-
sehens das Brett ab und machte sich an den Verzehr der Köst-
lichkeit – die Abfuhr, die er mir noch eine halbe Stunde zuvor
erteilt hatte, war schon vergessen.

Einmal saßen wir nach einer Kundgebung auf dem Ma-
rienplatz im *Bratwurst Glöckl* zusammen. Der damalige Be-
zirksvorsitzende der CSU, Peter Gauweiler, fragte Helmut
Kohl, was er denn gern essen wolle. Kohl verlangte nach dem
Ober und wollte wissen, was es so alles gäbe. Als der Kellner
eine Reihe bayerischer Leckerbissen aufzählte und den Kanzler fragend anblickte, erwiderte der nur: Ja. Es wurde dann fast
alles aufgetischt, was der Koch zu bieten hatte. Johnny Klein
und ich quälten uns auf dem Heimflug nach Bonn, weil wir
zu viel gegessen hatten. Kohl störte das keine Sekunde. Er zog
seine Strickweste an, streckte die Beine aus, begab sich in
Ruhestellung und schlief den Schlaf der Gerechten.

Trotz der Arbeitsfülle und des Dauerstresses, in dem er sich
befand, nahm sich Helmut Kohl Zeit für persönliche Begegnungen. Als mein 15-jähriger Sohn Christian mich einmal in
Bonn besuchte, durfte er zum Bundeskanzler kommen, der
sich fast eine Stunde mit ihm unterhielt.

Als die Blaskapelle von Oberrohr 1984 einen Besuch in der
Bundeshauptstadt machte, ließ es sich Kohl nicht nehmen, sie
im Kanzleramt zu begrüßen.

Meine Büroleiterin Ida Maria Aschenbrenner lag schwer erkrankt im Krankenhaus in Bonn. Kohl stattete der aus einfachen Verhältnissen im Bayerischen Wald stammenden, mit einem trockenen Humor ausgestatteten Frau einen Krankenbesuch ab. Er rief die Ärzte zu sich und fragte, ob alles erdenklich Notwendige für die Patientin geschehen sei. Ich brauche nicht zu erwähnen, dass »Aschi«, so nannte ich meine unverzichtbare Mitarbeiterin, nie mehr bereit war, sich an den üblichen Sticheleien gegen Helmut Kohl zu beteiligen.

Es war Bundesentwicklungsminister Gerd Müller, der 2014 als Hausherr des früheren Bonner Kanzleramts Helmut Kohl und einige Mitstreiter – darunter auch mich – anlässlich des 25-jährigen Jubiläums der Verkündung des Zehn-Punkte-Programms an den Rhein einlud. Es war wohl das letzte Mal, dass Helmut Kohl im Kreis seiner engsten Freunde einen Abend an seiner früheren Wirkstätte, im Kanzlerbungalow, verbringen konnte. Schon zu diesem Zeitpunkt ging es ihm gesundheitlich schlecht; in den folgenden Jahren zog er sich immer mehr zurück. Unser Kontakt aber riss bis zu seinem Tod nicht ab. Ich bin Maike Kohl-Richter dankbar, dass sie mir, Irene und Konstantin die Möglichkeit gab, uns von dem toten Freund in Oggersheim zu verabschieden und letztmals seine Hand zu berühren.

40 Jahre persönlicher und politischer Freundschaft verbinden mich mit Helmut Kohl. Von 1976 bis zum Jahr 2002 gehörten wir gleichzeitig dem Deutschen Bundestag an. Von 1982 bis 1989 arbeiteten wir in der Fraktion und in Koalitionsgremien eng zusammen. Neuneinhalb Jahre, bis 1998, war ich als Bundesfinanzminister Teil seiner Kabinette. Mit dem Tod des Freundes ging auch für mich ein Kapitel zu Ende. Ohne Frage war Helmut Kohl einer der wichtigsten Menschen in meinem Leben.

Ein Stratege und Taktiker

Wolfgang Schäuble

Wolfgang Schäuble und ich zogen als Wahlkreisabgeordnete zusammen in den Deutschen Bundestag ein, das war 1972, also vor nahezu einem halben Jahrhundert. Er kam aus der Steuerverwaltung, ich aus dem Wirtschaftsbereich. Beide konnten wir das, was wir gelernt und praktiziert hatten, im Bundestag zunächst nicht anwenden. Stattdessen verschlug es uns in den Ausschuss für Bildung, Wissenschaft und Forschung. Schäuble kümmerte sich um das Hochschulrahmengesetz, ich um die berufliche Bildung. So richtig ausgelastet fühlten wir uns beide nicht. Glücklicherweise eröffneten sich uns bald neue Handlungsfelder: Schäuble schaffte den Sprung in den Finanzausschuss, wo er seine steuerrechtlichen und -politischen Kenntnisse einbringen konnte. Ich verbrachte drei Jahre im Haushaltsausschuss und dann vier Jahre als Obmann beziehungsweise Vorsitzender der Arbeitsgruppe Wirtschaft. 1981 wurde Schäuble Parlamentarischer Geschäftsführer der CDU/CSU-Fraktion im Bundestag, ein Jahr später wurde ich zum Vorsitzenden der Landesgruppe der CSU gewählt. Und noch etwas verband uns: die Fußballmannschaft des Deutschen Bundestags. Schäuble war ein pfeilschneller Rechtsaußen, während ich im Mittelfeld spielte und nur gelegentlich auf Linksaußen auswich. Die Kameradschaft im Team hat nicht nur uns beide zusammengeführt, sondern auch dauerhafte Freundschaften über Fraktions- und Parteigrenzen hinweg gefördert.

Nach der Wahl von Helmut Kohl zum Bundeskanzler 1982 kam es zu einer ersten Beratung zwischen CDU und CSU, um die Koalitionsgespräche mit der FDP vorzubereiten. Die Anzahl der Teilnehmer auf jeder Seite sollte eigentlich gleich stark sein, doch Kohl brachte zusätzlich Wolfgang Schäuble mit. Edmund Stoiber zeigte mir gegenüber seinen Unmut und kritisierte die Überzahl der CDU. Ich widersprach mit der Begründung, dass es sich bei Schäuble um einen wichtigen Mitarbeiter Kohls handele. Schäuble blieb. In der Tat war er eine der wichtigsten Stützen des Kanzlers, und das bis 1998. Es ist eine große Tragik, dass diese beiden Männer, die so viel miteinander durchgestanden haben, später unversöhnt geschieden sind.

Schäuble und ich wurden über die Jahre gute Partner innerhalb der Fraktion und trafen uns mehrmals wöchentlich, um die Arbeit der Koalition und der Bundesregierung vorzubereiten. Er war es auch, der mich darüber informierte, dass Kohl mir die Position des Bundesfinanzministers anbieten wollte. Zugleich kam ihm die undankbare Aufgabe zu, die Neubesetzung meinem Vorgänger Gerhard Stoltenberg mitzuteilen. Für ihn selbst bedeutete die Kabinettsumbildung den Sprung ins Bundesinnenministerium, als Nachfolger von Friedrich Zimmermann.

Gemeinsam haben wir in bewegten Zeiten die Wirtschafts- und Währungsunion, den Einigungsvertrag und den Zwei-plus-Vier-Vertrag zusammen mit Hans-Dietrich Genscher auf den Weg gebracht. Noch heute steht mir vor Augen, wie Schäuble in den Verhandlungen jede Einzelheit, jedes Detail des Einigungsvertrags auf dem Radar hatte. Mit seinem scharfen Verstand und seiner überzeugenden Argumentation formulierte er den Einigungsvertrag.

Das schreckliche Attentat im Oktober 1990 veränderte sein Leben von Grund auf. Noch einen Tag vor dem Anschlag hatte er mir einen Brief geschrieben und sich für meine Geburtstagsglückwünsche bedankt. Wenige Tage danach übernahm ich einen seiner Wahlkampfauftritte und besuchte ihn in der Klinik. Er sah mitgenommen aus, doch sein Mut, sein Optimismus und sein Kampfgeist waren ungebrochen. Die Begegnung wühlte mich auf, ich empfand tiefes Mitgefühl mit diesem tapferen Mann. Schon nach wenigen Wochen setzte er seine Tätigkeit fort, ein Jahr später wurde er Vorsitzender der Bundestagsfraktion. Er besaß damit eine Schlüsselstellung in Koalition und Regierung.

Der wurde er auch gerecht, als er zusammen mit anderen prominenten Politikern 1991 den Antrag auf Verlegung der Bundeshauptstadt nach Berlin einbrachte. Seine engagierte Rede zugunsten Berlins bewegte viele Abgeordnete und war ein Wendepunkt in der Debatte. Er warb mit den Worten: »Teilen heißt, dass wir gemeinsam bereit sein müssen, die Veränderungen miteinander zu tragen, die sich durch die deutsche Einheit ergeben.« Und dazu gehöre auch Berlin als Hauptstadt. Ich hatte schon geahnt, dass es auf Berlin zulaufen würde. Doch ich war in Sorge, ein zu früher Umzug aller Bundesministerien könnte die Bewältigung unserer gewaltigen Aufgaben behindern. Außerdem fürchtete ich die hohen Kosten. Wolfgang Schäuble und seine Mitstreiter setzten sich durch, und zwar mit gutem Grund. Jede andere Entscheidung hätte man im In- und vor allem im Ausland nicht verstanden. Wir konnten nicht 40 Jahre Berlin als Hauptstadt herbeireden und dann die Zusage nicht erfüllen.

Auch in schwierigen Zeiten standen Schäuble und ich zusammen. Ich erinnere mich noch gut an eine Situation 1992 im Bundeskanzleramt: Alle anderen hatten bereits den Raum verlassen. Nur Schäuble und ich saßen einander noch gegenüber. Die Stimmung war düster, die Kritik an uns heftig und die Umfragewerte auf einem Tiefpunkt. Plötzlich sagte er: »Wenn Kohl heute aufhört, musst du es machen.« Ich war und bin mir nicht sicher, ob er diese Aufforderung wirklich ernst gemeint hat – oder ob er nur einen Versuchsballon startete, um meinen Standpunkt zu erkunden. Doch ich war der Meinung, dass der Bundeskanzler aus der größten Regierungspartei kommen muss. Alles andere hätte zu Friktionen und Führungsproblemen geführt. Daher spielte ich den Ball zurück: Er sei es, der im Notfall bereitstehen müsse. Denn ich hatte kein Problem damit, einen Kanzlerkandidaten mit Behinderung zu unterstützen. Nicht alle meiner Parteifreunde vertraten damals diese Auffassung.

Als Fraktionsvorsitzender, als Bundesinnenminister und als Bundesfinanzminister gestaltete Wolfgang Schäuble wichtige Ämter in Parlament und Regierung. Bei der Bekämpfung des Terrorismus und der Bewältigung der Finanzkrise bewies er Kompetenz und Weitsicht und gehörte zu den herausragenden politischen Gestaltern in Europa. (Der Ehrlichkeit halber sei angemerkt, dass wir dabei nicht immer einer Meinung waren – seine Auffassung zum zeitweiligen Ausscheiden Griechenlands aus der Währungsunion teilte ich zum Beispiel nicht.) Und doch bleibt dieses große politische Leben unvollendet: Schäuble hatte stets auf mehr gehofft und sich die Spitzenämter des Bundespräsidenten und Bundeskanzlers zugetraut. Seine Ambition, 2004 Bundespräsident zu werden, war nicht realistisch. Die Forderung der FDP nach einem neuen Gesicht führte zur Kandidatur und erfolgreichen Wahl von Horst Köhler. Das Bundeskanzleramt blieb Schäuble verwehrt, nachdem er wegen einer missverständlichen Aussage im Bundestag seine Ämter als Fraktionsvorsitzender und Parteivorsitzender aufgeben musste. Die Kanzlerkandidatur und die Kanzlerschaft wären ihm sonst zugefallen. Seit 2017 führt er das Amt des Bundestagspräsidenten souverän und mit natürlicher Autorität. Die Rolle des Seniors, der mit klugen, nachgerade philosophischen Gedanken im politischen Diskurs zu Vernunft und Bedachtsamkeit mahnt, scheint ihm auf den Leib geschnitten. Sein öffentliches Votum für Friedrich Merz im Herbst 2018 als zukünftigen Parteivorsitzenden der CDU hat mich allerdings verwundert. Aus meiner Sicht hat es dem Kandidaten nicht genutzt, wenn nicht sogar geschadet.

Seit 25 Jahren steht Wolfgang Schäuble in der ersten Reihe der politischen Akteure. Kein Politiker gehörte dem Bundestag so lange an wie er. Ich kenne niemanden, der mit einem solchen Handicap eine national und international exponierte Position in dem Maße ausgefüllt hätte wie Schäuble. Gerade die Zeit zwischen 2009 und 2017 erforderte höchste persönliche Präsenz als Bundesfinanzminister und eine beispiellose Belastungsfähigkeit. Er sah sich europäischen Krisen gegenüber und vermochte sich im internationalen Zusammenspiel der G7 und G20 zu behaupten. Dieser Leistung meines langjährigen Weggefährten und geschätzten Kollegen zolle ich höchste Anerkennung.

Einen Rekord immerhin hat mir Wolfgang Schäuble gelassen: Als Finanzminister war ich eineinhalb Jahre länger im Amt als er.

Vom Dorf in die Welt

Internationale Partner

Wenn ich als Bub von unseren Wiesen im Mindeltal in das zwei Kilometer entfernte Thannhausen sah, erschien mir das kleine Städtchen als eine ferne Welt. Noch viel weiter weg war die Kreisstadt Krumbach. Nie hätte ich damals gedacht, dass ich in der Rolle eines politischen Global Players einmal die Hauptstädte der Welt besuchen und führende internationale Persönlichkeiten treffen würde. Das Schicksal, und auch ein Stück weit eigener Wille, haben mir Zugang zu dieser Welt verschafft.

Als junger Bundestagsabgeordneter waren die Reisen anfangs noch von bescheidenem Umfang. Auf einer vierwöchigen Studienreise durch die Vereinigten Staaten 1975 traf ich in Los Angeles in der Villa Aurora auf Marta Feuchtwanger. Wie eine alte Indianerin thronte die betagte Witwe des Schriftstellers Lion Feuchtwanger im Eingangsbereich der Residenz. Wie man sich erzählte, stammte Martas Mutter aus Krumbach. Als ich die damals schon über 80-Jährige fragte, ob das stimme, antwortete sie: »Nein, aus Hürben.« Zu ihrer Zeit war Hürben noch selbstständig und kein Ortsteil von Krumbach gewesen.

Während meiner Urlaube in Südtirol knüpfte ich Kontakte zur Südtiroler Volkspartei, mit den Landeshauptmännern Silvius Magnago und Luis Durnwalder traf ich öfter zusammen.

In meiner Zeit als Vorsitzender der Landesgruppe häuften sich dann Begegnungen mit ausländischen Gesprächspartnern, denn jedes Jahr besuchten wir ein anderes europäisches Land und hielten dort Kontakt zu den deutschen Minderheiten. So war ich 1985 beispielsweise mit Mitgliedern der Landesgruppe in Ungarn zu Gast und traf dort wichtige Politiker. Auch in Bonn unterhielten wir einen engen Draht zum ungarischen Botschafter, István Horváth. Er war uns gegenüber von einer fast beängstigenden Offenheit. Das System in Ungarn hielt er für überholt und warb für einen Weg in die Europäische Union. Diese Kühnheit war mir verdächtig, ich witterte eine Falle. Doch heute weiß ich, wie ernst es Horváth war, und bewundere noch im Nachhinein seinen Mut. Mit der Grenzöffnung hat das Land 1989 einen entscheidenden Beitrag zur europäischen Einigung geleistet. Als ich später einmal den Ministerpräsidenten Miklós Németh traf, unterhielten wir uns über die ersten freien Wahlen, die in Ungarn anstanden. Németh erwartete für seine Partei nicht mehr als 15 Prozent. Gelassen kommentierte er seine absehbare Ablösung: »Das ist der Preis der Demokratie.«

1986 traf ich in London erstmals Premierministerin Margaret Thatcher. Diese Frau war ein Phänomen: Mit ihrer Herzlichkeit nahm sie ihre Gesprächspartner sofort für sich ein – sobald es allerdings an ihre Überzeugungen ging, war sie von unerbittlicher Hartnäckigkeit. Auch 1989 war ich wieder bei ihr zu Gast, zwischen den britischen Konservativen und der Christlich-Sozialen Union bestanden enge Beziehungen. Thatcher hielt mir einen freundlichen, sehr langen Vortrag über Europa. Am Schluss meinte sie: »Theo, bitte denken Sie über alles, was ich gesagt habe, nach, und zwar noch heute Nacht.« Ich erwiderte: »Premierministerin, das werde ich tun. Aber bitte denken Sie auch über manches nach, was ich gesagt habe.« Ich war nur etwa drei bis vier Mal zu Wort gekommen. Sie erwiderte lachend: »Das will ich gerne tun, aber ich habe recht.«

Eine Begebenheit möchte ich erwähnen, die ein mildes, wenn nicht gar warmes Licht auf die »Eiserne Lady« wirft: Einmal trafen wir uns bei einer Konferenz in London, ich hatte auf den Empfang meinen damals 22-jährigen Sohn Christian mitgenommen. Als die Premierministerin ihren jüngsten Gast entdeckte, ging sie ohne Umschweife auf ihn zu und unterhielt sich mit ihm über sein Leben, sein Studium, seine Berufswünsche und seine politischen Einstellungen. Nichts war in diesem Moment zu spüren von der angeblich kalten Frau, die nur die Interessen ihres Landes im Blick hat und schmallippig »I want my money back« fordert.

Mit Präsident George Bush pflegte ich sehr intensive Kontakte. In den weltgeschichtlich bewegten Zeiten im September 1989 fragte er mich nach dem Weg und der Zukunft Deutschlands. Schon damals war er überzeugt, die deutsche Einheit werde in absehbarer Zeit stattfinden. Ich war erstaunt und begeistert vom Optimismus dieses Mannes. Im Gegensatz zu manch früheren Geheimdienstchefs – er war Direktor des CIA gewesen – war er nicht einsilbig und distanziert, sondern von einer ansteckenden Offenheit. Wie sehr George Bush die Dinge beeinflusste und im Sinne Deutschlands gestaltete, ist bewundernswert und verpflichtet uns zu großer Dankbarkeit. Ich war tief beeindruckt von seiner ehrlichen Zuneigung zu Deutschland und zu Helmut Kohl. Als sich Margaret Thatcher und François Mitterrand über Kohl empörten und ihm angesichts seines Zehn-Punkte-Programms eine Überrumpelungspolitik vorhielten, zeigte sich Bush völlig unbeeindruckt und behauptete – was ich für gar nicht sicher hielt –, er jedenfalls sei informiert gewesen.

Auch mit Bill Clinton arbeitete ich gut zusammen. Anfang 1998 trafen wir uns wieder einmal zu einem persönlichen Frühstück. Er eröffnete mir, er werde bald nach Deutschland kommen: Er wolle seinen Freund Helmut Kohl im Wahlkampf unterstützen. Mich fragte er, was dem Kanzler bei den Wählern wohl mehr helfe: Solle man ihn eher loben oder kritisieren? Als Kohl 2017 starb, hielt Clinton eine ergreifende Totenrede auf den alten Freund.

Auch nach seinem Abschied als Präsident blieb ich mit Clinton in Kontakt. Bei einer Vortragsveranstaltung in Augsburg waren die Veranstalter etwas besorgt, weil keiner der Organisatoren zuvor mit dem hochrangigen Gast persönlich zu tun gehabt hatte. Also fragten sie an, ob ich mit Irene zum Abendessen kommen könne. Es gab ein herzliches Wiedersehen – und eine amüsante Begebenheit: Wir saßen beim Abendessen, als plötzlich ein Mann an den Sicherheitsleuten vorbeiging, mir einen Euroschein überreichte und bat, ich möge ihn doch unterschreiben. Während ich noch versuchte, den etwas zudringlichen Herrn abzuwehren, nahm Clinton den Schein und unterzeichnete schwungvoll mit Namen. Dann aber gab er ihn nicht an den Eigentümer zurück, sondern reichte ihn einer mit am Tisch sitzenden bekannten deutschen Moderatorin. Die nahm das überraschende Präsent gern an. Von mir wollte Clinton später den Namen der Tischdame erfahren.

Im Lauf meiner politischen Karriere vertieften sich die Kontakte auch zu den französischen Partnern. Im Frühjahr 1989 nahm sich Staatspräsident Mitterrand gut eine Stunde Zeit, um mit mir die europäische und internationale Situation zu besprechen. Auch der frühere Staatspräsident Valéry Giscard d'Estaing und die Vorsitzenden der bürgerlichen Parteien waren zu einem politischen Gespräch bereit. Im April 1990 fand in Paris eine Veranstaltung der G7 statt, die Mitterrand mit der

Eröffnung einer neuen Oper verband. Dabei erschien er als Letzter – wie ein ungekrönter Monarch. Die gute Sitte, dass der Gastgeber als Erster vor Ort ist, um seine Gäste zu begrüßen, entsprach nicht dem Selbstbild des französischen Präsidenten. Und Mitterrand unterschied sich darin in nichts von seinen Vorgängern.

Viele denkwürdige Begegnungen hatte ich in Washington, London und Paris – vor allem bei G5- und G7-Gipfeln, bei den Treffen des Internationalen Währungsfonds und anderen internationalen Foren.

Der Weg zu diesen Ereignissen führte mich rund um den Globus, war also mit manchem Risiko verbunden. Anfang 1991 wollten wir mit einer kleinen Challenger den Atlantik überqueren. Über Kanada konnten wir mit bloßem Auge die zahlreichen zugefrorenen Seen erkennen. Ich sagte zu dem neben mir sitzenden Horst Köhler, das seien doch ideale Flächen für eine Notlandung. Köhler konnte meinen Humor in dieser Situation nicht teilen und bat, ich möge solche Späße bitte unterlassen. Wie recht mein Staatssekretär hatte: Wenige Minuten später teilte der Pilot mit, eine Turbine sei ausgefallen und wir müssten in Goose Bay auf dem Militärflugplatz notlanden. Eine Ersatzmaschine brachte uns nach Washington. Ein Jahr zuvor hatte der Vorsitzende des Interimsausschusses im Internationalen Währungsfonds, der kanadische Finanzminister Michael Wilson, mich auf den Arm genommen, weil die Übersetzungsanlage, aus deutscher Produktion, ausgefallen war. Nun konnte ich mich revanchieren: Nach meiner Ankunft entschuldigte ich mich für die Verspätung und verwies auf die Mängel der Technik, den Flieger kanadischer Bauart, der uns leider im Stich gelassen hatte.

Bei einer anderen Konferenz ging es um die Konstituierung

der Europäischen Bank für Wiederaufbau und Entwicklung, die in London ihren Sitz haben sollte. Als Konferenzsprachen waren Englisch, Französisch, Russisch und Deutsch vorgesehen. Ich wartete gespannt, wann der erste Delegierte die deutsche Sprache verwenden würde, und fürchtete schon, allein auf weiter Flur zu stehen. Da ergriff Ungarns Ministerpräsident, József Antall, beherzt das Wort – er sprach Deutsch. Es war eine große Geste den Deutschen gegenüber. Später führte ich ein Gespräch mit dem tschechischen Präsidenten Václav Havel, den ich aufgrund seines Muts und seiner Tapferkeit wie einen Helden verehrte. Und ich traf Alexander Dubček – die Symbolfigur des Prager Frühlings 1968. Er war zu dieser Zeit Parlamentspräsident.

Von den amerikanischen Gesprächspartnern im Rahmen der G7-Konferenzen und der IWF-Jahrestagungen sind mir vor allem die amerikanischen Finanzminister Nicholas Brady, Lloyd Bentsen und Robert Rubin in Erinnerung. Dominierend auf amerikanischer Seite aber war der legendäre Präsident der Federal Reserve (FED), Alan Greenspan. Er analysierte die wirtschaftliche Situation und machte Vorschläge, wie die Staaten darauf reagieren sollten. Greenspan äußerte sich mit trockenem Humor und einem unerschöpflichen Wissen über Geld- und Währungspolitik. Als ich mit ihm einige Jahre später in vertrauter Runde zusammensaß, meinte er: »Theo, als wir uns zum ersten Mal begegneten, war Ihr Englisch praktisch nicht vorhanden, aber Ihr Akzent war exzellent.« Ich hoffe, mein Englisch hat sich im Lauf der Zeit etwas verbessert. Auf jeden Fall habe ich mich gut verständlich machen können. 1999 lernten der amerikanische Finanzminister Robert Rubin und FED-Präsident Alan Greenspan dann meinen Nachfolger Oskar Lafontaine kennen. Gleich in seiner ersten Sitzung wollte er sie über die Grundlagen der internationalen Politik und der Weltwirtschaft belehren. Lachend meinten Rubin und Greenspan bei nächster Gelegenheit: »Theo, wir vermissen Sie sehr!«

Unvergesslich bleiben mir auch zwei weitere Begegnungen mit Finanzministern in diesen Jahren. 1989 erklärte mir der polnische Kollege Leszek Balcerowicz, wie er die Finanzen und Währung in Polen konsolidieren wolle. Ich sehe ihn noch vor mir: blass und schlank wie ein Rohr im Wind. Niemals hätte ich diesem schmalen Mann zugetraut, die gewaltigen Probleme seines Landes zu lösen. Doch er hat es mit seinen Mitstreitern geschafft – was mich mit tiefer Bewunderung erfüllt.

Im Rahmen des Internationalen Währungsfonds kam es 1991 auch zu einer Begegnung mit dem israelischen Finanzminister Jitzchak Modai. Er klagte, wie schwer es sei, für Israel Geld aufzutreiben. Die sonst so spendierfreudigen arabischen Staaten kämen für Israel nicht infrage, er zähle nur noch auf die Vereinigten Staaten und auf Deutschland. Tröstend antwortete ich, im Gegensatz zu ihm, der immerhin noch über zwei Freunde verfüge, hätte ich in Deutschland niemanden mehr. Erschrocken meinte der Israeli: »Um Gottes willen, da hilft ja nur noch beten!« Also bat ich ihn, mich in seine Gebete einzuschließen, und versicherte, das auch für ihn zu tun.

Den israelischen Premierminister Jitzchak Rabin traf ich 1994, ein Jahr vor seiner Ermordung, in seinem Amtsgebäude in Tel Aviv. Bei einem Besuch auf dem Ölberg mit meiner Familie erblickten wir ein Privatflugzeug, gesteuert vom jordanischen König, eskortiert von israelischen Jägern. Auf diesem ersten Flug über Jerusalem telefonierte Hussein I. mit Jitzchak Rabin, die verfeindeten Staaten näherten sich an. Heute kann man sich das kaum mehr vorstellen, damals aber schien ein Frieden im Nahen Osten in greifbarer Nähe.

Beim London Economic Summit 1991 kam es zu einem Zusammentreffen mit Lady Diana. Ich war erfreut über diese unerwartete Begegnung und wollte sie und die anderen Tischgenossen um eine Unterschrift zum Andenken an diesen Abend bitten. Der italienische und französische Finanzminister sowie der britische Schatzkanzler waren gerne bereit. Auf meine Nachfrage bei der Gattin des britischen Schatzkanzlers, ob ich mir auch eine Signatur der britischen Prinzessin geben lassen dürfte, antwortete sie leicht indigniert: »It is very unusual.« Ihre Königliche Hoheit sollte man mit solch profanen Wünschen besser nicht behelligen.

Besonders genoss ich meine Rolle als Gastgeber. 1992 richtete Deutschland den Wirtschaftsgipfel in München aus. Ich lud die Teilnehmer zu einem Weißwurstfrühstück beim *Franziskaner* ein, nur wenige Meter von der Residenz entfernt. Der Verzehr der Weißwürste war nicht allen Kollegen geläufig, wir mussten behilflich sein. Das Weißbier dagegen schmeckte allen. Als im *Wallstreet Journal* ein Foto des amerikanischen Finanzministers Nicholas Brady mit Schaum im Gesicht erschien, ermahnte ihn Präsident Bush, so etwas künftig Theo Waigel zu überlassen. Einer der europäischen Teilnehmer erkundigte sich, ob in dem Weißbier Alkohol enthalten sei. Ich beruhigte ihn: Es sei nur wenig. Sofort bestellte er noch eins und nickte daraufhin bei der Sitzung der Finanzminister ein. Mir war das nicht unrecht, der Kollege war zuvor eher durch Widerspruch aufgefallen.

Am nächsten Tag lud ich die Runde zu einem Hubschrauberflug an den Tegernsee ein. Es herrschte herrliches Sommerwetter, und alle Teilnehmer waren begeistert – allen voran der kanadische Finanzminister Donald Mazankowski, dessen Land mit Naturschönheiten sicher reich gesegnet war. »The Bavarian Paradise« aber würde ihm in unvergesslicher Erinnerung bleiben, versicherte er hinterher. Damals waren wir auf einem guten Weg, ein europäisches Haus und gute transatlantische Beziehungen, auch mit Russland und den früheren Sowjetrepubliken, zu schaffen. Erstmals hatte der russische Präsident als Gast zeitweilig an einem G7-Treffen teilgenommen. Ich finde es zutiefst betrüblich, dass dieses hoffnungsfrohe Projekt zwei Jahrzehnte später sein vorläufiges Ende gefunden hat.

Neben den engen Kontakten mit den Weltwirtschaftsmächten war mir die Zusammenarbeit mit unseren europäischen Partnern, gerade den kleineren, besonders wichtig. Jedes Jahr trafen wir uns zu einer Drei-Länder-Konferenz mit Österreich und der Schweiz. Die Schweiz hatte die ursprünglichen Bestrebungen, Mitglied der EU zu werden, aufgegeben und in einer Volksabstimmung entschieden, auch dem Europäischen Wirtschaftsraum nicht beizutreten. Wir wollten sie aber weiterhin als wichtigen Stabilitätspartner in Europa behalten. Neben den Fachgesprächen zwischen den drei Nachbarn in der Mitte Europas gab es auch Gelegenheit zu manch unterhaltsamem Austausch. So fragte ich den Schweizer Finanzminister Otto Stich: »Was ist dein größtes Problem?« Worauf er antwortete: »Der Surplus.« Ich war erstaunt, dass ein Überschuss ein Problem darstellen könne, und erwiderte: »Das Problem hätte ich auch gerne.« Woraufhin der Schweizer nur prophetisch anmerkte, auf jedes Zuviel folge sicher ein Defizit. Auch an meinen österreichischen Amtskollegen Ferdinand Lacina erinnere ich mich, der auf eine Frage einmal im breitesten Wienerisch anmerkte: »Da muas was geschehn, aber es derf nix passiern.«

Manche Menschen trifft man nur ein einziges Mal im Leben – und doch entfaltet die Begegnung eine nachhaltige Wirkung. Bewegt hat mich 1985 eine Audienz bei Papst Johannes

Paul II., der sich um die Friedens- und Protestbewegung in den kommunistischen Staaten des Ostblocks verdient gemacht und insbesondere seinen polnischen Landsleuten den Rücken gestärkt hatte. In Erinnerung bleibt mir auch ein kurzes Zusammentreffen mit Nelson Mandela – eine Jahrhundertgestalt, ein Mann der Versöhnung, der seinem zutiefst gespaltenen und verletzten Land neue Hoffnung gab. Ich bedaure sehr, dass die CSU – wie andere Parteien auch – die Augen vor dem Unrecht in Südafrika so lange verschlossen und die Apartheid hingenommen hat.

Das Ende einer politischen Laufbahn muss nicht den Schlusspunkt der persönlichen Beziehungen setzen. Auch auf dem harten Pflaster der Politik können Vertrauen, Sympathie und gegenseitiger Respekt gedeihen. Im besten Fall erwächst daraus eine Freundschaft fürs Leben. Von einigen dieser mir wichtigen Menschen habe ich auf den vergangenen Seiten erzählt.

Epilog: Die Zukunft der Union, der Weg der CSU

Ehrlichkeit als Charaktereigenschaft gehört zum verantwortungsvollen Denken und Handeln gerade in der Politik.

Ehrlichkeit, auch auf die Gefahr hin, zur Minderheit zu gehören, die Macht zu verlieren, ist Anspruch und Verpflichtung. Sie schafft Vertrauen und Glaubwürdigkeit bei den Bürgern, ist Grundlage und Bedingung einer gefestigten Demokratie.

Als Heranwachsender habe ich mich mit den Lügen über die NS-Zeit und den Umgang mit behinderten Menschen beschäftigt. Ich wunderte und ärgerte mich über das Schweigen und Beschönigen dessen, was zwischen 1933 und 1945 geschehen war. Mehr Ehrlichkeit in Schule und Wissenschaft, Kirche, Gesellschaft und Politik wäre notwendig gewesen.

In meiner Autobiografie habe ich nicht nur Erfolge und Verdienste aufgezählt, sondern auch manchen Irrtum, manchen Fehler, ehrlich und offen dargelegt. Die schwierigen Jahre 1993/94 für mich und meine Familie, die gegen mich gerichtete Intrige, habe ich nicht verschwiegen. Ich habe berichtet, wie ich als Compliance Monitor bei Siemens und in einem Panel bei Airbus für Werte wie Ehrlichkeit und Anstand als Grundlage für wirtschaftlichen Erfolg und fairen Wettbewerb geworben habe.

Aufrichtige Freundschaften haben mein Leben bereichert. Ein offenes Wort unter Freunden ist für jeden in der Verantwortung stehenden Politiker von großem Wert. Nur wenn man sich auch unangenehmen Wahrheiten stellt, kann man sich selbst treu bleiben und ehrlich zu sich stehen. Dazu gehört, Freiheit und Ordnung zu erkennen und selbst danach zu handeln.

Mit einigen Sätzen über die Zukunft der Union und den Weg meiner Partei möchte ich dieses Buch schließen. Meinen Gedanken geht wieder eine ehrliche Analyse dessen voraus, was war. Mit Blick auf die Wahlergebnisse der CSU lässt sich konstatieren: Bei der Europawahl 2014 war das Profil der Partei ambivalent und nicht konsequent. Bei der Bundestagswahl 2017 ging die Strategie, Freunde und Gegner der Bundeskanzlerin auf sich zu vereinen, nicht auf. Der Kurswechsel vor der Landtagswahl 2018 kam zu spät, der Streit über die Flüchtlingspolitik mit der CDU nutzte den Grünen und der AfD. Der Versuch einer Neubestimmung war nicht glaubhaft. Die Partei verlor in wichtigen Milieus wie den Großstädten, bei den Kulturschaffenden und im Umweltbereich an Boden. So verspielte sie wichtige Stimmen.

Wähler verliert man aber nicht erst am Wahltag, sondern lange davor. Wenn es eine Partei versäumt, die ideenpolitische Auseinandersetzung im gesellschaftlichen und politischen Bereich überzeugend zu führen, bekommt sie früher oder später die Quittung. In diesem Buch habe ich der von Franz Josef Strauß initiierten Grundsatzkommission ein ganzes Kapitel gewidmet. Blicken wir zurück, dann sehen wir die Union heute in einer ähnlichen Situation wie 1969: Damals, vor einem halben Jahrhundert, brummte die Wirtschaft in der Bundesrepublik, der Haushalt stimmte, die Arbeitslosigkeit war niedrig. Bei der anstehenden Bundestagswahl durften wir eigentlich mit einer Belohnung für unsere erfolgreiche Politik rechnen. Doch wir wurden enttäuscht. Zwar gingen CDU und CSU erneut als stärkste Kraft hervor, doch die Regierungsmehrheit hatten sie verloren. Die sozialliberale Koalition kam an die Macht und behielt sie 13 Jahre lang. Wo lag der Fehler? Wir hatten die Veränderung des gesellschaftlichen Klimas, die aufkommenden Strömungen und Kräfte, nicht genügend wahrgenommen und es versäumt, angemessen zu reagieren. Statt auf die neue Ostpolitik von Willy Brandt einzugehen und sich mit ihr auseinanderzusetzen, hatten wir ihr lediglich alte Rechtspositionen entgegengestellt. Erst nach der niederschmetternden Wahlniederlage von 1972 begannen wir programmatisch aufzuarbeiten, was im letzten Jahrzehnt verpasst worden war.

2019 heißt unser Hauptkonkurrent nicht mehr SPD. Die Krise der Volksparteien hat die deutsche Parteienlandschaft grundlegend verändert. Wir müssen ehrlich unsere Defizite erkennen und daraus Konsequenzen ziehen. Aus meiner Sicht ergeben sich für die Zukunft folgende Leitlinien:

1. Die rechte Flanke zu besetzen ist der falsche Weg. Die CSU war stets dann erfolgreich, wenn sie rechte Gruppierungen mit allen legalen und demokratischen Mitteln bekämpfte. Deshalb konnte sich rechts von ihr auf Dauer keine demokratisch legitimierte Partei behaupten. Die Forderung nach Kontrolle bei einem so gewaltigen Ereignis wie dem Ansturm der Flüchtlinge 2015 war berechtigt. Doch bediente man sich dabei einer politischen Semantik und Rhetorik, die manche unserer Anhänger abgestoßen hat. Die Wähler fragten zu Recht: Wo waren in dieser menschlichen und politischen Ausnahmesituation das »C« und die Nächstenliebe geblieben? Eine erste Erkenntnis lautet folglich: CDU und CSU müssen das »C« in

unserer Welt erklären. Es ist die Primäridee christlich-sozialer Politik, von der aus Begriffe wie liberal, sozial und konservativ definiert werden. In der programmatischen Diskussion der Siebzigerjahre haben wir uns mit dem Theologen Eugen Biser die Frage gestellt: Was würde Jesus Christus heute von uns politisch verlangen? Eine Antwort darauf ist in Zeiten der Globalisierung mindestens so relevant wie damals.

2. Die CSU sollte stolz auf die erreichten Erfolge sein. Anstatt aber auf die erfolgreiche Kurskorrektur in der Flüchtlingspolitik zu verweisen – die wesentlich der CSU zu verdanken ist –, thematisierte die Partei vor allem die Defizite und Probleme. Doch wer dauerhaft angst- und ressentimentbesetzte Themen schürt, nutzt im Endeffekt der radikalen Rechten. In der Tat war die Bewältigung des Flüchtlingsandrangs eine gewaltige Herausforderung. Aus Überzeugung habe ich damals mit Alois Glück, Hans Maier und weiteren Mitstreitern die Politik von Angela Merkel unterstützt. Die Bundeskanzlerin führte die Regierungsgeschäfte souverän und mit ruhiger Hand. Damit ist sie Deutschlands europäischer und internationaler Verantwortung in vorbildlicher Weise gerecht geworden. Doch die Aufnahme, Erfassung und Integration von Hunderttausenden von Flüchtlingen bedürfen der Einordnung in ein ganzheitliches Konzept, und zwar mit allen sozialen und finanziellen Konsequenzen. Dieses Konzept muss anschließend parlamentarisch diskutiert werden.

3. Die CSU muss sich wieder stärker auf ihre Kernthemen besinnen. Die Junge Union sollte Avantgarde für das europäische Projekt sein. Gemeinsam mit den Kräften aus Zivilgesellschaft, Kirchen, Wirtschaft und Verbänden sollte sie ein Bündnis für Europa und Schutzschild gegen die Populisten in

Europa bilden. Gleiches gilt für die Themen Heimat und Umweltschutz: Nicht nur junge Menschen widmen sich dem Thema Bewahrung der Schöpfung, Schutz der Natur und Artenvielfalt. Die CSU muss hier wieder Kompetenz gewinnen und durch Persönlichkeiten und konkrete Projekte überzeugen. Das gehört zum Prinzip Heimat als einem Grundwert von Staat und Gesellschaft.

4. Künftig gilt es, die politischen Bündnisse zu hinterfragen und neue Konstellationen in Erwägung zu ziehen: Die Große Koalition hat sich als schleichendes Gift für die tragenden Volksparteien erwiesen. Sowohl CDU/CSU wie auch SPD können darin nur verlieren. Die SPD muss sich in der Opposition regenerieren, und die Union benötigt neue Koalitionspartner, um eine attraktive Regierungsarbeit vorweisen zu können. Schon im Wahlkampf für die Bundestagswahl 2021 sollte man dem Wähler neue Formationen anbieten.

5. Die CSU braucht mehr Mut für die Themen der Zukunft. Die Überschüsse in den Kassen der Finanzminister müssen für Zukunftsinvestitionen und einen Zukunftsfonds verwandt werden, nicht zur Befriedigung gegenwärtiger Erwartungen. Nur so kann die Freundschaft der Generationen erhalten bleiben. Aufgabe der Politik ist es, Zuversicht zu vermitteln und den Menschen die Angst vor der Zukunft zu nehmen. Das Wort der Bibel gilt auch heute: In der Welt habt Ihr Angst, doch seid getrost, ich habe die Welt überwunden.

Das sind fünf Punkte, die mir aus der Erfahrung eines langen Politikerlebens von entscheidender Bedeutung erscheinen. Ich möchte dieses Buch nicht beschließen, ohne die Leser zu ermutigen, sich für diese Demokratie, diesen Staat, diese Gesellschaft mit Leidenschaft einzusetzen. Nichts besteht auf Dauer von selbst. Unsere bewährte Rechts- und Gesellschaftsordnung bedarf der entschlossenen Verteidigung, des mutigen Vorangehens und eines optimistischen Blicks auf die Zukunft.

Dafür habe ich gekämpft, dafür stehe ich bis heute ein.

Dank

Als mir Kristin Rotter vom Ullstein Verlag im Februar 2018 den Vorschlag unterbreitete, meine Erinnerungen zu veröffentlichen, trug ich mich mit dieser Idee schon seit Längerem. Doch war mir das Leben mit seinen vielfältigen Verpflichtungen bis dahin immer dazwischengekommen. Nun sollte das Buch zu meinem 80. Geburtstag vorliegen, so wünschte es sich der Verlag. Dass dieses ambitionierte Unterfangen zur Freude des Autors geglückt ist, verdankt er vielen Mitstreitern.

An erster Stelle möchte ich Heike Wolter danken, die mir im letzten Jahr eine kluge und kritische Gesprächspartnerin war. Für den, der 80 Lebensjahre erlebt hat, lässt sich diese Zeit ja kaum in 350 Buchseiten pressen. Der Fülle an Material eine klare Struktur und damit lebendige Form zu geben ist eine Leistung, die ich anerkennen und würdigen möchte. Unzählige Geschichten könnte ich noch erzählen. Doch so, wie das Manuskript jetzt vor mir liegt, ist es die ehrliche Geschichte meines Lebens.

Ich danke Kristin Rotter, die ihrer Rolle als Lektorin auf liebenswürdige Weise voll und ganz gerecht geworden ist: Sie hat mich ermutigt, die Dinge beherzt beim Namen zu nennen, auch zuzuspitzen. Im Interesse des Lesers hat sie den Text mit Gespür und Feingefühl bearbeitet. Wenn man sich nach einem zweistündigen Telefonat und unter größtem Zeitdruck mit einem fröhlichen »Bis morgen dann!« verabschieden kann, zeugt das von fruchtbarer Zusammenarbeit.

Das Schreiben und Diktieren, das Recherchieren und Korrigieren waren anstrengender als die Erntearbeit in meiner Jugend. Mein erfahrener Redenschreiber Walther Otremba erinnerte mich an die unvergesslichen Begebenheiten und finanzpolitischen Herausforderungen in meiner Zeit als Finanzminister. Renate Höpfinger von der Hanns-Seidel-Stiftung, wohin der Großteil meines politischen Archivs verbracht wurde, fand meine handschriftlichen und stenografischen Aufzeichnungen von Kreuth, die ich für verschollen hielt. Meine tüchtige Mitarbeiterin Karina Schwabe brachte die kompliziertesten Diktate souverän zu Papier. Nach all diesen Wochen kann ich jedem, der es nachmachen will, versichern: Ein Buch zu schreiben ist Schwerstarbeit.

Meinem Verlag und zuvorderst dem Verleger Gunnar Cynybulk danke ich für den Mut, dieses Projekt mit mir gemeinsam in Angriff genommen zu haben. Ich bin mir bewusst, dass an dieser Stelle noch viele weitere Namen zu nennen wären. Jedem, der geholfen hat, das Buch zu gestalten, es in die Öffentlichkeit zu tragen und der interessierten Leserschaft zuzuführen, sei hiermit gedankt.

Wenn ich mich eingangs als Familienmensch bezeichnet habe, so steht auch am Schluss und damit an zentraler Stelle wieder meine Familie: Irene und meine Kinder Christian, Birgit und Konstantin haben jeder auf seine Weise dazu beigetragen, dieses Buch möglich zu machen. Wie stets in meinem Leben gilt auch hier: Ohne meine Familie hätte ich es nicht geschafft.

ANHANG

Literatur und Quellen

Wo es die Quellenlage nicht anders zulässt oder sinnvoll ergänzt, zitiert der Autor aus seinen privaten Notizen. Zahlreiche Gespräche und Begegnungen hat er stenografisch protokolliert.

Bach, Stefan/Vesper, Dieter: »Finanzpolitik und Wiedervereinigung – Bilanz nach 10 Jahren«, in: *Vierteljahresschriften zur Wirtschaftsforschung*, 2/2000, S. 194–224.

Bernhart; Joseph: *Der Kaplan. Aufzeichnungen aus einem Leben*. Weißenhorn, 1993.

Bernhart, Joseph: *Zeit-Deutungen*. Schriften, Beiträge und bislang unveröffentlichte Vorträge zu Problemen der Politik und Kultur aus den Jahren 1918–1962. Weißenhorn, 2007.

Bloch, Ernst: *Werkausgabe. Band 5 (Das Prinzip Hoffnung)*. Frankfurt am Main, 1985.

Brecht, Bertolt: *Kalendergeschichten*. Berlin, 2013.

Breuel, Birgit/Burda, Michael C. (Hrsg.): *Die Treuhandanstalt 1990 bis 1994*. Berlin, 2005.

Bundesanstalt für Vereinigungsbedingte Sonderaufgaben (Hrsg.): *Schnell privatisieren, entschlossen sanieren, behutsam stilllegen*. Berlin, 2003.

Bundesministerium der Finanzen: *Finanzpolitik 2000. Neue Sym-*

metrie zwischen einem leistungsfähigen Staat und einer wettbe-
werbsfähigen Wirtschaft. Bonn, 1996.

Gottfried, Peter/Wiegand, Wolfgang: »Finanzausgleich nach der
Wiedervereinigung: Gewinner sind die alten Länder«, in: *Wirt-*
schaftsdienst, 9/1991, S. 453–461.

Gruhl, Herbert: *Ein Planet wird geplündert. Die Schreckensbilanz*
unserer Politik. Frankfurt am Main, 1975.

Heilemann, Ulrich/Barabas, György: »Zur Finanzierung der deutschen Einigung«, in: *Zeitschrift für Wirtschafts- und Sozialwis-*
senschaften, 119/1999, S. 373 ff.

Horst, Ferdinand (Hrsg.): *Reden, die die Republik bewegten.* Opla-
den, 2002.

Issing, Otmar: *Der Euro: Geburt, Erfolg, Zukunft.* München, 2008.

Marsh, David: *Der Euro: Die geheime Geschichte der neuen Weltwäh-*
rung. Hamburg, 2009.

Moltmann, Jürgen/Rühle, Günther (Hrsg.): *Bücher, die das Jahr-*
hundert bewegten. Zeitanalysen – wiedergelesen. Frankfurt am
Main, 1980, S. 48–53.

Otremba, Walther: »Die Dämme haben gehalten«, in: *Wirtschafts-*
dienst, 1/1999, S. 18–26.

Ramsauer, Peter (Hrsg.): *Weichenstellungen für Deutschland und*
Europa: Theo Waigel, Stationen eines Politikers. München,
2009.

Schröder, Richard: »Die Treuhand und das Ende der DDR-Wirtschaft«, Festvortrag, Eisenach, 2013.

Schwarz, Hans-Peter: *Helmut Kohl.* München, 2012.

Tietmeyer, Hans: *Herausforderung Euro.* München, 2005.

Waigel, Theo: »Ein Beispiel parteiinterner Diskussion«, in: HSS
(Hrsg.): *Die Grundsatzdiskussion in der CSU, Band II* (Berichte
und Studien der HSS). München, 1977, S. 21–32.

Waigel, Theo: »Ideenpolitische Grundlagen einer christlich-sozialen Politik«, in: HSS (Hrsg.): *Die Grundsatzdiskussion in der*

CSU, Band I (Berichte und Studien der HSS). München, 1977, S. 39–48.

Waigel, Theo: *Meine Erfahrungen mit der Schule.* Münster u. a., 2000.

Waigel, Theo: »Schlusswort«, in: CSU (Hrsg.): *Einheit ist Gemeinsamkeit. Europa: Einheit in Vielfalt, Manuskripte zur Grundsatzdiskussion der CSU.* Augsburg, 1991, S. 109–123.

Waigel, Theo: *Unsere Zukunft heißt Europa – der Weg zur Wirtschafts- und Währungsunion.* Düsseldorf, 1997.

Waigel, Theo/Schnell Manfred: *Tage, die Deutschland und die Welt veränderten. Vom Mauerfall zum Kaukasus. Die deutsche Währungsunion.* München, 1994.

Wiechert, Ernst: *An die deutsche Jugend.* München, 1951.

Quellen aus dem Archiv für christlich-soziale Politik der Hanns-Seidel-Stiftung

D 1/31 – CSU (Hrsg.): *Grundsatzprogramm.* München, 1976.

D 1/67 – CSU (Hrsg.): *Grundsatzprogramm.* München, 1993.

D 11/14 – Waigel, Theo: Die Chance nutzen, die Einheit vollenden. Rede zum Staatsvertrag, 23. 5. 1990, Deutscher Bundestag

GK 4, 1973–1976, Sitzungen – Überlegungen zum Grundsatzprogramm der CSU, Sitzungsprotokolle der Grundsatzkommission

HA Waigel Hängeregistratur 238, 2. Teil, 1986–1989 – Sinn und Maß der Politik

HA Waigel Hängeregistratur 759, 1977–1984 – Robert Spaemann: Moralische Grundbegriffe

HA Waigel Hängeregistratur 763, 1978–1984 – Robert Spaemann: Moralische Grundbegriffe

HA Waigel Hängeregistratur 768, 1974–1986 – Innenpolitische Grundlagen einer christlich-sozialen Politik

HA Waigel Theo Abgabe 1, 143 – Besuch von Ronald Reagan

HA Waigel Theo Abgabe 1, 149 – Jour Fixe

HA Waigel Theo Abgabe 1, 150 – ARD-Hearing 1987

HA Waigel Theo Abgabe 4, 1 – Presseberichterstattung 1985–1988

HA Waigel Theo Abgabe 4, 55 – Presseberichterstattung 1988–1989

HA Waigel Theo Abgabe 4, 125 – Christ und Politik

HA Waigel Theo Abgabe 4, 161 – Koalitionsverhandlungen 1987

HA Waigel Theo Abgabe 4, 411 – Korrespondenzen zum Grundsatzprogramm

HA Waigel Theo Abgabe 4, 412 – Vergleich der Grundsatzprogramme von CDU und CSU

HA Waigel Theo Abgabe 4, 413 – Handschriftliche Notizen zur Arbeit der Grundsatzkommission

HA Waigel Theo Abgabe 4, 414 – Presseberichterstattung

LG 4. WP: 83 – BV Schwaben, 1962–1965

LG 5. WP: 93 – AG/AK der CSU in Schwaben, 1965–1969 – Korrespondenzen

LG 8. WP, Abgabe 193, CSU-Grundsatzkommission – Presseberichterstattung

NL Strauß PV: 388–1970, 1972 – Entwurf eines Grundsatzprogramms der JU Bayern

Bildnachweis

Personenregister

Kristina Dunz
Eva Quadbeck

Ich kann, ich will und ich werde

Annegret Kramp-
Karrenbauer, die CDU
und die Macht

Gebunden mit Schutzumschlag.
Auch als E-Book erhältlich.
www.ullstein-buchverlage.de

Wohin treibt die Volkspartei CDU?

Kann sie auch Kanzlerin? Im Sommer 2018 stand Annegret Kramp-Karrenbauer als neue CDU-Generalsekretärin vor der Aufgabe, den Bruch zwischen den Unionsparteien zu verhindern. Sie meisterte diese Herausforderung durch geschicktes Agieren – oft hinter den Kulissen. Damit beeindruckte sie nicht nur ihre Parteifreunde. Welche Pläne verfolgt die Saarländerin in der Berliner Politik? Wie wird sie Deutschlands letzte große Volkspartei durch die kommenden unruhigen Zeiten steuern? Und was kann, will und wird »AKK« darüber hinaus? Dieses Buch liefert einen ersten umfassenden, sehr persönlichen Blick auf die vielleicht nächste deutsche Kanzlerin.

PROPYLÄEN VERLAG